中国教育奇迹｜640所学校、24万名学生同时在线

全日制远程教学研究

"互联网＋"时代中国边远、民族地区教育创新模式

张杰夫　著

北京师范大学出版集团
BEIJING NORMAL UNIVERSITY PUBLISHING GROUP
北京师范大学出版社

本书为北京市哲学社会科学"十一五"规划课题(2009 年)、全国教育科学"十一五"教育部规划课题(2010 年)、教育部民族教育发展中心委托课题(2013 年)和中国教育科学研究院中央级公益金后期资助项目(2016 年)成果。

前　言

互联网思维下教育模式探索的新方向

一、 全日制教育的现实和困局

全日制教育是我国教育制度的一种现实存在，国家通过《中华人民共和国义务教育法》等法律法规确定了其地位。全日制教育以学校为基本管理单位。学生在上学期间基本上是全天在校，按照国家、地方和学校所规定的课程计划进行学习和活动，这样学校可以充分体现国家意志，为国家和社会培养大批后备人才。与此同时，国家需要不断加大投入，建设各级全日制学校，培养大批适合全日制教育的教师和各级教育行政管理人员，以保证国家教育意志的实现。

全日制教育制度形成于工业社会，其发展有力地推动了社会的发展，也促进了教育思想的发展。但全日制教育制度发展到今天，人们开始思考其与现代教育理念不符的一些困局。

首先，现代教育理念中的教育平权理念希望所有人都享有受同等教育的权利。然而，由于各个地方的社会发展是不可能永远平衡的，学校的基本设施与师资建设的投入就不可能均衡，多种因素造成的地域差别形成的教育不公平也是不可能完全克服的，而且人类社会中人口的急剧增长和流动所产生的教育资源不足也是难以克服的。此外，由于地域的限制，教师队伍的发展也不可能一致。许多优秀教师的思想和方法难以迅速扩散，特别是为不同学生找到最合适的教师是几乎不可能的事情。

其次，现代教育除了希望传播人类的文化知识体系以外，更加注意培养学生解决真实情境中的实际问题的能力，而在有相对固定地址的学校，这样的真实情境是难以遇到的。

此外，现代教育所提倡的个性化学习（个性化教育）和全纳教育在全日制教育中如何很好地融合，也是一个比较大的问题。

二、 互联网思维的内涵

互联网的发展促进了信息社会的形成和发展。信息社会的特征是通过信息技术实现了现实空间与虚拟空间的交织。融入信息社会的每个人和各种各样的事物既有现实存在，又在信息技术支持的虚拟空间以数据形式而存在着。正是这样的交织，形成了迅速发展的互联网金融、互联网商业（电商）等互联网经济。在互联网经济形成和发展的过程中，互联网思维逐渐形成了，这种思维的重要内涵是分享、联通和个性化的群体纳入。

从互联网开始时的信息分享起步，人们发展互联网经济的重要因素是通过虚拟空间的数据处理，发现了现实空间中的事物和时间的不同需求，从而使不同的人可以根据自己的需求，在不同的时间使用同一事物，这就是互联网思维中的分享理念。而每个人和事物通过互联网联通起来，就可以通过互联网看到事物的品质、形式和价格等，也能够表达自己对于某种事物的需求，从而建立了人们和商户、生产者之间的联通，同时人们还可以通过互联网建立对于自己的事物进行监督和控制的联通，这就是互联网的联通理念。同时，每个人有着不同的天赋、修养、特长和爱好以及不同的社会关系，这就是所谓个性化。现实空间中，人们是依据地域关系和社会关系（包括家庭、亲友、工作和团体）相互联络的。但是在虚拟空间中，每个人可以根据自己的不同需求和爱好，参与不同的虚拟群体，没有了地域限制，甚至没有自己的身份表达，极大地反映了个性化的特色。而不同群体又充分吸纳了有同样需求的人们，可以集中表达群体的共同意志和方法，这就是个性化的群体纳入理念。

三、 互联网形成的各种教育模式

在互联网形成与发展以后，人们十分关注它的教育应用和作用。首先，人们在分享理念的指导下，推进了资源分享，甚至提出了基于资源的信息技术和教学的整合观念，如在信息技术支持下的项目学习。然后，一部分大学开展网上课程教学以后，出现了以课程分享为目的的慕课。笔者认为，教育分享不仅是教学资源和课程的分享，更加重要的是学校长期形成的治学执教风格、办学理念、文化等资源的分享，只有这样人们才能走出全日制教育的困局。

全日制教育制度下，人们还需要在联通理念的指导下，实现不同地域及不同层次的学校、教师、学生、家庭和社会在虚拟空间中的有效联通，打破全日制学校的围墙，使学生不但能够在课堂中进行知识的学习，而且能够通过虚拟空间与现实生活联通，提高学生解决真实情境中的现实问题的能力。

同时，互联网还可能做到为教师找到合适的学生，为学生找到合适的课程、合适的教师和合适的学习伙伴，可比较容易地实现全纳教育和个性化教育。

四、 我国全日制教育的"互联网＋"之探索

21 世纪初期，我国便确立了在中小学普及信息技术教育，实现中小学校校通(以后又进一步发展为班班通、人人通)的教育信息化发展战略，有力地推动了"互联网＋"教育的探索。目前，大部分学校在经过数字化校园建设以后，实现了资源分享；近年来，通过网上课程建设、慕课、翻转课堂和微课等，部分学校实现了课程分享。但由于条件限制和其他因素，教育分享的理念落地较少，即使是课程分享，也一般只是拓展性课程的分享，或者只能说是资源分享的一种延伸。

实现互联网的联通理念方面，已经从网络技术支持的机联，移动通信技术支持的人联，发展到传感技术和遥控技术支持的物联。随着数字化校园建设项目的实施，一个学校内部的联通或多或少地实现了。比较好的学校实现了物的内部联通，例如，管理者在办公室可以检测一些学校设施的即时使用情况，并且进行适当地控制。不过大部分学校的物联主要是出于安全的考虑。

在个性化教育和全纳教育融合方面，由于地域限制以及其他各种因素，目前学校只是实现了形式上的一些探索。

张杰夫十年多来从北京市哲学社会科学"十一五"规划课题"关于构建优秀教师隐性知识交流与共享网络联盟的研究"开始，认识到"优秀教师一直是人类的稀缺资源……千百年来，人类优秀教师的影响只在其'智慧圈'内"，思考如何以互联网方式来扩大优秀教师的"智慧圈"；特别是经过主持教育部民族教育发展中心的课题"远程直播教学促进民族地区教育跨越式发展调查研究"以后，进行了比较深入的调查研究，发现了四川省一些名校通过网校建设带动了民族地区教育发展的现象，对其进行了分析和理论研究，发现了"卫星、网络等现代信息技术突破了'智慧圈'的限制，可以将优秀教师的智慧与人体分离，实现远程智慧服务，从而打破原有的优秀教师智慧资源自然分布状态，为改变人类几千年来的教育的途径和模式提供了可能"；然后又经过中国教育科学研究院专项基金后期资助项目"全日制远程教学研究"的研究，完成了这样一部著作，正是对互联网思维下全日制教育的一种探索。

首先，本书以互联网思维总结了全日制教育的各个学校之间的联通模式，特别是作为主战场的课堂之间的联通模式。这些模式的联通，可以在不改变班级授课制的方式的情况下实施远远超过一个班级额度的大规模教育。而远端学生，不仅接受了优秀教师和学生的教学传播，而且感受了更大范围的学习氛围，看到了其他学校学生是如何学习和交流的。有的学生甚至发现了自己学习方面的偶像，在更大范围教育文化的传播过程中提升了自己的学习能力。同时，优秀教师通过具体的教学活动、集体备课等影响远端教师，提升了远端教师的教学理念和组织教学活动的水平。

其次，本书以互联网思维总结了远程全日制教育如何实现不完全受制于地域和学校的全纳教育，使得不同学校和不同地域的更多学生得到了符合自己个性的学习机会，探索了不同的教育方法，向全纳与个性化融合的教育迈出了一步。互联网可以实现各个相应学科教师群体的更大范围的全纳，建立了城乡教师学习共同体，开展了更大范围的集体教研活动，提升了教师专业水平。

最后，也是比较重要的，本书以一种互联网思维方式，讨论了"什么是优质教育资源、优质教育资源的核心要素是什么、优质教育资源能否输送"等一系列问题，进行了不同地域和层次的学校的课程和资源分享问题的探索，总结了实现资源分享的多种模式，指出了更为重要的是教育文化的分享，并且提出了突破"梯次理论"束缚，追求高层次教育和建立"政府引导、名校参与、企业建设"的工作机制，提出了专业化教学服务的政策建议。

　　作为一次探索，本书取得这些成果已经不容易了。但是前路漫漫，还有许多问题需要探索。例如，名校的学生从这样的全日制远程教育中能够得到什么？如何发挥物联网在全日制远程教育中的作用，使学生能够提高真实情境中解决问题的关键能力？我期待张杰夫的下一轮探索。

王吉庆教授

华东师范大学

2018 年 2 月 12 日

目　录

CONTENTS

第一章

我国边远、民族地区正发生
一场远程教育革命

"坚持不懈推进教育信息化,努力以信息化为手段扩大优质教育资源覆盖面。我们将通过教育信息化,逐步缩小区域、城乡数字差距,大力促进教育公平,让亿万孩子同在蓝天下共享优质教育、通过知识改变命运。"

——摘自《习近平致国际教育信息化大会的贺信》。

本书各章节大量引用了课题调查数据,如无特殊说明,数据主要来源于两个课题研究:一是教育部民族教育发展中心委托课题(2013年)"远程直播教学促进民族地区教育跨越式发展调查研究",调查对象为普通高中的学生、教师、校长和学生家长;二是中国教育科学研究院中央级基本科研业务费专项基金项目(2014年)"远程植入式教学对'连片特困地区'学校发展的影响研究",调查对象为小学校长和教师。

第一节 大山阻隔的"消失",预示着一场教育革命的到来

笔者坐飞机由康定返回成都那天,晴空万里,从飞机舷窗向外遥望,一座座矗立的高山,蜿蜒起伏,层峦叠嶂,绵延数百千米,奇伟壮阔。大自然的鬼斧神工形成了一座天然屏障,将生活在康巴高原狭谷中的康定人与外面的世界截然分开了。难怪2002年全日制远程教学开通之时,现为康定中学(简称康中)校长的陈军激动不已,他说:"直播式远程教学的开通,使地处偏远山区、康巴高原的康定中学学生也能原汁原味地同

步聆听几百千米外四川一流的成都七中教师授课，享受百年名校的优秀教育资源。这就一下子缩短了地区和距离造成的差异，提升了康定中学课堂教学的品位。"①全日制远程教学给康定中学带来的改变是前所未有的。没有到过康定的人，恐怕难以体会到陈校长当时的激动心情。

差不多在同一时间，澳大利亚住在沙漠里的一群师生也感受到信息技术给他们带来的惊喜。2002 年，澳大利亚一位叫马丁·多基马（Martin Dougiamas）的职业技术学院教师开发出一个开放的平台——MOODLE（国内译为"魔灯"）。在这个平台上，学生不仅可以得到教师的讲义等数字资源，还可与教师在线互动、在线作业和测试，有效解决了沙漠中的学生乘飞机上学不便的问题。这一开放平台迅速普及，受到世界各国中小学师生的欢迎。有人甚至将"魔灯"的教育应用视为正在发生的教育革命的开端。

无论全日制远程教学，还是"魔灯"，背后无不透射出"互联网＋"的光芒。什么是"互联网＋"？"互联网＋"是前几年我国企业界首先提出的一个概念。有人认为，"互联网＋"代表一种新的经济形态，它充分发挥互联网在生产要素配置中的优化和集成作用，将互联网的创新成果高度融合于经济社会各领域之中，提升实体经济的创新力和生产力。也有人认为，所谓"互联网＋"就是指以互联网为主的一整套信息技术（移动互联网、云计算、大数据技术等）在经济和社会生活各部门的扩散应用过程。还有人认为，"互联网＋"的本质是"互联网 2.0＋创新 2.0"的经济创新模式。2015 年 3 月 5 日，在十二届全国人大三次会议上，李克强在政府工作报告中首次提出"互联网＋"行动计划，这标志着"互联网＋"正式被纳入国家顶层设计，成为我国经济社会发展的国家战略。"互联网＋"，不仅是技术上的"＋"，也是思维、理念、模式上的"＋"，其核心是以人为本、联通一切、融合创新。"互联网＋"具有以下特点。

一、新引擎

"互联网＋"不仅是新的技术，先进的基础设施，云、网、端一体化的数字化、智能基础设施，也不只是经济社会的外在工具、起辅助作用

---

① 引自王红接：《"高中全日制远程直播教学研究"课题总报告》，系全国教育科学"十一五"教育部规划课题"信息技术环境下学与教方式变革与学习绩效研究"的子课题研究成果，2010 年 3 月。

的"轮胎"，更是对人类经济社会产生深远影响的引擎、发动机，就像电力技术、蒸汽机技术一样。

二、新生态

"互联网＋"是一种革命性力量，将互联网作为基础设施和创新要素，促进跨界融合，创造教育新生态。正如我国知名企业家马化腾所说，利用互联网的平台和信息通信技术，把互联网和包括传统行业在内的各行各业结合起来，能够在新的领域创造一种新生态。[①]

三、新智慧

"互联网＋"正在创造新智慧。有学者说，互联网革命对于人类的影响，已经远远超过了工业革命。与工业革命增强人类的力量和开阔人类的视野不同，互联网极大地丰富了人类的智慧和知识，而智慧和知识恰恰与大脑的关系最为密切。

四、新空间

以互联网为基础，多维度的跨界融合，形成了虚拟与现实互联互通的新的学习空间。

可以说，正是"互联网＋"这种"神器"，将优秀教师的智慧与身体相"分离"，让智慧突破原有自然分布状况下的小范围"流通"状态，跨越校际、城乡、区域时空，到最需要教育的地方，形成新的大"流通"教育生态。由此，人类借助"互联网＋"的力量，在一定程度上消除了原有的时空"隔断"，缩小了城乡间教育的距离差异，使生活在相对封闭、偏远地区的学生与生活在繁华都市的学生融为一体，使成千上万名学生可以在不同的地区、不同的学校，在同一时间向同一名优秀教师学习，成百倍、千倍甚至万倍地放大了优秀教师的智慧，从而开启了人类通往千百年来梦寐以求的有教无类教育理想的大门。这预示着一场新的教育革命的开始。

---

① 李雁争、姜隅琼：《"互联网＋"行动路径划定，锁定 11 个目标》，载《上海证券报》，2015-06-05。

第二节 全日制远程教学带来的革命性影响

优秀教师一直是人类的稀缺资源。"教师是教育之本。有好的教师，才会有好的教育。"①然而，人类教育的发展进程，始终摆脱不了一个悖论：最需要教育的地方，却最缺少好的教师。曾因做过"墙中洞实验"而闻名于世的印度科学家苏加托·密特拉(Sugata Mitra)教授在一次演讲中感慨地说："今天在座的各位来自世界各个角落，如果你们想象一下自己国家的地图，总能在上面画出一些小圈，然后说：'噢，这些地方好的教师是不愿意去的。'"我们国家的教育不也正面对着这样的窘境吗？能否有效破解这一悖论，是世界各国教育在"互联网＋"时代能否取得突破性发展的关键。

经过十五六年的探索与实践，全日制远程教学利用卫星、网络等现代信息技术有效地将城市优秀教师的智慧辐射到边远、民族地区，有效提升了优秀教师智慧的覆盖率，重塑了当地教育生态，较好地回应了当今我国教育面临的一些根本性挑战，深刻地改变了我国落后地区教育发展的面貌，甚至改变了我国基础教育均衡发展的历史进程。

一、有效扩大了优秀教师"智慧圈"

(一)什么是"智慧圈"

"智慧圈"是一个重要的科学概念。《不列颠百科全书》将其定义为生物圈中受人类智力活动强烈影响的部分。② 这里借用"智慧圈"概念，意在分析优秀教师智慧的影响范围。参照"智慧圈"的定义，优秀教师"智慧圈"是指直接受到优秀教师智慧影响的部分。

一般来说，优秀教师的"智慧圈"主要有三个圈层。第一个圈层是在学校范围内。通常，优秀教师智慧的影响基本上被禁锢在学校内、他

---

① 《温家宝强调提高农村教师待遇 把农村教育办得更好》，http://edu.people.com.cn/h/2011/0909/c227696-2080433356.html，2016-02-22。

② 陈之荣：《人类圈·智慧圈·人类世》，载《第四纪研究》，2006，26(5)。

(她)所教的班级内，其影响范围只有数十或数百平方米和几十名或几百名学生。第二个圈层是在集团学校范围内。近年来，随着名校集团战略的实施，优秀教师走出校门，参与集团其他学校的工作，使其智慧常规性地辐射到校外。不过，这种辐射范围十分有限，一般为3～5所学校，数百名学生或更多一些，距离城市一小时车程范围内。超出这个范围，名校和优秀教师都将很难承受。第三个圈层是通过"互联网＋"全日制远程教学等方式涵盖成百上千所学校，影响成千上万名学生。

(二)原有放大优秀教师智慧的方式的效果有限

长期以来，我国城乡间、区域间和学校之间在师资力量和办学水平上存在明显差距。优秀教师资源分布极不均衡，表现为东部充裕，而边远、民族地区较为匮乏。我国东部大城市是全国教育中心，那里中小学名校云集，汇集了全国最优秀的教师、最丰富的教育资源和最先进的数字设备，这是我国巨大的教育资源"宝藏"。然而，在这些"宝藏"中，优秀教师基本上只活跃在"智慧圈"的第一、第二圈层内。从这个意义上说，城市优秀教师智慧资源影响范围小、利用率偏低，只发挥了很小的作用，基本上处于"沉睡"状态。我们可以看到，一方面是边远、民族地区优秀教师资源的极度匮乏，而另一方面却是城市优秀教师智慧资源的"沉睡"。如何将这些"沉睡"的"宝藏"输送到最需要教育的地方，以带动边远、民族地区教育发展，这是我国当前迫切需要研究的时代课题。

有学者曾指出，要从根本上改变农村教师资源薄弱的状况，应从两个方面考虑：一是如何让城市优秀教师长期、直接对农村学生实施教育教学活动；二是如何直接利用城市优质教师资源来帮助农村教师实现专业技能的提升。[1] 显然，传统条件下这两条道路都是行不通的。这一方面说明优秀教师是教育的稀缺资源，没有优秀教师便没有优质教育；另一方面也说明优秀教师的影响范围十分有限。千百年来，人类优秀教师的影响只在其"智慧圈"内。套用德国著名政治家俾斯麦"真理只在大炮射程之内"的名言，优质教育也只在优秀教师的"智慧圈"内。

---

① 熊才平、方奇敏：《信息化环境下的教师资源配置城乡一体化：理论与构想》，载《电化教育研究》，2007(4)。

为了改变优秀教师的分布状况，党和政府做了大量工作。目前，我国在促进教育公平、充分发挥优秀教师智慧的作用方面，主要有三种方式。第一，优秀教师直接与学生面对面的服务方式。这种方式主要以"名校集团"和"城乡教师对口支援"为代表。优秀教师直接到相关学校，通过授课、培训教师等方式实现优秀教师智慧共享。这种方式有一定成效，但因直接受益范围较小，影响十分有限。第二，优秀教师输送优质教育资源的间接服务方式。这种方式是优秀教师与其智慧分离的服务方式，主要以"农远工程"和远程教育模式为代表，具体措施是向远端学校直播或通过录像录播优秀教师的课堂教学。这种方式虽然不受时空限制，辐射面广，但因城乡教育差异较大，应用效果较差，在实践中基本被抛弃。可见，原有的简单放大优秀教师的智慧的方法难以从根本上改变优秀教师缺乏与分布不均问题。第三种是全日制远程教学模式，这是一种优秀教师与其智慧准一体化服务方式。

(三)有效提高了优秀教师授课占有率

边远、民族地区的教育要想实现跨越式发展，需要引入巨大的推动力，这股推动力就蕴藏在大城市的中小学名校之中，蕴藏在优秀教师的智慧之中。随着云计算、大数据、社交网络在社会上的广泛应用，网络互动使教育与技术开始深度融合，这"意味着新观念和新文明的崛起"[1]。卫星、网络等现代信息技术可以将优秀教师的智慧与人体分离，实现远程智慧服务。全日制远程教学主要通过卫星、网络等信息技术将城市优秀教师的智慧辐射到边远、民族地区，使城乡学校实现一体化教学，成百倍、千倍甚至万倍地放大了优秀教师的智慧，服务更多的学生，从而极大地释放出优秀教师的智慧价值与作用。

全日制远程教学与基于广播、电视等的传统远程教育有着较大区别：一般来说，传统远程教育是单向传播和延迟反馈的，而全日制远程教学是建立在"双师制"基础上的准双向传播和及时反馈，使城市优秀教师可以通过网络视频等方式方便地与远端师生联通，从而突破了优秀教师"智慧圈"

---

[1] 孟威：《网络互动：意义诠释与规则探讨》，内容提要，北京，经济管理出版社，2004。

的限制，有效放大了优秀教师的智慧，提升了当地优秀教师授课占有率。

这里所说的优秀教师授课占有率，借用了经济学市场占有率概念。市场占有率又称"市场份额"，是指企业的产品或者服务在同类行业商品或服务销售量（额）中所占的比例，一般用百分比表示。市场占有率计算公式如下：

市场占有率＝一种产品或品牌的销售量÷该产品或品牌的行业销售总量×100％

市场占有率在很大程度上可以反映企业的竞争地位和营利能力，是分析企业竞争状况和衡量企业营销状况的综合经济指标。市场占有率高，表明企业营销状况好，竞争能力强，在市场上占据有利位置；反之，则表明企业营销状态差，竞争能力弱，在市场上占据不利位置。

优秀教师授课占有率是指某一地区或学校优秀教师授课时数占所有课时数的比例。优秀教师授课占有率高低在一定程度上可以反映该地区或学校教学质量的高低。优秀教师授课占有率高表明教学质量高；反之，则表明教学质量较低。

二、重塑了边远、 民族地区教育四大生态

"互联网＋"全日制远程教学的"同时备课、同时上课、同时作业、同时考试"模式，重塑了边远、民族地区的教育生态，让来自不同地域的学生、教师和学校组成了一个虚拟的生态圈，实现了优质教育资源共享。

(一)改变了学生学习与成长生态

全日制远程教学创造出"第二学习空间"，实现了大山里的孩子在家门口上名校的愿望。一位在藏族生活区工作的小学校长，要到成都实验小学参加远程植入式教学培训，因担心上一年级网络教学班的女儿离不开自己，便带女儿一同前往，工作时，便将女儿放到实验小学网络教学班上课。这位叫尼麦卓玛的藏族小姑娘一走进教室，就看到通过投影屏幕朝夕相处的"老师"和"同学"，备感亲切。课上，她用流畅的英语回答问题，与"同学"对话，一点也不感到陌生。小尼麦卓玛举止文雅、落落大方，活脱脱就像一名实验小学的学生。她受到实验小学师生的赞许，

也让实验小学校长和妈妈感到吃惊和振奋。他们都没有想到远程植入式教学的效果会这样显著，可以让多年来他们追求的"同在蓝天下，共享优质教育资源"的梦想得以实现。

这是一个真实的故事，也是一个让许多教育工作者感到兴奋不已的事例。长期以来，边远、民族地区教育是我国基础教育中最为薄弱的部分。面对山高谷深、经济文化发展滞后、信息闭塞、学校分散的现状，边远、民族地区教育到底该如何发展？四川省甘孜藏族自治州教育局原局长嘎绒拥忠认为，"在信息化的世界里，没有边远地区"[①]，教育信息化是缩小区域差距的必然选择。正是基于这样超前的认识，21世纪伊始，边远、民族地区一批学校紧紧抓住信息技术可能给教育带来革命性影响的机遇，大力开展全日制远程教学工作，将城市名校优质教育资源这股源头活水引入该地区。

全日制远程教学通过信息技术将城市名校教师的课堂教学嵌入边远、民族地区学生的课堂学习环境中，从而为远端学校学生创造出一个崭新的"第二学习空间"。"第二学习空间"改变了边远、民族地区的教育生态，实现了让大山里的孩子可以在家门口上名校的愿望。无须远离父母，无须高昂的学费，大山里的孩子在家门口就能上名校，享受与城市的学生一样的优质教育资源。调查结果显示，72.0%的家长认为，全日制远程教学给自己和孩子带来的最大好处是可以在家门口享受到优质教育资源；44.2%的家长甚至认为，自己的孩子就是成都七中学生；84.4%的家长高度认同全日制远程教学项目，认为全日制远程教学是边远、民族地区学生与城市学生共享优质教育资源的一条最有效的途径。以前，这些学生连省内知名学校都不敢报考，现在一批学生却考入北京大学、清华大学等国内名校，实现了几代人的梦想，也实现了网校工作者的追求："让优质教育变成空气，弥漫于宇宙，洗荡于乾坤，人人都能呼吸。"

(二)改变了教师专业发展生态

全日制远程教学创造出教师"在工作中学习，在学习中工作"的"师徒

---

① 胡敏：《信息化的世界里 没有边远地区》，http：//www.scedu.net/p/8/？StId＝st_app_news_i_x4001_41388，2017-02-02。

制"环境，形成了教师第三条专业发展途径。美国著名风险投资家和技术作家，被称作"互联网教父"的保罗·格雷厄姆（Paul Graham），曾在《黑客与画家》一书中质疑：为何在中世纪，像达·芬奇、米开朗琪罗等艺术大师都是"师傅"带出来的，而不是像今天的人们一样毕业于艺术院校？他认为，他们之所以能够成为大师主要是在"师徒制"下得到了一对一的教学。

知识管理理论认为，教师的教学是一种创造性工作，这种创造性工作更多地依赖于只可意会、不可言传的隐性知识。全日制远程教学为教师专业发展创造了一种"在工作中学习，在学习中工作"的"师徒制"环境，有助于隐性知识的传播。全日制远程教学将相距遥远的城乡教师工作紧密联系在一起。教学中，远端教师既配合名校优秀教师的教学工作，又在观看他们的教学。这相当于为远端教师请来一位"师傅"天天教他们如何教学，不仅可以使远端教师学习优秀教师的高级思维技能和策略性知识，还大大缩短了远端教师成为优秀教师的周期。

全日制远程教学为边远、民族地区教师专业成长创造的成长环境有几大特点：①远端教师在优秀教师实践的真实情境中学习，能学习优秀教师的高级思维技能和策略性知识；②远端教师在教学过程中（在职场）行动学习，"在工作中学习，在学习中工作"；③远端教师在相当于"师徒制"的环境中向优秀教师学习；④远端教师在学习共同体、工作共同体中学习。调查结果显示，35.8％的教师直接将名校教师看作自己的"师傅"或"导师"；高达91.1％的教师认为，在这种"师徒制"环境中，他们自己的专业能力也有了大幅度提升。

全日制远程教学改变了教师专业成长的途径和模式，开辟了职前培养、在职教师培训与校本教研之后，借助信息技术建立的第三条发展道路。调查结果显示，83.9％的边远、民族地区教师认为，全日制远程教学是目前该地区教师专业发展的一条比较现实、经济、有效的途径，相当于为民族教育提供了大规模的、低成本的、高水平的、长周期的在岗培训。目前，该途径已经培养出一大批优秀教师。

(三)改变了学校发展生态

全日制远程教学形成了城乡学校命运共同体。边远、民族地区学校发展的关键是要改变其散漫的发展生态。有学者在对我国中西部的调查研究中发现,薄弱学校面临的最为严重的问题是其发展陷入"孤岛之中",这主要与它们"等靠要"的发展思维和孤军奋战的发展方式密不可分。"多数农村薄弱学校校长自身信心不足,交往范围十分狭窄,交流形式以会议交流为主。与上级管理部门的交往主要就是地方教育局,基本上以例行汇报和反映困难为主。在没有接到检查或者其他特殊任务的情况下,很少与政府其他部门发生经常性联系。同样,他们也很少与周边学校主动联络和开展活动。而在正规交往渠道之外,薄弱学校几乎很少与外界打交道。"①

针对这种普遍存在的问题,我国政府倡导建立城乡学校共同发展机制,通过重组、结对帮扶等途径,打破校际和城乡的分割状态,创造新的生态,形成一个相互依存的共同体。全日制远程教学就是这种以城市名校带领边远、民族地区学校发展的模式,通过将名校先进的教育理念、教学方法、教学评价、教学管理和学校文化等输入薄弱学校,增强薄弱学校自身"造血"机能。也就是说,优质教育资源不仅需要"送"下去,还要用起来、用得见成效。这需要打破薄弱学校各自散漫发展的状态,在更大范围内形成城乡教育联盟,为薄弱学校的发展提供稳定、系统、长期的支持。

(四)改变了社会稳定生态

全日制远程教学实现了教育与社会发展的良性循环。全日制远程教学对于稳定边远、民族地区教育及社会生态具有重要价值。没有开通全日制远程教学前,当地一些学习比较优秀的学生的家长通常会在孩子小学或初中毕业后,将其送到城市上学,甚至自己也会调到城市。这在一定程度上影响了人们对当地教育的信心,破坏了教育生态。有校长说:"一所学校如果留不住好学生,其他学生和学生家长就会对学校失去希望,学校也就快办不下去了。"针对原来没有开设全日制远程教学项目时,一些优秀学生的家长会将孩子送到东中部城市上学的现象,调查结果显

---

① 鲍传友:《农村薄弱学校的信心缺失与信任重建》,载《中国教育学刊》,2017(3)。

示，35.5％的家长表示，如果当地学校没有开设全日制远程教学班，他们会将孩子送到东中部城市去学习。

全日制远程教学的开通有效改变了这种状况。一些全日制远程教学学校校长反映："引进直播教学就是引进希望！上了直播班就看到了希望！"学生觉得考大学没有希望，就不好好上学了，就会混；一个孩子混，就会带动一个家庭不稳定。调查结果显示，82.9％的校长认为，全日制远程教学的开通坚定了边远、民族地区政府、学校和百姓对教育的信心。参加全日制远程教学学生的家长表示，他们周围78.9％的同事、亲戚朋友都希望未来自己的孩子也能参加全日制远程教学项目。全日制远程教学的成功实践，为边远、民族地区教育发展注入了强大的正能量。

三、全日制远程教学带来五大效果

(一)大幅度提高了学生综合素质和学业成绩

改变边远、民族地区教育面貌的根本，在于树立当地学生和教育工作者的信心。边远、民族地区教育面貌能否改变，关键在于能否增强当地学生和教育工作者的信心。古希腊的思想家、哲学家、教育家苏格拉底早就认识到自信的重要价值，他说："一个人能否有成就，只看他是否具有自尊心与自信心这两个条件。"我国在长期的扶贫工作中得出一条宝贵经验，那就是"扶贫先扶志"。自信是一种力量，对于边远、民族地区教育而言，更是战胜困难、迈向成功的首要条件。

1. 改变了"同学"构成，大幅度增强了远端学生的信心

全日制远程教学通过卫星、网络等信息技术，将优秀教师的课堂教学嵌入了远端课堂，为远端学生创造出"第二学习空间"，改变了远端学生的学习生态，这对远端学生的成长至关重要。在"第二学习空间"中，城乡学生成为"同学"，共享一流教育，这对远端学生来说是一种莫大的荣幸和鼓励，大大增强了他们的信心。据笔者的调查，52.3％的学生认为自己的信心有了大幅度提升。一位考入北京大学的网校学生在回答"网校对你的最大影响"时激动地说："网校为贫困地区学生与城市学生同等竞争提供了条件，激发了我们的梦想和信心。"

其实，早在 20 世纪 60 年代，美国著名教育家科尔曼通过对 64 万名学生进行大规模调查，就已经发现同学对同伴的成长具有重要影响。科尔曼发现，如果一个学校里大多数学生是中产阶级家庭的孩子，那么所有学生，不管是白人还是黑人，都表现出比较高的学习成绩。而在全是穷学生的学校，学生的成绩就普遍较低。究其原因，科尔曼发现，黑人和其他弱势少数族裔，相比白人中产阶层，缺乏一种改变和控制自己前途的信心。① 由此，他得出一个非常重要的结论，在发表的《关于教育机会平等性的报告》（《科尔曼报告》）中指出，黑人等少数族裔学生学习水平低下的主要原因不是学校的有形条件，诸如班级规模、课本质量、学校设施等，甚至不是教师的经验，而是他们是否有来自中产阶级家庭背景的同学。②《科尔曼报告》颠覆了传统教育观念，其历史性意义是，解决教育公平问题，光靠改善物质条件是远远不够的，更重要的是注重教育的结果，并将其放到社会经济平等的背景下，改变学校学生的构成，因为正是弱势群体对受教育结果的期望，影响了他们的信心和学习状态，也造成了教育机会的实质不平等。因此，美国在全国强制实行"黑人白人同校"等一系列措施，推动了美国公共教育事业大幅度地向少数族裔倾斜，最终培养出一大批包括前总统奥巴马在内的少数族裔社会精英，促进了教育公平发展。

科尔曼的发现不断地被后来的研究所证实。2011 年，经济合作与发展组织（简称经合组织）发布的国际学生评估项目 2009（PISA 2009）结果报告得出的一个重要结论是，学生的家庭社会经济背景正强烈影响其教育成功。报告指出，与学生家庭社会经济背景相关的成绩差异在所有国家都非常明显。平均而言，经合组织成员国中，14%的学生的阅读成绩差异可以由其家庭社会经济背景解释。而在匈牙利、保加利亚、秘鲁和厄瓜多尔，超过 20%的成绩差异可以由家庭社会经济背景解释。在经合组织成员国，家庭社会经济背景优越（收入最顶端的七分之一）的学生的成绩，比普通家庭学生的阅读平均成绩高 38 分。而在新西兰、法国，富裕

---

① 童大焕：《从"北师大报告"说到"科尔曼报告"》，载《世界教育信息》，2005(7)。
② 马晓强：《"科尔曼报告"述评——兼论对我国"上学难、上学贵"问题的启示》，载《教育研究》，2006(6)。

与贫困学生之间的成绩差距高达 50 分。因此，消除学生家庭社会经济背景对于学习结果的影响，已经成为当前发达国家促进教育公平的努力方向。[①]

我们在研究中也发现，一些来自边远、贫困地区的学生最缺乏的就是自信和对未来的期待。全日制远程教学与美国"黑人白人同校"举措有着异曲同工的作用，对远端学生产生了较大影响，主要包括：大幅度增加了学生的自信心；改变了学生对自身的角色定位，即多数远端学生将自己看作名校学生；拓展了学习途径——向名校优秀学生学习；改变了远端学生的学习状态。远端学生参加全日制远程教学无异于将自己置于一个追赶名校学生的状态，激发了学习斗志，改变了自我评价的标准。远端学生原来的追赶目标是本班或本校的"学习尖子生"，而现在可能是区域名校的"学霸"。

2. 振奋了教育工作者的精神，坚定了其办好教育的决心

有学者在对中西部农村薄弱学校的调查中发现，"农村学校的一个共同特征就是不自信"，其"社会信任体系脆弱"，主要表现为"教育行政部门对农村学校的发展普遍表现出一种悲观的情绪"；"家长和所在社区成员对农村薄弱学校也表现出极度不信任，很少有人相信学校会给孩子更好的教育，也很少有人主动与学校合作，或者给学校提供帮助"。[②] 而全日制远程教学有效改变了边远、民族地区学校的这种发展状况，通过大幅度提高学生的综合素质，让一大批学生在高考中脱颖而出。原来学生连省内知名学校都很难考入的一些地区，却接连实现了当地教育零的突破——学生考入北京大学、清华大学等全国名校。据成都七中东方闻道网校初步统计，从 2005 年至 2017 年，全日制远程教学已经毕业的 12 届学生中，先后有 58 名学生考入北京大学、清华大学。在一些民族学校，如阿坝州松潘中学及小金中学、甘孜州康北中学，以往学生连专科学校都考不上，在直播教学开通以后，不但有学生考入了本科院校，一些学生还考上了全国重点大学。

2012 年，四川省甘孜藏族自治州康定中学直播班学生毛鑫以 631 分

① 商发明：《全球十大教育发展新理念》，载《北京日报》，2014-03-12。
② 鲍传友：《农村薄弱学校的信心缺失与信任重建》，载《中国教育学刊》，2017(3)。

的优异成绩,被清华大学水利水电专业录取,成为甘孜州恢复高考以来第一位接受本土培养考入清华大学的应届高中毕业生,实现了该州高考的历史性突破,极大地鼓舞了民族地区的教育士气。康定中学校长陈军说:"自建校以来,学校还从未培养出一位从本土考入清华大学的应届高中毕业生,对学校来说,这是所有教育人心中的痛。……许多人都对藏族生活区的教育存有偏见,不相信我们也能培养出考上清华大学、北京大学的学生,盲目地崇拜先进地区的教育质量,纷纷把孩子送到中东部城市,在一定程度上,也造成了学校优质生源的流失。因此,可以说,今年康定中学毛鑫考上清华大学,不仅治愈了康定中学全体教职工的心病,有力地佐证了当地教育的质量,而且对整个甘孜州的教育事业来说都具有十分重要的意义。他增强了全州上下、社会各界和教育业内人士对甘孜本土教育尤其是对康定中学教育质量的信心,让干部群众看到了甘孜教育的未来和希望。"对于边远、民族地区的学生来说,"知识改变命运"原来只不过是一句口号,而今天却带来了实实在在的改变。

全日制远程教学通过卫星、网络等现代信息技术,实况直播、录播或植入城市名校优秀教师的课堂教学,为边远、民族地区学校创造出城乡学生共同学习与成长的"第二学习空间",深刻改变了边远、民族地区的教育生态,从而达到城乡学生"异地同堂"、共享优质教育资源的目的。在全日制远程教学营造的"第二学习空间"中,城市名校一些优秀"同学"往往成为远端学生崇拜的偶像,改变了学生的学习状态、评价标准和对自身的角色定位,大幅度提高了学生的综合素质和学业成绩。

(二)缩短了教师专业成长周期,培养出一批优秀教师

全日制远程教学创造出的"在工作中学习,在学习中工作"的"师徒制"环境,特别适合远端教师的专业成长,为边远、民族地区学校培养了大批优秀教师。在访谈中,成都七中一位化学老师说:"全日制远程教学为青年教师成长创造了最快、最佳的成长途径!"成都教育科学研究院院长、成都七中原副校长罗清红认为:"一般在个人比较努力的情况下,一位远端教师只要从高一到高三,跟着直播教学走过一轮(3年),了解了基本课型,就基本可以达到成都七中优秀教师标准。"

(三)"链式发展"，有效放大了名校优质教育资源

如何才能为边远、民族地区学校提供能够用得上、用得有成效的优质教育资源，一直是困扰教育界的难题。"链式发展"是产业为了促进资源、信息等要素共享，提升自身竞争力，而采取的将生产、加工、应用等上下游企业相关联，形成产业链条的举措。全日制远程教学采用"链式发展"方式，实现了名校与远端学校教育资源一体化的生产、使用、管理与评价。这在我国目前教育信息产业尚不成熟，还不足以为使用者提供满意产品的情况下，对解决边远、民族地区学校优质教育资源短缺问题具有重要的现实意义。调查结果显示，89.8%的教师认为，他们获得了大量的、有用的教学资源；83.5%的教师表示，这些教学资源可以马上在教学中使用。

名校优质教育资源的有效放大，并没有加大名校的资源投入，更没有让名校优质教育资源受到稀释和损害，这彰显出互联网的价值，即可以将价值不断放大。例如，成都实验小学 2012 年刚开设远程植入式教学时，一所学校可以带动 80 所远端学校。(见图 1-1)现在前端学校一组数据没有变化，而远端学校一组数据却早已翻了几番。

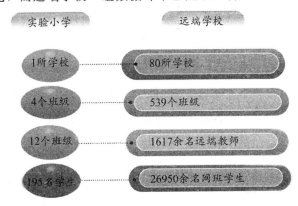

实验小学　　　　远端学校

1所学校　　　　80所学校

4个班级　　　　539个班级

12个班级　　　　1617余名远端教师

195名学生　　　　26950余名网班学生

图 1-1　一所名校带动远端学校数量情况

(四)以"现代文化为引领"，塑造了一代新人

文化的功能是教育人、塑造人、熏陶人，是人实现全面发展的重要

载体。边远、民族地区学生成才、教师成长和学校发展，从根本上来说是文化的进步。一些生活在贫困地区的学生往往受到"文化贫困现象"的影响，这牵制了他们的思想，禁锢了他们的手脚。全日制远程教学使城市名校文化与远端学校文化相互交融，形成了一种"血脉相连、血气相通"的关系。名校的办学理念、价值追求和制度潜移默化地影响着远端学校文化。全日制远程教学开展的"课前三分钟，分享感受""课间十分钟"，以及举办的各种主题活动、到名校"留学"等，相当于让边远、民族地区学生经历了一次次城市文明的洗礼，使他们沐浴在现代文化中受到潜移默化的影响。现代文化的核心是现代价值观，终极目标是塑造现代人。调查结果显示，69％的学生认为，他们对国家和民族的认同感增强了。

（五）探索出城市名校带领边远、民族地区学校的发展之路

俗话说："火车跑得快，全靠车头带。"这既表明了车头至关重要的带头作用，同时也道出了先进带动落后的共同发展方式和机制。我国政府倡导城乡学校"结盟"，通过城市学校带动薄弱学校发展，实现教育公平。全日制远程教学以"母鸡带小鸡"、名校带动薄弱学校发展的模式践行了这种教育发展理念和要求，探索出边远、民族地区学校与城市名校融合发展之路。通常，一所名校可以带几十所甚至几百所薄弱学校。这一点之所以能实现，主要是因为城乡学校进行了五个方面的改造与融合。

1. 教学模式的融合

为了有效实现城乡学校的一体化发展，全日制远程教学对现有教学流程进行再造，创造性地提出了"四同时"教学模式，即"同时备课、同时上课、同时作业、同时考试"。"四同时"教学模式有效打破了名校与薄弱学校之间教学与管理的壁垒，实现了教学有效融合，让薄弱学校搭上城市名校发展快车。

2. 采用"双师制"，实现城乡教师教学工作的融合

全日制远程教学采用"双师制"，即边远、民族地区学校的课堂教学由两名教师共同完成：一名教师是城市名校优秀教师，如成都七中、中国人民大学附属中学（简称人大附中）的教师；另一名是当地学校的现场教师。远端学校教学通常采用三种方式：一是直播教学，即远端学校与

城市名校教学同步进行；二是录播教学，即远端学校教师每天对城市优秀教师的课堂教学录像稍做剪辑，第二天在课堂上播放；三是植入式教学，即远端学校教师根据自己的教学需要，在课堂教学中加入名校教师的录像片段。"双师制"实现了城乡教师优势互补，产生了"1＋1＞2"的效应。

3. 通过"链式发展"，实现城乡学校优质教育资源共享

全日制远程教学采用"链式发展"，直接将名校优质教育资源"送抵"远端学校，实现了城乡学校优质教育资源共享。"链式发展"是一种突破、一种创新，有效地解决了我国多年来教育资源生产者与使用者严重背离，教师难以找到合适的教学资源的问题，大大提高了远端学校的教学质量。

4. 文化的融合

从根本上来说，边远、民族地区学校教育要想实现突破，首先要在文化上实现超越。全日制远程教学以先进文化为引领，为远端学校融入现代文明奠定了基础。

5. 学校管理的融合

全日制远程教学通过卫星、网络"信息高速路"，不断将名校先进的教育理念、教学方法、教学评价、教学管理和学校文化输送到远端学校，实现了城乡学校管理上的融合，从而打破了薄弱学校各自散漫发展的状态。康定中学陈军校长说："全日制远程教学让民族地区的学校发展由县乡级公路一步跨上了国家信息高速路，这种带动作用是其他方式很难实现的。"调查结果显示，高达87.8％的校长、76.5％的教师、89％的学生和84.4％的家长认为，全日制远程教学是促进边远、民族地区教育跨越式发展的一条有效途径。

第三节　全日制远程教学的研究目的与意义

全日制远程教学本质上是进行了一场教育供给侧结构性改革，即通过卫星、移动互联网、云计算、大数据等技术，将城市优秀教师的智慧

辐射到边远、民族地区，从供给侧增加了优秀教师的智慧供给。这种供给侧结构性改革打破了我国原有的优秀教师智慧资源的自然分布状态，相当于对优秀教师智慧进行了一次革命性再分配，重塑了当地教育生态。将全日制远程教学作为"一场革命的开端"进行深入研究，对我国教育在"互联网＋"时代实现创新发展，探索未来"新型教育服务供给方式"，具有重要的现实意义与理论价值。

一、"同在蓝天下， 共享优质教育资源"

21世纪初期，随着九年义务教育的基本普及，我国基础教育开始了从"有学上"到"上好学"的历史性转变，"同在蓝天下，共享优质教育资源"成为整个社会追求的理想和目标。为了实现这一理想和目标，国家出台了"以信息化带动教育现代化，努力实现基础教育跨越式发展的政策举措"[①]，并逐渐演化为利用信息技术向边远、民族地区输送优质教育资源，以促进其教育实现跨越式发展的道路。这条发展道路寄托了上至党和国家领导人，下至普通百姓的殷切希望，是推进我国教育事业改革与发展、实现教育公平的战略选择。2014年3月14日，在全面改善贫困地区义务教育薄弱学校基本办学条件电视电话会议上，刘延东提出，要"为贫困地区孩子开启健康成长、实现梦想的幸福之门"。她说："教育信息化可以突破时空限制、加快知识传播、扩大资源覆盖、降低办学成本，对解决贫困地区学校的特殊困难、缩小教育发展差距、满足学生多样需求具有独特优势。从一定意义上讲，为贫困地区学校插上'信息化翅膀'，就能把优质教育资源输送到最需要的地方，贫困地区教育跨越发展就有了'加速器'。"[②]党的十八届三中全会通过的《中共中央关于全面深化改革若干重大问题的决定》，明确提出"构建利用信息化手段扩大优质教育资源覆盖面的有效机制，逐步缩小区域、城乡、校际差距"的具体要求，这是教育信息化作为教育改革发展的任务第一次被写入中央全会重要决议。2015

---

① 陈至立：《抓住机遇，加快发展，在中小学大力普及信息技术教育》，http：//www. moe. gov. cn/publicfiles/business/htmlfiles/moe/s3332/201001/82097. html，2013-10-20。

② 刘延东：《为贫困地区孩子开启健康成长、实现梦想的幸福之门》，http：//www. moe. edu. cn/publicfiles/business/htmlfiles/moe/moe _ 176/201403/166083. html，2015-02-05。

年 5 月 23 日，我国教育部与联合国教科文组织联合召开了国际教育信息化大会。习近平在贺信中指出："我们将通过教育信息化，逐步缩小区域、城乡数字差距，大力促进教育公平，让亿万孩子同在蓝天下共享优质教育、通过知识改变命运。"①

然而，实现"同在蓝天下，共享优质教育资源"的理想和目标并不容易，这是一条十分艰辛的发展之路。

二、全日制远程教学是人类前所未有的事业

输送城市优质教育资源，促进边远、民族地区教育发展，是人类前所未有的事业。我国选择通过信息技术输送城市优质教育资源的发展道路是有深刻历史背景的。20 世纪 90 年代以来，我国面临既要加快信息化建设又要完成工业化的双重任务。面对新的机遇和挑战，在 2000 年 10 月召开的党的十五届五中全会上，党中央明确提出"以信息化带动工业化，发挥后发优势，实现社会生产力的跨越式发展"②的重大战略决策。大力推进国民经济和社会信息化，是覆盖现代化建设全局的战略举措，这对我国教育既提出了更高的要求和期望，同时也提供了难得的发展机遇。2000 年 10 月 25 日，教育部随后召开了全国中小学信息技术教育工作会议，做出了"以信息化带动教育现代化，努力实现基础教育跨越式发展"的战略部署，大力推进教育现代化进程。

后发国家选择以信息化促进国家经济社会跨越式发展是一种国际趋势。20 世纪 90 年代，我国一些学者、机构便开始探索以信息化带动工业化的发展道路。在这方面，国外有许多成功的案例。2002 年，党的十六大明确提出，以信息化带动工业化，走新型工业化发展道路，这是我国工业化和整个国家现代化的战略选择。然而，我们必须看到，与工业领域相比，教育领域选择以信息化带动教育跨越式发展道路，不仅缺乏理论准备，而且在实践中尚没有成功的案例。甚至直到今天，没有哪个国

---

① 《习近平致国际教育信息化大会的贺信》，http：//www.xinhuanet.com//politics/2015-05/23/c_1115383959.htm，2016-05-16。

② 《中国共产党第十八届中央委员会第五次全体会议公报》，http：//news.xinhuanet.com/fortune/2015-10/29/c_1116983078.htm，2015-12-08。

家能够通过信息化的带动作用，真正实现教育跨越式发展。有学者指出：
"令人遗憾的是，到目前为止，国际上还没有哪个国家能够通过运用信息
技术来实现教育质量方面的跨越式发展，包括在微软举办的信息化国际
论坛中，几个国家（有澳大利亚、加拿大、新加坡等）作为先进典型介绍
的信息技术与课程整合案例，其中虽有不少值得借鉴的好经验，所提供
的'整合案例课'也确实有较好的效果，但都还谈不上实现蛙跳式即跨越
式发展（教育质量与效率的提高还不是很大）。"[1]在国内外这种大的背景
下，我国选择这条发展道路就注定要探索一条人类前所未有的发展道路，
注定要面对诸多困难与挑战。

三、全日制远程教学是为社会底层百姓服务的一项实践

全日制远程教学是为社会底层百姓服务较为成功的一项实践。关注
社会底层百姓的教育，促进教育公平是国际社会矢志不渝的目标。联合
国教科文组织发布的《2010 年全民教育全球监测报告：普及边缘化群体》
指出，目前，受教育年限最低、处于社会"最底层"的"边缘化群体"占比
达到 20%。而我国这一群体比例可能更高，据教育部有关领导表示，我
国贫困地区包括集中连片特困地区、边境地区、少数民族地区，共计
1100 个县的义务教育薄弱学校占全国的 40%，学生占全国的 33%。边
远、民族地区教育是我国教育短板中的短板。党的十八届五中全会提出
了到 2020 年我国农村贫困人口全部实现脱贫的新的小康社会宏伟目标。
党的十九大又对实现这一目标提出进一步要求，即充分发挥政治优势和
制度优势，动员全党、全国、全社会力量，坚持精准扶贫、精准脱贫，
确保如期完成脱贫攻坚任务。贫困地区脱贫、阻断贫困代际传递，教育
是根本。面对边远、民族地区经济文化发展滞后、办学条件较差的情况，
全日制远程教学有效地改变了边远、民族地区的教育面貌，较好地服务
了我国社会中的"边缘化群体"。

据笔者对来自连片特困地区和民族地区参加全日制远程教学的学生
进行的问卷调查，95.5%的学生来自农村或牧区，而来自城市的学生只

---

① 何克抗：《迎接教育信息化发展新阶段的挑战》，载《中国电化教育》，2006(8)。

有 4.5％。其中，在来自农村或牧区的学生中，63.4％的学生来自农村，23.3％的学生来自县城，8.8％的学生来自乡镇。（见图 1-2）在参加调查的学生中，59.8％的学生家里没有电脑，这与电脑几乎成为城市居民家庭标配形成鲜明对比。可以说，全日制远程教学，直接惠及我国社会最底层百姓。10 多年来，全日制远程教学让百万寒门子弟享受到了优质教育，并由此可能改变他们的命运。

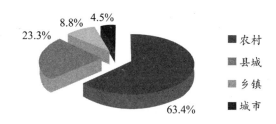

图 1-2　学生家庭所在地分布状况

　　正是由于在服务社会最底层百姓方面取得了突出成绩，全日制远程教学不仅受到边远、民族地区百姓的欢迎，也得到了国家的高度认可。2013 年 1 月 7 日，中共中央政治局领导来到康定中学视察，对全日制远程教学为康定中学带来的可喜变化给予了高度肯定；2012 年 9 月 5 日，在国务院召开的全国教育信息化工作电视电话会议上，刘延东听取了四川省教育厅就"四个统一，合作多赢"的全日制远程教学经验交流的发言，对四川省探索城乡学校利用网络"同时备课、同时上课、同时作业、同时考试"的做法给予了高度评价；2015 年 5 月 23 日，在我国教育部与联合国教科文组织联合主办的国际教育信息化大会上，教育部副部长杜占元在大会上做报告，向来自 90 多个国家的代表介绍了作为中国教育信息化成功案例之一的全日制远程教学模式；2016 年 9 月 27 日，为加快边远、民族地区教育发展，教育部在四川省甘孜州召开教育信息化的推进工作现场会，宣传推广甘孜州教育信息化的典型经验。甘孜州教育取得成功的主要经验是开展全日制远程教学。

　　全日制远程教学模式也得到了国外专家和有关人士的高度赞扬。2006 年 4 月，在英国伦敦伊顿公学召开的第二届国际名中学校长论坛上，成都七中原校长王志坚做了"成都七中全日制远程教学"的学术报告，使与会的校长和专家感到震惊：一所发展中国家的中学居然在网络教学方面走在了世界的前列。有专家称这是"中国教育奇迹"。2014 年 3 月 25 日，美国前总统奥巴马的夫人来到成都七中访问，对全日制远程教学给予了高度评价。米歇尔自己出身贫寒，其父母都没上过大学，但他们的父母十分重视她和她哥哥的教育，鼓励兄妹俩通过读书改变命运。这次访问特别安排了米歇尔与来自边远、民族地区的学生通过卫星进行对话与互动。她一走进正在上英语课的直播班就对学生说："我很高兴能见到你们，我是来向你们学习的。我对你们在成都七中的生活很感兴趣，也对你们如何开展远程教育项目非常感兴趣，这听起来很令人激动。"在回答学生的提问中，米歇尔说："我认为让全世界的每个孩子都有机会享受优质教育十分重要。远程教学模式十分优秀，可以让远离成都七中的偏远地区的孩子也能享受到高质量的教育。这样我们就能开发所有孩子的创造力，而不会荒废他们的天赋。"

四、推广全日制远程教学模式，需要理论创新

全日制远程教学模式虽然取得了显著效果，但要在更大范围推广，仍面临说不清成功的深层原因和难以复制等诸多问题，需要在理论上取得突破。21 世纪前后，我国中小学兴起了一股"远程教育热"。不过，这股热潮并没有持续多长时间。当初风靡一时的大多数远程教育项目都消失了，而全日制远程教学成为硕果仅存的项目之一，取得较大成功。可以说，全日制远程教学是我国教育信息化的一朵奇葩，深受边远、民族地区政府、学校师生和家长的欢迎。按理说，它应该得到大力推广，但实际情况恰恰相反，出现了叫好不叫座的尴尬现象，即来参观的领导、专家、教育工作者络绎不绝，他们无一不受到感染，纷纷表示应该大力推广，但回去后几乎都没有了音信。多年来，全日制远程教学事业步履艰难，即便得到国家认可，国家也号召全国学习该模式，也没能改变这种不温不火的状况。

全日制远程教学出现这种尴尬现象，除了受教材和高考改革、复制难度较大、面临收费政策敏感区、难以营利等诸多问题的影响外，理论研究严重滞后、缺乏理论指导也是主要原因之一。全日制远程教学是我国独创的一种新型教学形态，虽然属于远程教育范畴，但其呈现出的一

些新现象和新规律，很难用现有的教育技术学理论、远程教育理论等进行解释，所以需要将其放到更大的时空中去思索，去总结提炼，去进行理论创新，甚至重构未来教育。正如有学者所说的那样："互联网是刀，是斧，是锯，将原来的一切都分解成碎片，然后再以互联网为中心重新组建起来，成为新的体系、新的结构。'互联网＋'的本质就是碎片与重构。"①

五、探索"新型教育服务供给方式"

构建"互联网＋"时代"新型教育服务供给方式"，需要探索大规模教育。一部教育史，也是一部教育改革史。人类教育的历史按照不同标准可以划分为不同的发展阶段，如果按教学规模大小来划分，可分为"师徒制"教育时代、小规模教育时代和大规模教育时代三个阶段。千百年来，人类教育基本上都是个别化、小规模化的传播过程，即教师讲，几名、几十名、上百名学生跟随这位教师学习。有学者认为："人类步入以计算机为标志的信息时代，不仅是一种技术的更新，而且是一种文化的变革……将彻底改变千百年来以教师讲授、课堂教学为基础，劳动强度大、效率低的传统教育教学模式，使教育完成从劳动密集型行业向技术密集型行业的历史性转变。"②脱胎于"互联网＋"时代的全日制远程教学，勾勒出未来教育的雏形——大规模教育。这种历史性转变，无异于发生一场教育革命。我国政府审时度势，敏锐捕捉时代发展趋势。2015 年 7 月 1 日，国务院颁布《国务院关于积极推进"互联网＋"行动的指导意见》，鲜明提出要以互联网为基础设施和创新要素，"探索新型教育服务供给方式"。这为构建"互联网＋"时代新型教育指明了方向。

随着互联网、大数据技术的广泛应用，远程教育正从教育边缘走向教育中心，并有可能成为未来教育的主要形态。全日制远程教学模式就像是人类进入 21 世纪所做的一场大规模试验，将教育的核心要素，即优秀教师智慧不断放大，让来自不同地域的学生在一个大的虚拟空间接受优质教育，并取得良好的教育效果和效益。全日制远程教学就像是"互联

---

① 王竹立：《"互联网＋教育"意味着什么》，载《今日教育》，2015(5)。
② 桑新民：《基础教育如何迎接数字化生存的挑战》，载《人民教育》，2001(8)。

网＋"时代大规模教育的雏形，已经成为我们思考、探索未来教育的一个难得的、具有丰富内涵的"样本"。

第四节　本书的理论脉络、内容结构及概念界定

一、理论脉络

本书着重探讨了"互联网＋"时代边远、民族地区教育发展的新模式，其研究主要沿着四条脉络展开：第一条是国家政策线，以政策的演进为轴，反映了党和国家在这一特殊历史时期的追求和愿望，充分体现了目的性；第二条是理论创新线，以观念突破和教育教学变革为轴，充分反映创造性；第三条是实践突破线，以新举措开创新局面为轴，充分反映实效性；第四条是发展战略线，以前瞻性研究、超前谋划为轴，充分反映预见性。

(一)国家政策

1."以信息化带动教育现代化"政策的逻辑起点

21世纪初期，教育部确立了"以信息化带动教育现代化，实现基础教育跨越式发展"的政策目标。然而，这一政策从何而来？其出台的背景及逻辑起点是什么？世界上有成功的经验吗？这一系列问题需要理性分析和回答。

2."以信息化带动教育现代化"国家发展道路的形成

发展道路通常是经过长期的实践摸索出来的。21世纪以来，随着九年义务教育基本普及，我国教育开始了由"有学上"到"上好学"的历史性转折。对于实现这种战略转折最为困难的边远、民族地区教育来说，"以信息化带动教育现代化，实现基础教育跨越式发展"成为不二选择。在多年的实践中，我国逐渐形成了利用信息技术由城市向农村地区、贫困地区、民族地区输送优质教育资源，以促进这些地区教育均衡发展的道路。

然而，这是一条可行的发展道路吗？在这样一条发展道路上，国家需要破解哪些难题？

3. 国家政策需要回答的核心问题

国家政策的确立需要回答的主要问题有：什么是优质教育资源？优质教育资源的核心是什么？优秀教师智慧能否输送以及在什么样的条件下才能够输送？信息化能否带动教育实现跨越式发展？以信息技术带动教育实现跨越式发展，在世界上没有成功案例，那么中国如何才能取得成功？

4. 国家战略下形成的国家主导模式为何不成功

国家战略下形成的两种模式，一是由国家自上而下主导的以"农远工程"为代表的模式（模式一），二是由民间自下而上主导的全日制远程教学模式（模式二）。为何模式一难以取得成功，而模式二却取得了较大成功？

(二)理论创新

理论创新既是认识上的革命，又是改进现实世界的活动。本研究运用了模式理论、科尔曼的"同学影响"理论、李普曼的"拟态环境"理论、知识管理、PCK 理论（学科教学知识理论）、认知学徒制等理论，对全日制远程教学模式带来的一些新现象和新规律进行深入剖析，提出了一些新的观点与理论。

1. 优秀教师"智慧圈"

研究提出了优秀教师"智慧圈"理论。全日制远程教学有助于打破长期存在的教育悖论。

2. 教师专业发展的"师徒制"环境

研究形成了教师学习与研修共同体，打破了教师成长周期理论。

3. "第二学习空间"

研究创造了城乡学生学习与成长的"第二学习空间"。

4. 城乡教师"学习共同体"

研究形成了以城市名校为龙头的城乡教师"学习共同体"。

5."互联网+"时代新型教育形态——大规模教育

研究提出了全日制远程教学模式是人类未来教育的发展形态，即大规模教育的观点。

6.教育供给侧结构性改革

研究旨在进行教育供给侧结构性改革，构建"互联网+"时代边远、民族地区教育"新型教育服务供给方式"。

(三)实践突破

全日制远程教学的实践探索，取得了多方面的突破，主要体现在以下四个方面：

第一，初步解决了如何为社会最底层20％的学生服务的问题，实现了"同在蓝天下，共享优质教育资源"的梦想；

第二，有效提升了边远、民族地区学生的综合素质；

第三，破解了世界性教育悖论（难题）：最需要教育的地方，好教师不愿意去；

第四，解决了远端学校发展动力源问题——由城市名校带动边远、民族地区学校发展。

(四)发展战略

研究探讨了全日制远程教学模式未来的发展方向，即大规模教育，并提出了国家大力推广全日制远程教学模式，促进边远、民族地区教育实现跨越式发展的政策建议。

二、 内容结构

全书共九章，由五大部分组成。第一部分由第一章组成。第二部分由第二章、第三章组成，介绍了全日制远程教学模式产生的时代背景，以及全日制远程教学模式的内涵、流程再造和特点。第三部分由第四章、第五章和第六章组成，深入探讨了全日制远程教学模式构建的三个新的教育生态及其影响：城乡学生共享的"第二学习空间"（传统课堂＋云课堂）、教师专业发展的"师徒制"环境和名校带领薄弱学校发展的城乡教师"学习共同体"。第四部分由第七章、第八章组成，着重研究了全日制远程教学面临的问题、挑战及未来发展。第五部分由第九章组成，提出了大力开展全日制远程教学的政策建议。各章具体内容如下。

第一章是本书的概论，总体介绍了正在我国发生的远程教育革命，这场革命给边远、民族地区教育带来的影响，以及研究全日制远程教学的目的及意义。人类教育发展进程，始终摆脱不了一个悖论：最需要教育的地方，却最缺好的教师。全日制远程教学之所以能够引发一场教育革命，是因为它有效地扩大了优秀教师"智慧圈"，让大山里的孩子也能同城里孩子一样享受到优质教育资源。

第二章探讨了全日制远程教学产生的时代背景及意义，介绍了历史上的几次教育革命和我国正在发生的"互联网＋"远程教育革命；回顾了我国在 21 世纪初期选择利用信息技术输送城市优质教育资源，促进边远、民族地区教育实现跨越式发展的历史背景及重大现实意义。我国在这方面做了大量探索，并形成了两种模式：一是由国家自上而下主导的以"农远工程"为代表的模式一；二是由民间自下而上发起和推动的以全日制远程教学为代表的模式二。本章深入剖析了模式一难以取得成功的原因。

第三章探讨了全日制远程教学模式的内涵、流程再造，以及未来发展方向——大规模教育。全日制远程教学模式取得成功的关键，一是输入城市优秀教师智慧，二是创建国内外独有的全日制远程教学模式。这是让城市优秀教师智慧能够落地、生根发芽、发挥作用的关键。全日制远程教学的"四个同时、四位一体"教学模式，既有利于名校资源原汁原味输送到边远、民族地区学校，同时也创建了城乡学生共同学习与成长的新的教育生态。目前，人类教育正在经历着一次历史性大转折——由"师徒制"教育时代、小规模教育时代走进大规模教育时代。全日制远程教学在本质上是一种新型的大规模教育，是未来"互联网＋"时代大规模教育的雏形。

第四章探讨了全日制远程教学对学生的影响。全日制远程教学创造了城乡学生共同学习与成长的"第二学习空间"，深刻改变了边远、民族地区的教育生态。全日制远程教学营造的"第二学习空间"大幅度增强了学生的信心，改变了学生的角色定位、自我评价标准和学习状态。城市名校一些优秀"同学"往往成为远端学生崇拜的偶像。

第五章探讨了全日制远程教学对教师专业发展的影响。全日制远程教学创建的"在工作中学习，在学习中工作"的"师徒制"环境，相当于为远端教师请来了名校"师傅"天天演示教学并教授他们如何教学。教学中，远端教师既配合名校优秀教师的教学工作，又在观察、模仿、学习优秀教师（专家）的高级思维技能和策略性知识，从而使他们的专业素养不断得到提高。全日制远程教学开辟了边远、民族地区教师专业发展的第三条道路。

第六章探讨了全日制远程教学对远端学校的影响。全日制远程教学是一种"母鸡带小鸡"、名校带领远端学校发展的模式。这种发展模式将城市名校与边远、民族地区学校的发展"捆绑"在一起，通过卫星、网络等"信息高速路"，将名校先进的教育理念、教学方法、教学评价、教学管理和学校文化输入远端学校，促进远端学校内涵式发展，从而打破边远、民族地区学校各自散漫发展的状态，开启贫困地区学生健康成长、实现梦想的幸福之门。

第七章探讨了全日制远程教学面临的困难与挑战。全日制远程教学是一项开拓性事业，由于前端学生与远端学生在综合素质等方面存在较大差距，它在实践中面临诸多困难，主要表现在三大方面：学生学得困难、教师教的困难和学校管得困难。出现这种现象的主要原因是全日制远程教学尚未摆脱传统教学"时间＋汗水"的羁绊，面临四大束缚：理论束缚、应试教育体制束缚、教学制度束缚和管理体制束缚。同时，全日制远程教学的潜力远远没有发挥出来。

第八章探讨了全日制远程教学的未来发展方向。全日制远程教学模式通过卫星、网络等信息技术，将城市优秀教师智慧辐射到边远、民族地区学校，使城乡师生的学习、工作融为一体，引发了一场远程教育革命。但这场革命更大程度上是"引智"革命（引入城市优秀教师智慧），而非教学本身的革命。未来全日制远程教学将在四个方向发生革命性变化。全日制远程教学本质上是一种大规模教育。大规模教育是建立在人类社会高度信息化基础上的一种新型教育形态。构建大规模教育，需要突破现有教育教学体制机制的束缚，建立网络化、数字化、个性化和终身化的新型教育体系。这是我国当前和未来相当长一个时期内教育发展的战略性任务。

第九章提出了大力推广全日制远程教学模式的政策建议。本章提出了"互联网＋"时代边远、民族地区教育的发展道路：解放思想，突破"梯度理论"束缚，运用先进技术手段，跳过传统教育的特定发展阶段，追求高质量发展，实现高水平教育公平。为实现这一目标，国家应开展"农远工程"二期工程——全日制远程教学。

三、概念界定

(一)前端学校和远端学校

前端学校是指在全日制远程教学过程中，承担课堂教学、组织集体备课、传播等任务的名校，像成都七中、成都七中育才学校、成都实验小学等；远端学校是指通过卫星、网络等方式，观看名校优秀教师课堂教学直播或录像的边远、民族地区学校。

(二)前端教师和远端教师

前端教师是指在全日制远程教学过程中，承担课堂教学任务的名校优秀教师；远端教师是指在课堂上配合名校优秀教师教学的边远、民族地区学校的教师。

(三)前端学生和远端学生

前端学生是指名校卫星、网络直播班或录播班的学生；远端学生是指边远、民族地区学校卫星、网络教学班的学生。

(四)全日制

全日制教育与非全日制教育的区别主要体现在学习时间和学习性质上。顾名思义，全日制是按照国家法定工作和学习时间进行全天候学习的一种方式，如基础教育、高等教育等，而非全日制则不是全天接受教育的学习方式，如业余教育、函授等。

(五)"第二学习空间"

"第二学习空间"是指通过卫星、网络技术，将城市名校教师的课堂教学嵌入边远、民族地区的学生课堂，从而为远端学生创造的一种崭新的学习环境。这一环境打破了学校壁垒，形成了一个跨学校、跨地区、跨民族、跨时空的开放与融合的大教育空间，重塑了当地教育生态。

第二章

全日制远程教学产生的时代背景与价值

目前，我国正在悄悄发生一场"互联网＋"远程教育革命。这场教育革命的发源地不是发达的东部地区，不是城市名校，而是相对落后的西部边远、民族地区，发生在以大城市名校为引领的全日制远程教学联盟中。目前，这场以"双师制教学"为主要特征的远程教育革命正在由西部向东部，由线下＋线上向完全线上虚拟空间蔓延。那么，这场教育革命产生的背景与原因是什么？我国为什么会选择一条以信息化促进贫困地区教育跨越式发展的道路？在促进教育均衡发展方面形成的两种模式中，模式一为何难以成功？这些问题都需要我们深入思考和研究。

第一节　"互联网＋"正引发一场远程教育革命

一、历史上的几次教育革命

什么是革命？革命一词从不同的认识角度出发有着不同的解释。美国 I. 伯纳德·科恩（I. Bernard Cohen）认为，"在政治意义上逐步采用'revolution'一词，用来表示一个周期性的过程或盛衰现象，含有返回到先前某种状态的意味，最后又含有'推翻'的意思"[①]。《现代汉语词典》解释为革命就是"根本改革"，"破坏旧的生产关系，建立新的生产关系，解放生产力，推动社会的发展"。革命是推动事物从旧质变为新质的根本性变革。历史上，教育领域发生过多次革命。不同的学者站在不同的角度，进行了不同划分。

---

① 　[美]I. 伯纳德·科恩：《科学革命史》，52页，北京，军事科学出版社，1992。

（一）埃里克·阿希比的四次教育革命论

英国著名历史学家埃里克·阿希比（Eric Ashby）早在 20 世纪 60 年代就提出了人类历史上发生过"四次教育革命"的论断。据美国卡内基高等教育委员会于 1972 年发表的专题报告，即《第四次革命——高等教育中的工业技术》介绍，1966 年，埃里克·阿希比在以色列技术学院做了题为"教育中的技术学"的报告，首次提出"在教育的漫长发展史上产生过四次智力革命"。他认为，第一次革命将教育下一代的责任从家庭或家族手中转移到专业教师手中，使教育成为一种"集体行为"；第二次革命将书写作为教育工具；第三次革命是印刷术的发明；目前，我们正面临第四次教育革命。这场革命源于 21 世纪人们在教学上开始采用的新技术，像电视、录音机、程序教学、计算机等。

（二）阿兰·柯林斯的二次教育革命论

今天的学校教育产生于工业化社会，带有显著的工业化社会特征。随着人类社会由工业化社会迈向信息社会，美国认知学家阿兰·柯林斯（Allan Collins）教授敏锐地洞悉，人类教育将发生一场新的教育革命。他从传统学徒制、认知学徒制的角度，将人类教育分成三个时期，即学徒制、大众化的学校教育和终身学习，并由此推断第一次教育革命是从传统学徒制到学校教育，第二次教育革命是以认知学徒制改造现行学校教育。这三个时期的教育特点鲜明：学徒制时期的教育非常个体化，资源密集，参与性强；在学校教育阶段，教育面向大众，效率高，官僚化；在终身学习时期，教育变得高度交互，是客户定制的由学习者自己控制的教育。[1] 阿兰·柯林斯教授的这一观点得到了学术界的广泛认同。

（三）我国学者的"第三次教育革命"说

我国有学者认为，纵观人类发展史，人类的教育发生根本性变革主

---

[1] 陈家刚、张静然：《认知学徒制、技术与第二次教育革命——美国西北大学 Allan Collins 教授访谈》，载《中国电化教育》，2009(4)。

要有如下三次[①]。

第一次教育革命是指从原始的个别教育走向个性化的农耕教育。原始社会是人类社会的最初形式。在原始社会，由于生产力发展水平低下，文化科学知识落后，教育还处在萌芽状态。原始社会的教育既没有专门的教育机构，也没有专门的教师和教材，其教育方式主要是年长一代的言传身教。随着生产力的发展，特别是在文字出现后，专门从事教育的学校出现了，所以人类的第一次教育革命是从原始社会的非正式教育走向奴隶社会有学校、教师的正式教育，是从个别化教育走向个性化教育，是从无组织的教育走向有组织的教育，更是从低级的教育走向相对高级的教育。

第二次教育革命是指从个性化的农耕教育走向班级授课制的规模化教育。在封建社会后期，由于资本主义生产关系的萌芽，与农业社会的生产关系相适应的、个别化的、分散式的农耕教育，逐渐不适应资本主义生产关系下的工业文明。当时的社会需要大批有一定知识和技术的产业工人。于是，批量式、标准化、集中化的班级授课制走上了人类的历史舞台，人类的第二次教育革命开始了。与人类的第一次教育革命相比，第二次教育革命是从原始的个性化教育走向了以班级授课制为基础的规模化教育。

第三次教育革命是指从规模化教育走向生态化、分散化、网络化、生命化的个性化教育。当前，人类历史又面临前所未有的新机遇与新挑战。在被喻为"人类第二次进化"的信息化引领下，以数字制造技术、互联网技术和再生性能源技术的交互融合为标志的第三次工业革命扑面而来。互联网改变了人类社会的信息传递方式，使得人们获取知识的渠道变得更加多样，使教育突破了空间限制。第三次教育革命是从第三次工业革命开始的。在校学习和在家自学、教师教和自学、教授式和网上学的混合模式，即小班化、在家化、个性化、协作化等新的学习模式的出现，使第二次教育革命带来的以班级授课制为核心的规模化教育发生了革命性改变。第三次教育革命将与以信息技术和互联网为基础的信息社会相适应。（见图 2-1）

[①] 周洪宇、鲍成中：《扑面而来的第三次教育革命》，载《中国教育报》，2014-05-02。

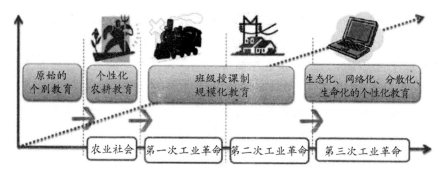

图 2-1　教育的三次革命

在人类漫长的历史上，教育技术的重大创新已经带来几次教育革命。随着专职教师的出现，教育从原来在家族劳动和生活中学习，变成跟随专业教师在学校中学习。几千年前，人类将书写作为教育工具不仅改变了信息记录方式，而且颠覆了教育"口耳相传"的单一知识传授方式。我国北宋时期发明家毕昇在世界上首先发明了活字印刷术，借助印刷媒介让知识第一次走出书院、象牙塔，来到寻常百姓家，大大地推动了教育的普及。信息时代的到来，以互联网、云计算、大数据为核心的现代信息技术，实现了人与人、人与机器之间信息的瞬间交流与传递，使人类又一次站在了教育变革的关口。与以往截然不同的是，这次教育将经历一场更为深刻的"互联网＋"教育革命。

二、远程教育革命的起因

目前，人类社会正在发生一场"互联网＋"教育革命，这场革命的起因有如下几个方面。

(一)信息技术的普及

一部人类文明发展史，也是一部技术不断创新的历史。技术的每一次重大创新，都将推动人类社会迈向更高级阶段。随着信息技术的普及，人类社会正发生革命性改变，计算机、网络是人类高端智慧的结晶。2009 年，美国著名摩根士丹利公司发布的《全球移动互联网研究报告》指出，目前计算机正处于过去 50 多年来的第 5 个发展周期——移动互联网周期的早期阶段：20 世纪 60 年代是大型机时代；70 年代是小型机时代；80 年代是个人电脑时代；90 年代是桌面互联网时代；21 世纪前 10 年是移动互联网时代。摩根士丹利公司研究人员发现，一个技术周期通常会持续 10 年时间，而且周期间存在 10 倍的用户乘积效应，即从一个周期到下一个周期，用户数/设备数将增加 10 倍。（见图 2-2）

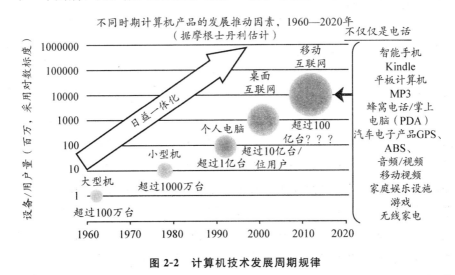

图 2-2　计算机技术发展周期规律

从 1946 年人类发明电子计算机起，计算机和通信技术以惊人的速度迅猛发展。几乎无人想到，发源于 20 世纪 60 年代美国军事战略实验室 Arpanet（阿帕网）的计算机网络 Internet，会在 21 世纪成为对人类社会进程产生如此大影响的最重要的发明。据中国互联网络信息中心（CNNIC）公布的统计数据[1]，我国 1997 年 10 月第一次统计的互联网上网用户数仅为 62 万，而据 2016 年 1 月 22 日的最新统计数据显示，截至 2015 年 12 月，中国网民规模达到 6.88 亿，互联网普及率达到 50.3%，其中，2015 年新增网民 3951 万人，增长率为 6.1%。特别是信息技术在移动性、宽带互联、社交网络、云计算、大数据、物联网等方面取得突破性发展，不仅极大地增强了人类的计算与通信能力，而且让数十亿人逐渐由现实

---

[1]　中国互联网络信息中心：《中国互联网发展状况统计报告》，http：//cnnic. cn/gywm/ xwzx/rdxw/2015/201601/t20160122 _ 53283. htm，2016-10-04。

世界进入网络虚拟世界，在云端构筑起新的生活、工作和学习环境，从而深刻地改变了人类生存方式。

(二)教育对象发生重大变化

目前，教育对象正在发生重大变化——由"电脑贵族"到数字"原住民"的一代新人在成长，不同的经历会塑造不同的一代人。1989 年之前，在笔者翻译出版的《儿童利用 LOGO 语言学习与智能开发》一书中，美国作者非常担心将来社会会出现"电脑贵族"。他担心那些少数因有机会接触和使用人类最高端的智慧结晶（电脑）的学生，将来会成为"技术权威"，控制其他人，并在未来竞争中造成不公平。10 年后的 1999 年，美国人提出了"数字鸿沟"概念，担心出现信息富有者与信息贫困者之间的不公平。又过了近 10 年，2008 年美国和瑞士的一位教授在 *Born Digital* [①] 一书中提出了"数字原住民"概念，认为那些与互联网一起长大的"80 后""90 后"等已经成长为一代新人——"数字原住民"。他们认为："数字革命引发的最持久的改变，不是新的商业模式和新的算法研究，而是数字时代出生者和非数字时代出生者之间的代际鸿沟。"[②]其实，"数字原住民"与长辈不仅在年龄上形成代沟，而且在认知方式和理念上产生了很大的差距。对"数字原住民"而言，网络就是生活，就是世界。

当信息技术逐渐普及，成为我们生活中不可或缺的一部分时，当每名学生拥有一台电脑已经不再是什么梦想的时候，整个社会都将发生革命性变化。有位企业家曾做过一个形象的比喻："我爷爷这一辈子是看报纸的，我父亲是听广播的，我们这一代是看电视的，而八九十年代的孩子是伴随着网络成长的。"互联网，将彻底改变我们的生活。随着"数字原住民"队伍的不断壮大，并逐渐成为我们社会的主体，他们必将按照他们心目中的形象重塑世界。这类学习者对技术的期待及应用能力不同于以往学习者，他们吁求特殊的学习环境，亟待张扬其个性、体现其主动性

---

① 目前此书还没有中译本。
② 张薇：《网瘾是上辈人强加给网络一代的病》，载《青年周末》，2009-09-04。

的学习机会。① 可以说，社会变了，学习对象变了，教育也必将发生巨变。

(三)教育正由劳动密集型行业向技术密集型行业转型

有媒体曾这样形容两种不同的教育形式：一所学校，一位教师，一间教室，这是传统教育；一张"网"，一个移动终端，几百万名学生，学校任你挑，教师由你选，这是互联网教育。目前，人类社会正加速走出工业文明，步入知识经济文明，同时教育也肩负着由工业化社会学校教育模式向信息化社会学校教育模式转型的重任，这既是挑战，又是重大发展机遇。这是人类教育通过技术改造又一次实现的文化、制度上的跃升，有可能真正实现人类千百年来有教无类、因材施教的教育理想。

三、远程教育正成为教育革命的先导力量

在目前人类社会发生的教育革命中，远程教育以其可以打破学校围墙和时空的限制，创造"时时、处处、人人可学"的学习型社会的优势，正从教育的边缘走向教育的中心。与有的学者预测的教育革命不同，"互联网＋"教育革命将是人类历史上一场更加彻底、更深远的教育转型。正如 2014 年《上海教育》杂志等媒体联合发布的《上海基础教育信息化趋势蓝皮书》所指出的那样，到了 21 世纪的今天，"技术"自身走出了附属或辅助的"角色"，第一次走上教育改革的最前端，推动着一场更为深刻的变革，这样的变革将撼动长久以来的学校体系，将有可能颠覆学校原本的形态，从而带来教育最根本的结构性改变。有人说，互联网革命对于人类的影响，已经远远超过了大工业革命。与工业革命增强人类的力量不同，互联网极大地增强了人类的智慧、丰富了人类的知识。② 这是一个人类教育时空发生深刻变化，虚拟世界与现实世界合一，人与机器融为一体，知识与智慧共享的时代。教育现在已经由师徒制、一个私塾、一

---

① 顾小清、林仕丽、汪月：《理解与应对：千禧年学习者的数字土著特征及其学习技术吁求》，载《现代远程教育研究》，2012(1)。

② 刘锋：《图解"互联网大脑"与"互联网＋"》，http://e.huawei.com/cn/publications/cn/ict_insights/201509071615/forum/201509081443，2016-02-22。

间教室、一所学校，变成了一个跨越时空的大虚拟空间。教师和学生可能生活在地球的两端。原来学校教育的智慧可能来自每间教室的数十个大脑，而现在有可能来自学校内的大脑和地球村中无数个大脑。这场革命恐怕是当年埃里克·阿希比所无法想象的。在今天看来，他所预测的主要是建立在程序教学、数字计算机等电子技术基础上的第四次教育革命，更像是一场教学变革，一场对传统教学的改良或改造。

第二节　全日制远程教学的历史沿革

一、我国中小学远程教育的兴起

　　20 世纪 90 年代末，随着互联网的广泛应用，我国政府较早认识到信息技术对教育发展的重要作用，开始组织实施《面向 21 世纪教育振兴行动计划》，专门设立了现代远程教育工程，这在我国教育领域掀起了一场"远程教育热"。我国一夜之间出现了一批基于网络、卫星的远程教育机构，像人大附中、北京四中、景山中学、成都七中等一大批中小学都开展了远程教学活动，其目的是试图利用信息技术实现优质教育资源共享。《中国教育报》报道[①]：

　　1999 年 6 月 14 日，北京市中心和远端山区进行了远程教学实验。这一天，对位于北京深山区的怀柔县喇叭沟门满族中学初二(1)班的孩子们来说，是一个不平凡的日子。这天，他们坐在自己的教室里与北京城里的孩子一起上课，主讲教师是北京市初中教师基本功大赛一等奖获得者北京四中的地理教师安迎。尽管他们相隔 200 千米，但我们从教室前面的电子白板中可以清楚地看见安老师和远方的"同学"，耳边的声音也是那么清晰。这一实验，在国内基础教育领域，开创了城市与山区利用计算机网络开展实时交互式现代远程教育的先河。

---

　　① 赵正元、唐景莉：《信息化带动教育现代化》，载《中国教育报》，2001-10-24，有改动。

时隔不久，在新中国成立 50 周年前夕，由怀柔一中等 15 个网点组成的北京远程教育网怀柔区域网建成，这 15 个网点主要设在怀柔县各乡镇所在地学校。远程教育在怀柔区域由点到面开通的成功，标志着北京市远程教育网的建设进入了新的发展阶段。

2000 年 12 月 19 日上午 10 时，随着北京市委常委、市委教育工委书记、市教委主任徐锡安启动按钮，北京市远郊区县站点全部开通。仪式后，人大附中英语教师程岚面向此次开通站点的密云、平谷、通州、顺义、延庆、昌平、房山、门头沟、大兴、怀柔等区县的学生以及人大附中的学生，讲授了一堂具有特殊意义的英语课——"申奥连着我和你"。远郊区县的学生与城区重点学校的学生共上一堂课，充分体现了实施远程教学、实现教育资源共享的优越性。

随着全日制远程教学模式影响的日益扩大，在我国湖南、河南等地，一些名校也都先后利用信息技术向农村、边远、贫困地区学校输送优质教育资源项目。像长沙一中卫星远程学校的远程教学、人大附中与友成企业家扶贫基金会合作的远程教学项目等，都在国内产生了一定的影响。

为贯彻落实党的十八大精神和全国教育信息化工作电视电话会议精神，根据《教育部等九部门关于加快推进教育信息化当前几项重点工作的通知》要求，2012 年 11 月，教育部决定全面启动实施"教学点数字教育资源全覆盖"项目。该项目的主要举措是通过 IP 卫星、互联网等多种方式将优质数字教育资源传输到全国 6.36 万个教学点，以"同步课堂"方式帮助农村边远地区开齐开好国家规定课程，满足适龄儿童就近接受良好教育的基本要求。"同步课堂"主要采取的是全日制远程教学的直播教学和录播教学方式，试图通过城市优秀教师的智慧引领，促进我国教育均衡发展。由此可见，全日制远程教学模式作为一种新型教学形态，已经在我国基础教育中有了一定的应用，并发挥着越来越重要的作用。

二、全日制远程教学的缘起与发展

全日制远程教学模式是我国独创的一种新型教学形态。2000 年 4 月，成都东方闻道科技发展有限公司（简称东方闻道公司）成立，这是一家专业从事教育信息化和软件开发的高新技术企业。该公司早在正式成立之前，就已经开展了远程教育和网校方面的研究与市场推广工作，1999 年，曾将北京 101 网校教学资源引入四川省学校工作，但并不成功。2000 年 9 月，该公司推出了针对普通高中学生的"阶段性的同步辅导"教学资源，大获成功，受到学生的好评。2001 年 2 月，该公司又推出了初中版。与此同时，该公司逐渐形成了远程直播教学"异地同堂"的战略构想，并完成了"异地同堂"的技术和经济的可行性论证，即通过卫星实现课堂教学直播。

全日制远程教学模式的产生与发展壮大，与东方闻道公司同成都七中的合作密不可分，与四川省委省政府"扶贫先扶智"的指导思想密不可分。1986 年，我国开始实行九年制义务教育。通过十多年的不懈努力，到 2000 年左右，我国基本上实现了普及九年义务教育的奋斗目标。然而在现实中，一些偏远、民族地区在实现这一目标方面仍有较大困难。在这样的背景下，为了解决少数民族地区教育落后问题，2000 年 12 月，四川省正式颁布了《四川省民族地区教育发展十年行动计划》（以下简称《计划》），决定利用卫星技术打破时空限制，将城市优质教育资源引向广大落后地区，并将"初步建立民族地区远程教育体系"。

《计划》的出台，与四川省所处的特殊地理位置与少数民族地区教育落后状况有着密切关系。四川省是多山地的内陆大省，山地、高原和丘陵约占全省土地面积的 97.46％。全省除四川盆地底部的平原和丘陵外，大部分地区的岭谷高差均在 500 米以上。盆地四周被大凉山、邛崃山、大巴山、巫山及大娄山等山脉环绕。四川省这种人居分散、地理条件和气候条件较差、地质灾害多等不利的自然环境状况，严重影响了其教育发展。四川省同时是一个多民族大省。由于历史和自然因素，四川省中心城市成都与边缘地区的发展差距显著。其中，教育资源的分布呈现出人口密集区域教育资源集中的状态。成都教育整体水平比较发达，拥有享誉西部乃至全国的著名高校和成都七中、成都实验小学等著名中小学。而少数民族地区的教育发展滞后，教育资源严重匮乏，教育质量远远不能满足百姓的需要。这种教育呈现出的极度不均衡的发展状态，严重阻碍了"两基"（基本知识、基本能力）的普及。要想改变四川省的教育面貌，就必须走远程教育的发展之路。卫星宽带技术具有不受地域限制、抗灾害能力强、扩容成本低、工程量小、维护费用较低、信道利用率高、下载速度稳定和可以同时服务众多用户的特点，适用于在边远、民族地区开展远程教育。

四川省委省政府在颁布的《计划》中指出，发展民族地区教育，是促进民族地区经济发展、社会进步的根本途径，是民族地区各族群众脱贫致富的关键所在。党中央西部大开发战略的实施给四川省民族地区加快发展、改变民族地区教育的落后状况，促进民族地区经济社会发展，实现各民族共同繁荣进步提供了难得的历史机遇。《计划》将"初步建立民族地区远程教育体系"作为行动计划的五项重点工作之一。

东方闻道公司通过卫星实现课堂教学直播的思路及方案与《计划》的构想不谋而合，因此，得到了四川省委省政府的大力支持，被迅速纳入《计划》。2002年，东方闻道公司与成都七中合作，成立了成都七中东方闻道网校。2002年9月，成都七中东方闻道网校采用以卫星网为主、互联网为辅的教学传播模式，正式开始直播工作，将高中三年的语文、数学、外语、物理、化学五门课程全程直播到远端学校，为云南、贵州、四川、西藏、甘肃五省区的中学提供全日制远程教学服务。针对边远、民族地区学校教育的特点和需求，成都七中东方闻道网校创造性地提出"四个同时、四位一体"教学模式，即远端学校师生通过卫星或互联网，在同一时间参与到成都七中的课堂教学中，分享成都七中课堂教学中的图像、声音、文字、多媒体动画、视频材料，然后再由远端教师组织当地学生实时消化吸收，从而实现了城乡学生"异地同堂"、共享优质教育资源的目的。（见图2-3）全日制远程教学模式最大限度地将成都七中原汁原味的教学同步传递到远端学校课堂，并保证了直播教学的高质量运行。

全日制远程教学模式良好的教学效果得到边远、民族地区百姓的认可，并不断发展壮大，2005年已经由普通高中直播教学，发展到初中全日制录播教学。为了巩固第一个十年行动计划的实施成果，解决民族地区教育发展中存在的困难和问题，推进民族地区教育跨越式发展，夯实民族地区长治久安的社会基础，四川省委省政府于2011年11月19日下发了《四川省民族地区教育发展十年行动计划（2011—2020年）》。鉴于全日制远程教学的效果显著，2012年四川省教育厅开始实施全日制远程教学二期工程，并将学校范围扩展到小学，实现了小学、初中、高中基础教育各阶段远程直播、录播及植入式教学的全覆盖，形成了完整的全日

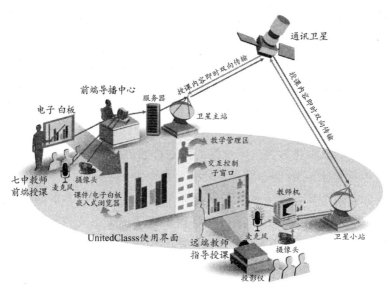

图2-3　全日制远程教学模式示意图

制远程教学体系。种子校也由开始的普通高中成都七中，发展为成都七中育才学校和成都实验小学。2017 年，全日制远程教学又扩展到了学前阶段的幼儿园。

经过十五六年的发展，目前，全日制远程教学已经覆盖了云南、贵州、四川、山西、甘肃、青海、江西、广西、重庆等省区 600 多所学校，创造了 239 所普通高中同时在线学生 7 万多名、教师 6 千多名，228 所初中学校录播学生 8 万多名，128 所小学植入式教学学生近 6 万名的世界最大的学校，让边远、民族地区 100 多万名学生和 6 万多名教师受益。全日制远程教学开创了将城市优秀教师智慧送到最需要的地方的一种新型教学模式，为我国促进边远、民族地区教育均衡发展、实现教育公平，探索出了一条新路。

三、全日制远程教学的前端学校简介

(一)成都七中

成都七中创建于 1905 年，是一所国内著名、国际知名的百年名校。成都七中是具有优良办学传统的学校，在百年的积淀中形成了"启迪有

方、治学严谨、爱生育人"的办学传统和着眼整体发展、立足个体成才、充分发挥学生的主体作用的"三体"教育思想。"三体"教育思想的核心是"以人为本，重在发展"，追求主体更加积极、集体更为和谐、个体显现特长的教育特色。新时期学校的教育理想如下：让更多的学生能在学校得到最适宜、最充分的发展——学生成才；让更多的教师能在学校愉快地工作、成功地发展、体面地生活——教师成功；让学校在不断探索和努力中，继续发展，做教育发展的领跑者——学校领先。正是秉承这样的教育思想和办学理念，成都七中在教育实践中不断发展壮大，成为四川省首批重点中学和教育部国家级示范性高中建设项目样板学校，逐渐形成了"成都七中品牌"。

2002 年 9 月，成都七中东方闻道网校正式开始向边远、民族地区学校输送优质教育资源，这一举措有效地改变了当地教育生态，促进了教育均衡发展。全日制远程教学模式也逐渐成为我国享誉世界的教育信息化的奇葩。

（二）成都七中育才学校

成都七中育才学校的前身是成都 1957 年开办的一所市属普通中学。1997 年为适应成都现代化教育发展需要，在成都市教育局领导下，依托百年名校全国示范性高中成都七中，该学校改名为成都七中育才学校。办学 20 多年来，学校始终坚持走"文化养校"的发展道路，坚持"卓尔不群、大器天下"的核心价值诉求，坚守"重德育才、面向未来、最优发展"的办学理念，坚持信息技术与教育教学的深度融合，努力建设智慧型校园、数字化学校。目前，成都七中育才学校已成为西部乃至全国的一所初中名校。

2005 年，成都七中育才学校开启全日制远程教学工作，通过多媒体教学示范班，将优质教育辐射到边远、民族地区学校，让近万名学生与该校学子共享优质教育资源，在保障育才学子实现最优发展的同时，成全了越来越多的远端学子、远端教师、远端学校、远端区域教育。截至 2017 年，成都七中育才学校的优质教育资源已辐射到云南、贵州、四川、江西、广西、甘肃、重庆，常年与 260 多所学校、近 1 万名教师、近 8 万名学生分享优质教育资源，极大地促进了教育公平，推动了教育均衡发展。

（三）成都实验小学

成都实验小学创办于 1918 年，始终坚守"实验研究、辅导地方"的建校使命，秉承"为学生终身幸福奠定基础"的教育理念，积极探索教育教学改革，基于学校办学特色提出闻名全国的"雅教育"思想。"雅"源于学校悠久的文化积淀，凝聚着学校对教育的高品质追求。"雅教育"以"守正、尚勤，崇礼、求活"为核心价值，通过开设以质为本、和而不同的和雅课程，创造生动活泼、自主学习的活雅课堂，实施以人为本、以事育人的清雅管理，促进教师立己立人、自主发展，激励家长积极参与、与生同长，培养学生堂堂正正、勤勤恳恳，达到涵养儒雅教师、培养文雅学生、滋养和雅家长、润养高雅学校的目标，并最终成就"小学校、大雅堂"的教育理想。成都实验小学的教育教学实践得到国内外广泛认可，学校也成为一所全国知名的学校。

2012 年 3 月，四川省委省政府根据《四川省民族地区教育发展十年行动计划》的实施情况和效果，为了让更多民族地区的孩子接受高质量的小学教育和现代文化的熏陶，决定在启动第二个十年行动计划时，将全日制远程教学延伸至小学。按照四川省委省政府的指示，成都实验小学网校正式成立。网校以"植入式教育"为核心理念，通过现代信息技术手段，将名校的办学思想、办学理念、学校文化、教学教研和课堂教学活动等全面、系统地植入远端薄弱学校，以促进远端薄弱学校实现跨越式发展。网校成立五年多以来，取得了较大成绩，有效改变了边远、民族地区学校教育的面貌。

第三节　全日制远程教学的时代价值与意义

21 世纪伊始，我国便开展了全日制远程教学探索工作，经过十五六年的发展，取得了突破性成果，已经初步显现出教育革命的端倪。这场革命的策源地不在东部的发达地区，而是在经济社会发展相对落后的西部贫困地区、民族地区，在以大城市名校为引领的"互联网＋"远程教育松散联盟中。"互联网＋"就像一张大网，将城市名校与边远、民族地区学校连接起来，形成新的教育生态环境，构成更加优质、高效的教育服务体系。

一、促进教育均衡发展、 实现教育公平是我国基础教育的重大战略性任务

21 世纪初期，随着九年义务教育的基本普及，我国基础教育开始了从"有学上"到"上好学"的历史性转变，于是促进教育均衡发展、实现教育公平成为我国实现教育现代化的重大战略性任务。有学者调查发现，为了促进教育均衡发展，全国各地教育部门都出台了相关举措，大体上可以概括为几大方面："①实施学校标准化建设，加快薄弱学校改造。制定和实施当地义务教育阶段办学标准，着力改造低于办学标准的学校。②加强义务教育阶段队伍建设，着力提高师资水平。③实行区（县）域内教师和校长交流制度。④实行优质普通高中和中等职业学校招生名额合理分配到区域内初中学校的办法。⑤在保证适龄儿童少年就近进入公办学校的前提下，通过发展民办教育等措施提供选择机会等等。"①

2010 年 7 月，国家颁布的《国家中长期教育改革和发展规划纲要（2010—2020 年）》（以下简称《规划纲要》），从战略和全局高度为我国教育未来 10 年发展绘制了宏伟蓝图，将促进教育均衡发展、实现教育公平放在了更加重要的位置。《规划纲要》明确指出"均衡发展是义务教育的战略性任务"，"到 2020 年，全面提高普及水平，全面提高教育质量，基本实现区域内均衡发展"。这为我国教育的未来改革与发展指明了方向。在促进教育均衡发展的措施上，《规划纲要》明确提出："促进义务教育均衡发展和扶持困难群体，根本措施是合理配置教育资源，向农村地区、边远贫困地区和民族地区倾斜，加快缩小教育差距。""建立健全义务教育均衡发展保障机制，推进义务教育学校标准化建设和义务教育教师队伍建设。"

---

① 董奇：《推进义务教育均衡发展，多种途径解决择校问题》，http：//www.moe.edu.cn/publicfiles/business/htmlfiles/moe/moe _ 1485/201012/112404. html，2016-05-20。

近年来，随着国家全面建成小康社会总体目标的临近，实现教育均衡发展、促进教育公平战略目标的时间越来越紧迫，为此党中央、国务院又陆续出台了一些相关政策举措。2014 年 12 月 25 日，国务院颁布了我国首部《国家贫困地区儿童发展规划（2014—2020 年）》，指出儿童发展关系国家未来和民族希望，关系社会公平公正，关系亿万家庭的幸福。改革开放特别是 21 世纪以来，我国儿童的健康、教育水平明显提高，但总体上看，我国儿童事业的发展还不平衡，特别是集中连片特殊困难地区的 4000 万儿童，在健康和教育等方面的发展水平明显低于全国平均水平。为进一步促进贫困地区儿童发展，切断贫困代际传递的根本途径，国家将进一步采取措施，确保到 2020 年实现全面建成小康社会的目标。

2015 年 8 月，《国务院关于加快发展民族教育的决定》印发，提出"全面提升民族地区各级各类教育办学水平""到 2020 年民族地区教育整体发展水平及主要指标接近或达到全国平均水平"的战略目标，为加快民族教育发展提供了历史性机遇。

2015 年 10 月，党的十八届五中全会提出了到 2020 年我国农村贫困人口全部实现脱贫的新的小康社会宏伟目标。党和国家领导人高度重视解决贫困地区教育问题。贫困地区脱贫，阻断贫困代际传递，教育是根本。习近平曾说："脱贫致富从根儿上要把教育抓好。"李克强也强调："治贫先重教，发展教育是减贫脱贫的根本之举。"那么，边远、民族地区教育到底面临哪些困难？

二、边远、 民族地区教育面临六大特殊困难与挑战

（一）从自然条件来看，不少地区处于原始文化的封闭状态

边远、民族地区教育发展滞后与其所处的地理位置边远偏僻、工作条件艰苦、教师难以引进、原有人才难以留住等诸多困难有着密切关系。我国西部与东部的教育鸿沟到底有多深？一位来自贵州民族地区赫章乡村，到北京人民大会堂参加"首届中国贫困地区小学校长论坛"的校长郭

昌举感慨地说："我们村离县城至少差 20 年，县城离北京又差 50 年。"①
城乡相差 70 年，尽管这不是非常精确的数字，但是足以说明我国在社会
主义初级阶段的基本国情。其实，东西部差距远不止这些。

边远、民族地区基础教育发展落后的深层次原因与其所处的地理环
境偏远、文化封闭和知识隔离密切相关。有学者在研究人类文明进程中
发现，我国地域广阔，不同地域的政治、文化、经济形成了不同的发展
地带；从长江上游、中游、下游到入海口，我们可以依次发现人类文明
四个阶段的典型特征。这个不同的发展地带形成了从原始文化、农业文
明、工业文明到知识文明（知识社会的文明），从原始社会、农业社会、
工业社会到知识社会的跨越，这就是著名的"长江模型"。（见图 2-4）"长
江模型"覆盖的地域中既有接近发达国家水平的大都市与经济特区，也有
较发达的大中城市与近郊农村，还有经济相当落后的中西部省份贫困地
区。该模型揭示出我国民族地区大部分处于人类文明进程的初始阶段。

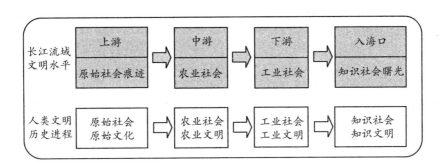

图 2-4　人类文明进程的"长江模型"

从"长江模型"中我们可以看到，西部地区在人类文明进程中处于不
利位置，随着知识社会的到来，带来了发展的更大威胁——知识隔离。
世界著名管理学大师彼得·德鲁克（Peter Druker）认为："在知识社会里，
没有贫穷的国家，只有无知的国家，对于任何一个人、组织、企业和国
家，获取和应用知识的能力是竞争成败的关键。"②

社会、经济文化的发展状况，决定教育发展的总水平。如果按照"长

---

① 陈倩儿：《多少年能拉平城乡课桌》，载《中国青年报》，2012-08-29。
② ［美］彼得·德鲁克：《后资本主义社会》，116 页，北京，社会科学文献出版社，1992。

江模型"，将我国教育整个划分为四个地带，我们可以看出，西部农村、少数民族地区教育处于原始文化状态，处于十分不利的地位。2010 年 11 月 19 日，四川省委省政府颁布的《四川省民族地区教育发展十年行动计划(2011—2020 年)》介绍："我省民族地区虽然整体实现'两基'目标，但学前教育和高中阶段教育发展滞后，学前教育毛入园率仅有 32.5％，高中阶段教育毛入学率仅有 36.2％，义务教育普及水平和质量与人民群众享受优质义务教育的要求还有差距。"而同期我国高中阶段教育毛入学率达到 82.5％[①]，两者相差两倍多。另外，国务院于 2014 年 12 月 25 日颁布的《国家贫困地区儿童发展规划(2014—2020 年)》指出，我国"连片特困地区"有 4000 多万名儿童在健康和教育等方面的发展水平明显低于全国平均水平，可见西部与东部教育差距巨大。毛入学率低与其说是因为办学条件不佳，倒不如说是因为学生对教育缺乏基本的期望和信心。我国西部农村，特别是少数民族地区是我国基础教育短板中的短板，如何打破长久以来形成的这种知识生态，是我国全面建成小康社会所面临的重大而现实的课题。

(二)从经济社会发展来看，教育自身发展乏力

教育投入是解决教育均衡化问题的基础，而我国东部与西部在教育投入上长期存在巨大差距。经济学领域有一个"循环积累因果原理"，揭示出在市场机制作用下，发达地区在发展过程中不断积累对自己有利的因素，而落后地区则不断积累对自己不利的因素，结果出现"地理二元经济"结构，拉大两者间差距的现象。目前，边远、民族地区教育正陷入"循环积累因果原理"困境之中。我国教育投入目前实行的是省级统筹，以区县为主。各个省、区、市之间财力不同，其经济上的巨大差异必然带来教育，包括学前教育、基础教育投入的巨大差距。有学者指出，据 2007 年的统计数据，在经济较发达地区的某个省会城市，小学的生均经费是 4314 元。而在生均经费少的一些省份，有的是 378 元，有的是

① 中华人民共和国教育部：《2010 年全国教育事业发展统计公报》，http：//www.moe.gov.cn/publicfiles/business/htmlfiles/moe/moe _ 633/201203/xxgk _ 132634.html，2013-03-12。

382 元，有的只有 264 元。两者相差 16 倍多。① 目前，这种状况虽然有了一定改善，但差距依然在拉大。

(三)从信息化角度来看，"数字鸿沟"加剧了"知识隔离"

近年来，随着经济全球化、信息化进程加快，民族地区与中东部发达地区之间出现了明显的"数字鸿沟"，使民族地区教育遭遇更大的威胁——"知识隔离"。我国著名经济学家胡鞍钢曾警示："21 世纪最重要的发展要素是知识。而我国西部地区同东部相比，不仅在经济发展和社会发展上存在明显差距，更为关键的是存在着巨大的知识发展的差距。目前，西部一些地区、一些少数民族，已经面临知识隔离的危险。同时西部地区的内部知识发展也呈现出不平衡状态，除少数地区和城市外，大多数地区的知识发展水平极为落后，这是制约我国西部发展的瓶颈。"②

(四)从发展模式来看，原有"模仿或照搬"模式难以维系

新中国成立以来，党和政府高度重视民族地区教育工作，为了缩小民族地区与中东部发达地区之间的发展差距，出台了多项政策举措，逐渐形成了少数民族追赶汉族的民族教育发展模式，即模仿或照搬汉族地区教育发展的模式③。这种模式在计划经济时期对于改善民族教育办学条件、加强师资队伍建设等方面具有一定成效，但是，随着改革开放的到来，该模式暴露出越来越多的问题。有学者分析，我国各地教育发展差距开始扩大，是从 20 世纪 70 年代末市场化改革扩大了地方财权和事权开始的。④ 经济发展比较滞后的民族地区的教育与中东部发达地区教育的差距逐渐拉大。尤其是进入 21 世纪，随着九年义务教育的基本普及，我国基础教育进入从"有学上"到"上好学"的新的历史发展阶段，满足百姓对优质教育资源的需求、促进教育均衡发展成为新时期教育发展主题，而

---

① 原春琳：《10 年实现义务教育均衡发展，时间是长还是短》，载《中国青年报》，2010-03-02。
② 胡鞍钢、熊义志：《西部开发应优先实施知识发展战略》，载《领导决策信息》，2000(34)。
③ 王鉴：《我国少数民族教育跨越式发展战略研究》，载《西北师范大学学报(社会科学版)》，2004，41(1)。
④ 杜育红：《教育发展不平衡研究》，132 页，北京，北京师范大学出版社，2000。

边远、民族地区教育的原有问题显得愈加突出。有学者曾反思，在近半个多世纪中，新疆民族教育与中东部发达地区教育之间的差距为何没有出现早期所预期的缩小趋势，反而在最近 20 多年中出现了明显的扩大趋势？[①] 这些问题的存在说明边远、民族地区教育原有的发展模式难以维系，寻求新的发展道路迫在眉睫。

"模仿或照搬"模式从本质上来说是"输血"模式。长期以来，我国对民族地区的援助政策更多的是改善办学条件，往往"见物不见人"。这种做法在初期是很有必要的，是行之有效的，但对于实现跨越式发展是远远不够的。我们必须看到，我国西部边远、民族地区教育处于原始文化、"知识隔绝"环境中，推动边远、民族地区教育跨越式发展，仅靠东部的"输血"（提供所谓优质教育资源）还远远不够，必须要增强边远、民族地区的自身"造血"功能。我国在扶贫工作中发现"输血"不如"造血"。边远、民族地区教育发展需要由"输血"工程改为"造血"工程，特别是需要向边远、民族地区教育"输送"更多智慧，有效地将我国东部城市巨大的优秀教师智慧资源引入其中。

(五)从发展短板来看，教师问题短期内难以解决

城乡之间教育最重要的差距是教师队伍差距。边远、民族地区教育发展最根本的出路还是要落实到教师身上。建设一支数量充足、素质优良、适应现代教育需要的教师队伍是西部教育实现跨越式发展的基础和保障。

对于边远、民族地区教育发展，教师是短板，是长期困扰当地发展的最突出问题和实现教育现代化的瓶颈。根据教育部《中国教育统计年鉴》公布的数据，近 10 年来，我国城乡教师在高学历、高职称方面的差距越来越明显，例如，普通高中在城市、县镇和农村高学历教师拥有数量上呈现出越来越大的差距。（见图 2-5）从图中我们可以看到，2010 年，城乡普通高中高学历教师占比分别为城市占 5.97％，县镇占 2.26％，农村占 2.06％，城乡师资队伍学历水平相差近 3 倍，而民族地区教育则更

---

① 崔延虎：《跨文化交际教育：民族教育若干问题探讨》，载《新疆师范大学学报（哲学社会科学版）》，2003，24(2)。

令人担忧。21 世纪以来，虽然国家加大了对民族地区教育的投入，但政府投资和行政举措解决的可能仅仅是办学条件问题，而教师的专业水平通过常规方法是无法有效解决的。差距越来越大，需要国家寻找更为有效的办法。到目前为止，这种发展趋势并未得到根本性改变。

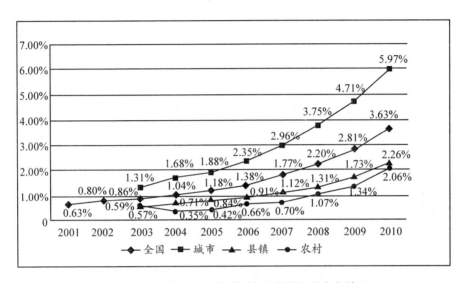

图 2-5　城乡普通高中高学历专任教师比重变化情况

提高教学质量关键在教师。在《国家中长期教育改革和发展规划纲要（2010—2020 年）》颁布实施两周年，国务院新闻办公室举办的新闻发布会上，时任教育部部长袁贵仁指出："中国是一个农业大国，不懂农村农业就不懂中国，中国教育现代化的重点在于农村，难点也在于农村，解决农村教育问题的关键是农村教师。"①目前，农村中小学教育面临三大挑战：一是教师来源问题——"下不去"；二是教师安心工作问题——"留不住"；三是教师业务水平提高问题——"教不好"。西部贫困地区不仅难以吸引到教师，甚至一些学校由于缺少教师连基本的日常教学工作都难以维系。

---

　　① 国务院新闻办公室新闻发布会：《〈国家中长期教育改革和发展规划纲要（2010—2020 年）〉颁布实施两年来教育改革发展情况》，http://www.china.com.cn/zhibo/2012-09/06/content_26413278.htm，2015-10-20。

(六)从发展动力来看，依靠自身力量难以实现跨越式发展

边远、民族地区教育远离现代文化环境、陷入"循环积累因果原理"困境和"数字鸿沟"意味着什么？意味着阻断了学生通过知识改变命运的希望，意味着边远、民族地区教育失去了发展的原动力。有政府官员曾尖锐地指出，西部民族教育发展面临几大突出困难：①经济发展能力难以支撑民族教育；②民族地区教育财政能力难以满足需求；③教育差距问题难以依靠自身力量解决；④教育质量难以靠自身力量提高；⑤教师队伍建设难以靠自己努力实现。① 这是西部基础教育跨越式发展需要着力解决的根本性问题。

边远、民族地区教育，要想在未来几年中实现大的跨越，时间紧、任务重，常规方式难以奏效。

三、远程教育是国际普及基础教育、消除文盲的战略选择

在国际上，远程教育一直是世界各国普及基础教育、消除文盲、促进教育均衡发展的重要战略选择。"当前，远程教育已经成为世界各国实现联合国教科文组织 2015 年全民教育目标的关键战略手段，尤其对于发展中国家而言，采用和引进像远程教育一样的非传统教育形式和方法成为国家普及基础教育、消除文盲、促进教育均衡发展的重要策略。"② 2009 年，笔者对南非西开普省进行考察，了解到南非从 2001 年起实施的"希望之光"信息技术教育项目，打破了非洲"愚昧、落后、贫穷"的恶性循环，成功吸引了更多穷人孩子上学，减少了犯罪，提高了学生的自信心和学业成绩，创造了世界性成功经验，受到有关国际组织的高度赞扬。

---

① 张强：《我国民族教育取得的成就和下一步改革发展思路》，教育部迎接十八大报告会报告，2012-10-18。

② 李爽、王磊、白滨：《基于卫星的远程直播教学模式评价研究——以成都七中网校为例》，载《开放教育研究》，2009，15(4)。

第四节　我国"以信息化带动教育现代化"
发展道路及模式的形成

在青藏高原藏族聚集区有一所被誉为"康巴教育明珠"的学校——康定中学。学校一座大楼的楼顶上，挺立着五口"大锅"，它们是学校在不同时期用来接收国家和地方政府部门、机构或企业赠送的教学资源的卫星装置。学校技术人员说，这五口"大锅"平时只有一口在亮灯，其他四口常年不亮。这些"大锅"是 21 世纪以来我国为边远、民族地区"输送"优质教育资源工作的一个缩影，隐喻了两种不同教学模式带来的不同结果。

一、利用信息技术促进边远、民族教育跨越式发展的战略抉择

21 世纪初期，为了应对日趋激烈的国际竞争，我国做出了"以信息化带动教育现代化，实现基础教育跨越式发展"的重大战略决策。国家选择这条发展道路是有深刻历史背景的。21 世纪前后，随着我国九年义务教育基本普及，我国基本实现了人人"有学上"的目标后，基础教育的发展开始进入人们不仅要求有受教育机会，还要求有接受更好教育的机会，也就是人人"上好学"阶段。如果说在 2000 年以前，我国实现人人"有学上"的目标基本上是以数量形式完成的，那么，人人"上好学"阶段的目标任务将聚焦在不断提高基础教育的质量上。因此，促进教育公平、实现教育均衡发展，特别是通过扩大优质教育资源覆盖面，以满足人民群众日益增长的对高质量基础教育的需要，逐渐成为时代发展的鲜明主题和战略目标。

"城市帮助农村""东部支持西部"是我国的一项基本国策。在党的十六届四中全会上，胡锦涛总书记明确指出，要发挥城市对农村的辐射和带动作用，发挥工业对农业的支持和反哺作用，走城乡互动、工农互促的协调发展道路。在这样的时代大背景下，我国在"以信息化带动教育现代化"的实践中，逐渐形成了从城市向农村地区、民族地区"输送"优质教育资源，以在更加宏观的层面上重新配置优质教育资源，促进教育实现跨越式发展的道路。这是我国基于国情与全面建成小康社会的现实需要

的必然选择。

我国基础教育优质资源分布极其不均衡的发展状况是有历史原因的。新中国成立初期特别是改革开放后，为了快速培养人才，我国基础教育采取了"精英式"培养模式，设立了重点小学、重点中学，造成优质教育资源相对集中且覆盖面小。随着九年义务教育的基本普及，人们呼唤更多的优质教育，所以"精英式"培养模式越来越不能适应时代发展需要。如何满足人民群众的要求，让每个孩子都有平等选择和享受优质教育资源的机会，已经成为国家基础教育改革与发展的一项重大任务。然而，我国如何实现教育均衡发展，尤其是让边远、民族地区的孩子实现"上好学"的梦想，仅仅依靠常规方法是难以做到的，必须转变观念，寻找新的途径。利用信息技术促进教育公平，破解教育均衡发展难题，就是我国立足本国国情而做出的重大抉择。

在"以信息化带动教育现代化"的政策方针指引下，2002年，在第五次全国民族教育会议上，我国提出了加速民族教育手段现代化进程，大力提高教育质量，以实现民族教育跨越式发展的战略要求。这标志着我国民族教育发展战略与模式发生了重大转变。

在经过充分酝酿和准备后，2003年，我国正式启动了投资110亿、为期5年的"农远工程"，开启了促进教育均衡发展、实现城乡学生优质教育资源共享的国家探索之旅。"农远工程"规模大，持续时间长，影响较大，为我国后续开展的基于信息技术的促进教育均衡发展的项目提供了思路和模式。2012年，教育部颁布《教育信息化十年发展规划（2011—2020年）》，启动了"教学点数字教育资源全覆盖"项目。该项目要求，2012年、2013年两年，为农村义务教育学校布局调整中确需保留和恢复的教学点配备数字教育资源接收和播放设备，配送优质数字教育资源，并以县域为单位，发挥中心校作用，组织教学点应用资源开展教学，利用信息技术帮助教学点开好国家规定课程，提高教育质量，促进义务教育均衡发展，更好服务农村、边远地区适龄儿童就近接受良好教育的需要。截至2014年11月底，全国6.4万个教学点全面完成了项目建设任务，实现了设备配置、资源配送和教学应用"三到位"，有效地促进了我国教育均衡发展。

在促进教育均衡发展的实践探索中，刘延东明确提出："要通过整合、重组、结对帮扶等多种途径，打破校际和城乡之间的分割，促进区域内优质学校与薄弱学校之间形成稳定的共建机制。"①这一战略思想与重要举措作为教育改革发展的重大任务，被首次写入了党的十八届三中全会的重要决议——《中共中央关于全面深化改革若干重大问题的决定》："构建利用信息化手段扩大优质教育资源覆盖面的有效机制，逐步缩小区域、城乡、校际差距。"这标志着我国已经形成了利用教育信息化推进教育改革发展、实现教育现代化的发展道路。

二、利用信息技术促进教育均衡发展形成的两种模式

　　利用信息技术输送城市优质教育资源，促进边远、民族地区教育实现跨越式发展，是人类前所未有的事业。21世纪以来，我国在利用信息技术从城市向农村、边远、民族地区输送优质教育资源，以促进其跨越式发展的道路上做了大量探索工作，并在实践中逐渐形成了两种不同的发展模式：一是由国家自上而下发动的以"农远工程"为代表的模式一；二是由民间自下而上发起和推动的以全日制远程教学为代表的模式二。10多年的实践表明，两个模式产生了截然不同的效果：模式一对于推动农村、贫困地区教育信息化建设发挥了重要作用，但对于提高教学质量、实现"上好学"目标的效果不明显；以"输送"城市优秀教师智慧为主的模式二却取得较大成功，有效地改变了边远、民族地区的教育面貌。

(一)由国家自上而下主导的"农远工程"模式

　　模式一是以"农远工程"为代表，主要由国家发动，为边远、民族地区学校输送优质教育资源的学校教育增量改革。我国后来实施的一系列信息化项目均属于这种模式。2003年，我国启动了为期5年、共投资110亿元的"农远工程"项目，试图通过为农村学校提供优质教育资源，促进城乡优质教育资源共享，提高农村教育质量和效益。这种模式有一条清晰的工作逻辑脉络，那就是：①为农村地区、贫困地区、民族地区学校

---

　　① 刘延东：《优化资源 促进公平 加快义务教育均衡发展——刘延东国务委员在全国推进义务教育均衡发展经验交流会上的讲话》，http://www.moe.edu.cn/publicfiles/business/html-files/moe/moe_176/200912/54931.html，2014-03-04。

建设卫星、网络通道，装备信息技术设备；②输送城市优质教育资源，特别是提供名校优秀教师的课堂教学实录；③培训教师；④在教学中应用这些教学资源，例如，在"教学点数字教育资源全覆盖"项目中，教学点教师主要采用"同步课堂"方式，直播名校或中心校教师的教学；⑤城乡学生共享优质教育资源，满足贫困地区学生"上好学"的愿望，以最终实现教育公平。总体而言，①至④是举措，⑤是目标。可以说，在国家强大的行政组织力量和财力的推动下，这条逻辑链条上的前四项都可以顺利实现，但第五项目标却在实践中面临巨大挑战。

多年的实践表明，模式一对于推动农村、贫困地区教育信息化建设发挥了重要作用，但对于提高教学质量、实现"上好学"目标的效果不明显。它所输送的所谓优质教育资源，往往被贫困地区师生称为"死资源"，并不能发挥作用。有些学校反映，"头上很多天线，屋顶上一片大锅，资源不配套，难以发挥作用"。此外，以项目形式开展的工作，往往存在"潮汐现象"——项目开始，卫星接收装置"大锅"的灯亮了；项目结束灯就熄了，学校基本恢复到原来的状态。这种单纯输入教育资源的做法，在实践中并没有取得预期效果，但直到现在仍在使用，这种反常现象值得反思。

(二)由民间自下而上发起的全日制远程教学模式

以全日制远程教学为代表的模式的特点是由民间自下而上发起和推动，通过卫星、网络等现代信息技术，实况直播、录播或植入城市名校优秀教师的课堂教学，为边远、民族地区学校学生创造出"第二学习空间"，从而达到城乡学生"异地同堂"、共享优质教育资源的目的。全日制远程教学是我国独创的一种新型教学模式，比较好地回应了当今我国教育面临的一些根本性挑战。经过十五六年的实践，该模式已经探索出了一条将城市优秀教师智慧"送到"边远、民族地区学校，促进当地教育跨越式发展的新路。

第五节 "农远工程"模式为何难以取得成功

一、"以信息化带动教育现代化"是一条十分艰辛的发展道路

我国选择以信息化带动教育现代化的道路缺乏理论研究与实践基础。以信息化带动边远、民族地区教育实现跨越式发展，是我国基于本国国情与全面建成小康社会的目标的必然抉择。有学者认为，信息化的关键作用在于实现教育的蛙跳式即跨越式发展。[①] 跨越式发展，是一种超常规、创新型发展，是指"落后者"通过某种特殊发展方式与发展模式，对"先行者"走过的某个发展阶段的超常规赶超状态和行为。"落后者"只有跨过"先行者"的某个发展阶段、某种发展水平才属跨越，而快速发展和快速跟进并不等于跨越式发展。我国选择跨越式发展这种特殊发展道路，是由我国教育的整体发展进程，以及贫困地区的经济困境、现实条件和发展诉求所决定的。边远、民族地区教育实现跨越式发展，除了面临由原始文化向知识文明、由"知识隔离"到知识极大丰富的跨越外，更重要的是实现由"教育起点公平"向"教育结果公平"的跨越。然而，我国这条跨越式发展之路的选择，缺乏理论依据，在国际上也没有成功的先例可以借鉴。

我国提出"以信息化带动教育现代化"的战略是有深刻历史背景的。20 世纪 90 年代以来，我国面临既要加快信息化又要完成工业化的双重任务。面对新的机遇和挑战，在 2000 年 10 月召开的十五届五中全会上，党中央明确提出了"以信息化带动工业化，发挥后发优势，实现社会生产力的跨越式发展"的重大战略决策。2000 年 10 月 25 日，教育部在全国中小学信息技术教育工作会议上，做出了"以信息化带动教育现代化，努力实现基础教育跨越式发展"的战略部署。后发国家选择以信息化促进国家经济社会实现跨越式发展是一种国际趋势。进入 20 世纪 90 年代，我国一些学者、机构就开始探索以信息化带动工业化的发展道路。国外在这方面也有许多成功的案例。到 2002 年，十六大明确提出以信息化带动工业

---

① 何克抗：《迎接教育信息化发展新阶段的挑战》，载《中国电化教育》，2006(8)。

化，走出一条新型工业化道路。这是我国工业化和整个国家现代化的战略选择。这些战略部署，直接影响到教育决策。2002 年，国务院颁布的《国务院关于基础教育改革与发展的决定》，将"以信息化带动教育现代化，努力实现基础教育跨越式发展"写入其中并上升为国家战略，对于我国未来教育的发展产生了重大影响，成为后来出台的一系列相关政策举措的依据和逻辑基础。

然而，我们必须看到，与工业领域相比，教育领域选择以信息化带动教育跨越式发展道路，不仅缺乏理论探索，而且在实践中尚没有这方面成功的案例可以借鉴。在缺乏理论探讨和实践检验的情况下，在国家工业领域出台这样的政策还不到半个月的时间内，教育领域就匆忙跟随，直接引入或套用工业领域的成功经验做出重大决策，是值得商榷的。事实上，直到今天，教育领域依然没有人对这方面的理论进行深入探讨，国际上依然没有成功的案例，也就是说，没有哪个国家通过信息化的带动真正实现了教育跨越式发展。有学者指出，到目前为止，世界上还没有哪个国家能够通过运用信息技术来实现教育质量方面的跨越式发展。[①]在微软举办的信息化国际论坛中，几个国家(澳大利亚、加拿大、新加坡等)作为先进典型介绍的信息技术与课程整合案例中，虽有不少值得借鉴的经验，所提供的整合案例课也确实有较好的效果，但还谈不上实现蛙跳式即跨越式发展(教育质量与效率的提高还不是很明显)。

在这种情况下，我国通过信息技术将城市优质教育资源输送到农村、边远、民族地区的学校，以促进当地教育实现跨越式发展的发展道路，注定了是一条十分艰辛的发展道路。实践中，我国在解决边远、民族地区教育均衡发展问解中出现了三种不良倾向：一是重视政策、经济和物质条件等有形因素的影响，而忽视学生自信心、教师专业发展的重要作用；二是重视教育起点公平，而轻视结果公平；三是只重视校内影响，而忽视学生社会构成对学生的影响。在这种状况下，该模式难以取得成效也就不足为奇了。

---

① 何克抗：《迎接教育信息化发展新阶段的挑战》，载《中国电化教育》，2006(8)。

二、对优质教育资源缺乏理论研究

全日制远程教学主要是对城市优质教育资源的传播或输送，然而，什么是优质教育资源？这种资源能否输送以及该如何输送？

(一)什么是优质教育资源

为了更好地对优质教育资源进行界定，我们首先需要了解什么是资源，什么是教育资源。所谓资源是指人们从事某种活动的条件和基础，包括自然界和人类社会中一切可被人类开发和利用的物质、能量和信息，像人力、物力和财力，以及制度、文化、理念、模式和方法等。《教育大辞典》对教育资源进行了界定，说教育资源亦称"教育经济条件"，主要有两个方面的含义：一是指教育过程中所占用、使用和消耗的人力、物力和财力，即指人力、物力和财力的总和；二是指教育的历史经验或有关教育信息资料。[①]

国外对教育资源概念的界定有狭义与广义之分。早在 1972 年，美国教育传播与技术协会（Association for Educational Communications and Technology，AECT）就对教学资源进行了界定，并将其分为两大类，即设计的资源和利用的资源："某些教学资源为特定的学习目标而专门设计，因此，这些资源可以起到促进教学的作用。这样的资源通常被称作'教学材料或教学资源'。另外，还有一些资源存在于自然界以及我们的日常生活中，但是这些资源也可以被发现、开发和应用于教学。这些资源有时被称作'现实世界的资源'。"[②]在美国学术界，教学资源与教育资源概念通用。这种界定可以看作教育资源的狭义定义。它存在明显不足，因为分类中没有包括环境资源。1994 年，美国教育传播与技术协会在重新修订教育技术学概念时，给出了教育资源的广义定义："教学资源是能够提供学习支持的所有来源，包括教学支持系统、教学材料以及环

---

① 顾明远：《教育大辞典(简编本)》，261 页，上海，上海教育出版社，1999。
② ［美］艾伦·贾纳斯泽乌斯基、迈克尔·莫伦达：《教育技术：定义与评析》，183 页，北京，北京大学出版社，2010。

境……教学资源可以包括任何能够促进个体学习和实践能力提高的资源。"①按照这个定义，教育资源将人力资源、制度资源和文化资源等加入其中，囊括了对教育教学产生影响的所有重要因素。目前，这一界定为国内外学者所广泛接受。

那么，什么是优质教育资源呢？一般来说，优质教育资源是指能对教育教学起到提升和促进作用的高质量教育资源。当然，"优质"是一个相对的、动态的概念，其标准会随着主体变化而呈现出差异。在信息技术环境下，教育资源被赋予新的内涵，其形态、特征、功能等都发生了较大改变。国内有学者认为，所谓优质教育资源，"即品质优良的教育资源。从构成成分上说，大体包括优越的物质资源，优良的课程资源，优秀的精神资源，优异的人力资源，优化的制度资源等"②。也有学者认为，优质教育资源共包括五个方面：①学校的文化资源，包括学校的办学理念及学校本身的价值观念，像学校教职员工甚至学生对学校的认同感，以及学校所在地区、社区、街道对学校的信任和支持；②学校的制度资源，包括学校正式的规章制度、学校的非正式制度和学校外部的制度资源；③学校的物质资源，包括学校有些什么东西，以及这些物质资源的配置方式；④优质的教师资源，包括教师的职业精神、专业能力、研究能力和教师的合作能力与团队精神；⑤学校的特色资源。③ 笔者认为，优质教育资源应该包括六个基本要素：①课程资源；②教师资源；③制度资源；④文化资源；⑤物质资源；⑥学校品牌资源。

(二)优质教育资源能否输送

21世纪伊始，我国便推出一项重大政策举措，即向农村、边远、民族地区输送城市优质教育资源。那么，在实践层面，这项政策举措又是如何操作的呢？如果将上述优质教育资源定义中的课程资源单列出来，将其余五方面资源统称为支持与环境资源，那么，我们就会发现，长期以来，我

---

① ［美］艾伦·贾纳斯泽乌斯基、迈克尔·莫伦达：《教育技术：定义与评析》，183页，北京，北京大学出版社，2010。

② 程敬宝、王伟：《优质教育资源：价值与功效》，载《教育研究与实验》，2010(1)。

③ 谢维和：《论优质教育资源的涵义与建设》，载《人民教育》，2002(11)。

国输送的所谓优质教育资源，只不过是课程资源，即可以帮助教师进行课堂教学的教学素材、教学录像或教学软件等。也就是说，实践中，人们往往采用了在操作上相对比较简单的优质教育资源的狭义定义，即输入的是"教学材料或教学资源"，而将那些承载着教育理念、教学智慧、学校文化和管理理念等的因素，也就是将相当于优质教育资源的灵魂和赖以生存条件的支持与环境资源忽略掉了。结果是，输入的所谓优质教育资源，不过成了"晒干的鱼""晾干的菜"，被贫困地区师生称为"死资源"，难以发挥作用。这也就是我国教育领域多年来一直存在着的一种奇怪现象，即一方面国家投入大量人力、物力开发出的海量教育资源被闲置或低效应用，而另一方面一线教师却又天天喊着没有优质教育资源可用的根本原因。

(三)优质教育资源如何输送

　　"城市反哺农村""东部支援西部"是我国的一项基本国策。目前，我国输送优质教育资源的探索已经经历了三个发展阶段。第一个阶段是早期的人和物质支援带动阶段。这种方法的优点是十分有效，从新中国成立初期到现在一直在使用，而缺点是影响面较小，作用十分有限。第二个阶段是"送设备、送资源"阶段。进入 21 世纪，在"以信息化带动教育现代化"的国家战略下，我国开始向农村、贫困地区输送城市优质教育资源，以期促进这些地区教育实现跨越式发展，但简单化的输入难以产生预期效果。第三个阶段是"输送"城市优秀教师智慧阶段。第一、第二阶段相当于"输血"，而第三阶段相当于增强"造血机能"。我国多年的扶贫实践经验告诉我们，要想彻底解决贫困问题，必须增强贫困地区自身的"造血机能"，教育亦应如此。其实，全日制远程教学之所以能够取得较大成功，主要是因为输入了优秀教师智慧，从而大幅度增强了边远、民族地区教育自身的"造血机能"。

三、 "后发劣势"会造成优质教育资源难以发挥作用

　　国家为边远、民族地区输送城市优质教育资源，其目的是利用这些落后地区的"后发优势"，促进当地教育实现跨越式发展。然而，人们在看到经济与教育落后地区的"后发优势"的同时，往往忽略了这些地区还

存在着"后发劣势"问题。

"后发劣势"理论和"对后来者的诅咒"概念,是由美国经济学家沃森(Watson)提出的。2000 年,在北京的一次讲演中,华人经济学家杨小凯教授引用这一理论,提示人们关注未来中国社会经济发展中的"后发劣势"问题,在国内外学界引起强烈反响。他指出,落后国家发展比较晚,自然有很多东西可以模仿发达国家。但是模仿的空间很大,这使得落后国家在没有一个"良序"制度的条件下,单凭对发达国家的技术和管理模式的简单模仿,难以取得发达国家在一定制度下才能取得的经济成就。落后国家模仿技术比较容易,模仿制度却比较困难,因为改革制度总是会触犯一些既得利益。因此,虽然落后国家单凭技术模仿可以在短期内获得快速发展,但是可能会给长期的发展留下许多隐患,甚至导致长期发展的失败。

边远、民族地区教育发展的确存在着制度上的"后发劣势",这种"劣势"对城市优质教育资源作用的发挥产生了重要影响。最早参加全日制远程教学项目的康定中学校长陈军,用"活资源""死资源"概念试图说明制度"后发劣势"的影响。在与笔者的交谈中,他深有感触地说:"教学资源是有生命的,是生成性的。再好的资源都需要在课堂上实现转化。"这句话有三层含义:一是"教学资源是有生命的,是生成性的";二是教学资源是在一定的制度环境下存在的;三是优秀教师是优质教育资源的灵魂和生命,如果离开优秀教师的智慧,所谓优质教育资源是不存在的。其实,全日制远程教学模式之所以能够取得较大成功,关键是因为它不仅将城市优质教育资源中狭义的教学资源送到了边远、民族地区学校,而且还将作为教育资源重要组成部分的优秀教师智慧,以及名校的制度资源、文化资源、品牌资源等作为模式的要素,一同输入远端学校。从这个意义上说,模式一缺乏获得成功的要素。

四、没有抓住边远、民族地区教育发展中的核心问题

在利用城市优质教育资源促进边远、民族地区教育发展中,模式一没有解决这些地区所需要解决的核心问题:第一,培养学生的自信心;第二,更需要城市优秀教师的智慧;第三,促进教师专业发展;第四,"以现代文化为引领",塑造现代人。这些问题将在以下章节中展开,这里不再赘述。

第三章

全日制远程教学模式

第一节 全日制远程教学模式的内涵

一、模式及其结构与功能

要想深入了解全日制远程教学模式，我们首先需要了解什么是模式。

(一)什么是模式

模式是人们在理论研究与实践中广泛应用的一个专业术语，具有独特的作用。模式既是人类思考、把握复杂问题的思维方法与工具，又是理论应用于实践的一个抓手。实践中，人们按照模式要求的基本规程和路径开展工作，可以减少重复劳动，大大提高工作效率。不过，对于什么是模式，不同学者有着不同的解读。查有梁认为："教育模式是在一定教育理论指导下，对教育过程组织方式作的简要表述。"[①]冯国文教授认为："学校教育模式是教育理论与教育实践的中介、桥梁。它以某些教育理论为主导理念，分析学校现实并超越学校现实，用简练的语言概括出学校发展及其内部各个系统的基本特征，并形成一个颇具特色的结构。因此，它非教育理论，也非具体实践，而是教育理论在中介层面的应用，

---

① 查有梁：《教育模式》，8页，北京，教育科学出版社，1993。

教育实践也因此有了操作思路和策略依据。"[①]也有学者认为模式就是"大方法"或新思路、新途径。有人在解释文化模式时做了一个形象比喻:"所谓文化模式是一个抽象的独特的具有文化性质的'框架'。这种框架好比是这样形成的:拆掉许多'房子'的砖瓦,只保留'房框子';而后对诸多'房框子'做比较归类;每类保留一个作为典型,它就是'模式'。"[②]对于模式的作用,美国当代建筑大师 C. 亚历山大(C. Alexander)在他 1979 年出版的著作《建筑的永恒之道》(*The Timeless Way of Building*)中,对模式的理论进行了系统总结。他认为,每一个模式都描述了一个在我们周围不断重复产生的问题,以及该问题的解决方案。这样,我们就能一次又一次地使用该方案而不必做重复探索劳动。

模式可以重复使用,并能大幅度提高工作效率。在日常教育教学工作中,我们常常会遇到不断重复出现的问题,而解决这些问题的方法及方案的核心,即解决问题的结构、步骤、程序就是模式。换句话说,模式就是针对某个众所周知的问题而形成的、经过验证的解决方案。模式是对问题和解决方案进行抽象的普遍适用的方法,它可以帮助人们在更高层次上抽象细节、洞悉教学系统结构、深入理解教学原理,因而可以使我们日常教育教学工作达到自动化、规范化。

(二)模式的结构与功能

什么是结构?结构就是一种具有观念性的"框架"。模式的结构是一种稳定而简明的理论框架,可以直观、多层次、多侧面、立体地展示模式所涉及的教育教学诸要素,及其相互关系和组合状态,这对人们从理论上和整体上认识与把握模式有重要作用。美籍奥地利生物学家贝塔朗菲(Bertanlanffy)创立的系统论揭示出任何系统都有结构和功能,结构是功能的内部根据,功能是结构的外部表现,结构决定功能。

---

① 冯国文、任洁:《珠江三角洲学校教育现代化模式研究》,7 页,广州,广东人民出版社,2002。

② 刘敏中:《文化学学·文化学及文化观念》,158 页,哈尔滨,黑龙江人民出版社,2000。

(三)模式的五要素

模式的构成要素具有不可或缺性、不可替代性。图 3-1 给出了模式的五个基本要素关系图。

图 3-1　模式的五要素关系图

1. 主导理论

每一种模式都是在一定的教育思想和教育理论基础上创建的。正如美国著名教育家乔伊斯(Joyce)等人所说，每一个模式都有一个内在的理论基础。也就是说，它们的创造者向我们提供了一个说明我们为什么期望它们实现预期目标的原则。[①] 一般来说，模式依据的理论基础包括哲学、心理学、教育学、社会学、技术学等方面的学科，它们决定了模式的方向性和独特性，提供了模式隐含的思想和灵魂，展示了模式的工作原理。乔伊斯等人经过 30 余年对数百个教学模式进行研究后认为，教学模式构建的主要思想来自：①建构主义；②元认知理论；③支架理论；④最近发展区理论；⑤形成目标时专家行为的角色。

2. 目标指向

模式是为了实现特定的教育教学目标而构建的，因此具有一定的目标指向性。模式目标往往以主题方式呈现，它在模式的构成要素中居于

---

① [美]乔伊斯等：《教学模式》，16 页，北京，中国轻工业出版社，2009。

核心地位。"主题"确立了行为的方向，统帅着环境，指导着行为。

3. 操作程序

操作程序是指每一种模式所独有的活动程序或步骤，以及每个步骤的具体操作方法。它明确规定了模式展开序列和实践上的操作程序，是教育工作者在组织教育教学活动过程中应遵循的基本要求。例如，邱学华经过 20 多年对许多优秀教师教学实践的研究，总结出尝试教学模式。该模式包括三个阶段（准备阶段、主体尝试阶段和延伸阶段）和七大步骤（准备练习、出示尝试问题、自学课本、尝试练习、学生讨论、教师讲解和第二次尝试练习）。这三阶段、七步骤形成了一个有机整体，反映出学生学习过程中的全部尝试过程。

4. 实现条件

模式的实现条件（环境）是指模式赖以生存、发挥效力，并最终实现目标的土壤，像教师、学生、家长、课程内容、技术手段、教学策略、教学方法、教学场所等。模式的作用就是遵循一定的原则，采用一定的方法，对各种教育教学条件进行优化组合，以求最优化地实现教育目标。对此，乔伊斯等人指出："一种教学模式就是一种学习环境。""教学的经典定义是设计环境。学生在与环境的相互作用过程中学会学习。"①

5. 效果评价

效果评价是指模式达到的效果的评价标准和评价方法，这也是模式的自我调节功能。

二、 什么是全日制远程教学

所谓全日制远程教学，是指通过卫星、网络等现代信息技术，实况直播、录播或植入城市名校教师的课堂教学，同时远端学校师生通过收看、参与名校课堂教学，从而实现城乡学生"异地同堂"、共享优质教育资源的目的。目前，全日制远程教学主要应用于我国义务教育和普通高中阶段教育。

全日制远程教学采用先进的卫星、网络技术，将城市名校优秀教师

---

① ［美］乔伊斯等：《教学模式》，16 页，北京，中国轻工业出版社，2009。

的课堂教学过程全面、完整地呈现在远端学校的日常课堂教学中。前端教师的教学图像和声音、文字、多媒体动画、视频材料等在两端教室呈现。同时，远端学生可以通过麦克风和网络等与前端名校教师进行互动，参与到教学活动中。图 3-2 展示的是卫星传输控制室工作人员正在紧张地进行名校教师课堂教学直播工作。

图 3-2　全日制远程教学卫星传输控制室内工作人员正在进行直播工作

三、创建全日制远程教学模式需破解的几个难题

全日制远程教学模式是在我国特殊历史背景下创建的、肩负着特殊使命的一种新型教学形态，它较好地回应了当时教育所面临的几大现实难题。

(一)如何满足边远、民族地区学生上名校的愿望

要想办好人民满意的教育，满足百姓"上好学"的愿望，就要从他们的实际需要出发，制订解决方案。边远、民族地区百姓对教育的基本诉求是让他们的孩子"走进"名校的课堂，与城里的孩子一样听名师的课，一起接受优质教育。这样的期望，决定了教育解决方案必须要引入优质教育资源。与此同时，考虑到受益者的经济承受能力，这种教育解决方案还要实现低成本化。

根据上述要求，同时考虑到四川省边远、民族地区经济欠发达，地区互联网尚不普及，那些适用于教育发达地区的学生课后通过互联网教

学资源自主学习的方式并不适合这些地区的状况，网校采用了卫星＋网络的方法开展远程教育。网校采取引入优质教育资源一步到位的策略，选择了西部发展最为全面、社会口碑最好的成都七中作为内涵式放大的源头学校，在普通高中阶段率先实施全日制远程教学。

实践证明，网校的这些设计和做法是正确的，初步实现了边远、民族地区百姓和模式设计者的愿望，让城市优质教育资源真正造福当地百姓。

(二)如何在名校优质教育资源保值的前提下放大优质教育资源

名校输出优质教育资源是否会稀释名校资源，对名校产生较大影响，这是全日制远程教学模式设计过程中人们最为担心的问题。输出城市名校优质教育资源，可能会出现两种情况：第一，"削峰填谷"，即稀释名校优质教育资源，实现低位均衡；第二，在提升薄弱学校教学质量的同时，不仅保证名校教育教学资源的价值不降低，而且还会增加其价值。

依托名校优秀教学集体，在确保其实践成果保值的情况下，合理放大其成果的影响、扩大其覆盖面，这是全日制远程教学模式设计者追求的目标。经过长期探索，全日制远程教学模式实现了扬峰填谷、高位均衡的目标，基本做到了无损放大名校教育资源的价值。

(三)如何促进远端学校可持续发展

从我国长期以来的扶贫经验来看，单纯"输血"式的扶贫，容易造成返贫现象出现。授人以鱼易，授人以渔难。要想避免这一现象出现，就必须加强当地"造血"功能的培养。开展全日制远程教学工作，为边远、民族地区学校长远发展提供了有力保障。第一，全日制远程教学模式有利于建设一支规模合理、素质较高、学科配套、相对稳定的师资队伍。在长期的协同教学中，名校教师与远端教师一起工作，这相当于对远端教师进行了在岗常态化、长周期、免费的在职培训，大大提高了远端学校师资队伍的整体专业水平，为边远、民族地区教育注入了可持续发展的动力。第二，全日制远程教学是一种"母鸡带小鸡"，名校带领远端薄弱学校的发展模式。在长期的协同工作中，城乡两个不同的实践共同体实现了对接，有效地促进了边远、民族地区学校的内涵式发展。

四、全日制远程教学三个学段的模式介绍

成都七中东方闻道网校按照建校宗旨，对现有教学流程进行了再造，创造性地提出了全日制远程教学模式。小学与初中阶段模式在普通高中模式基础上进行了修订，从而分别确定了合适的传播方式。这三种教学模式既有共性，也有各自不同的特点。根据不同学段学生的年龄特征，全日制远程教学在小学、初中和高中阶段分别采取了不同的使用方式和使用要求。通常情况下，普通高中采用直播方式，即城市名校学生与远端学生同时上课；初中采用录播方式，即远端教师先学习名校教师课堂实录，一般延迟 1～3 天时间后，再用录像上课；小学采用植入教学方式，即远端教师先学习名校教师课堂实录，然后根据自己的理解重新进行教学设计，部分或全部将优秀教师教学录像植入自己的教学。

(一)普通高中全日制远程直播教学模式

针对普通高中教育的特点以及我国边远、民族地区教育的现状，成都七中东方闻道网校通过对现有教学流程进行再造，创造性地提出"四个同时、四位一体"远程直播教学模式。"四个同时"就是"同时备课、同时上课、同时作业、同时考试"，即实行前端教师与远端教师每周一次同时备课，共同分析教学重难点，探讨教学方法；远端学生和名校学生实行同一课程表、同一位教师主导授课、同一作息时间，且远端教师在课堂上协助成都七中教师进行教学；远端学生和名校学生同时完成相同的作业；远端学生和名校学生同时参加同一份试卷考试。(见图 3-3)"四个同时"有利于使成都七中的课堂教学及相应的管理要求原汁原味地贯彻到每一所远端学校，有利于真正实现"异地同堂"的目的。

"四位一体"是指由把关教师、授课教师、远端教师和技术教师组成教师协作团队，在相同的时间、不同的空间，在各自的岗位上完成预定工作，发挥各自的职能。名校优秀教师通常在把关教师的指导下完成课堂教学任务，这样可以确保教学源头的教学处于高质量运行状态；远端教师在异地全程随堂上课，组织教学活动，配合前端教师的教学工作，

图 3-3　远程直播教学模式的"四个同时"

并根据学生学习情况，做好课前课后的教学准备、辅导和管理工作，像要求学生课前预习、课后复习功课，进行作业批改，课后辅导，以及平时注意培养学生良好的学习习惯和正确的学习方法等；技术教师则要做好保证网络畅通、相关教学设备完好、教学信息高质量传输等工作。（见图 3-4）

图 3-4　"四位一体"的教师协作团队

为了做好直播工作，全日制远程教学还对远端教师的教学工作提出了明确要求。

第一，认真备课。所有课程的科任教师都必须提前备课，必须准时、积极参加每周一次的集体备课和有关教研活动。

第二，指导和检查学生的预习情况。科任教师应根据教学内容的特点、难易程度等情况，安排并检查学生的预习情况。

第三，认真上课。上直播课时科任教师应提前进入教室，做好相应的准备工作。上课时教师要在讲台上组织好课堂教学，调动学生参与课堂教学活动的积极性，督促学生认真听课、认真做笔记，并引导学生与前端教师形成积极的课堂互动。

第四，课后认真辅导。课后，教师要有针对性地对学生进行辅导，根据教学要求，选择辅助材料，并及时下载或打印教学材料，提供给学生使用。

第五，认真完成网校要求的教学检测和考核，按要求反馈相应的信息。

(二)初中全日制远程录播教学模式

初中全日制远程录播教学模式采取的工作方式是将成都七中育才学校的课堂教学全程录制下来，与家庭作业、考试试卷等教学资源一起当日通过卫星、网络发送给远端学校，然后远端学校根据本校学生的实际情况，采用"全日制等同录播教学"或"全日制等效录播教学"的方式开展教学。全日制远程录播教学模式与普通高中"四个同时、四位一体"教学模式比较相近，采用"四个同步、四位一体"和"四个协同"教学模式。这是对普通高中模式的一种改进，即把"同时"执行的任务变成了延迟的"同步"执行。通常情况下，远端学校教学会延迟1～3天时间使用名校教师课堂录像。这段延迟时间给远端教师提供了一定的发挥空间。他们可以根据本校学生的实际情况，采取"四个协同"方式进行二次课堂教学设计，通过"增、删、停、补"等方式进行协同，提高了教学的针对性和有效性。成都七中育才学校将初中阶段全日制远程教学模式概括为"同步—协同—交互"模式。（见图 3-5）

"四个协同"的具体内容如下。

第一，增：适当增加基础知识的教学内容或进行铺垫性内容的衔接。

第二，删：删减一些前端学校拓展较深、较广的教学内容或难度过大的作业。

第三，停：根据课堂教学中本班学生的听课情况或作业进度，可暂停课堂实录，给予学生充分的消化时间。

第四，补：根据课堂教学中本班学生的理解情况，进行适当的补充讲解，帮助学生听懂和理解前端的教学内容。

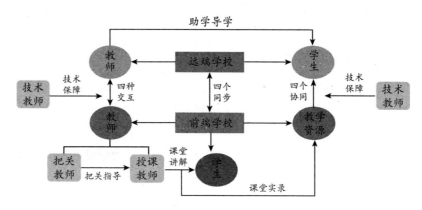

图 3-5 "同步—协同—交互"模式

(三)小学全日制远程植入式教学模式

1. 全日制远程植入式教学及其目的

全日制远程植入式教学是指通过卫星、网络等现代信息技术，将城市名校优秀教师的课堂教学录像植入边远、民族地区学校的课堂教学，以达到城乡学生"异地同堂"、共享城市优质教育资源的目的。小学全日制远程植入式教学的目的是通过录播及卫星传输的方式，将成都实验小学的办学理念、教学方法、教学管理和校园文化等"植入"边远、民族地区学校，以潜移默化地影响、优化、改造远端学校，使协作体内的学校逐步迈向现代学校，培养出守正、尚勤、崇礼、求活，具有现代公民基本素养的文雅学生，从而缩小城乡教育差距、促进教育公平。

2. 全日制远程植入式教学模式的内容

根据小学阶段的教育教学特点，全日制远程植入式教学模式采用"四个同步、四位一体"和"四课循环"的教学模式。该教学模式与初中的教学模式相近，但赋予了远端教师更大的自主选择与发挥权利。小学远端教师可以根据自己的教学需要，来决定选用多少名校教师的课堂教学录像中的内容。

为了保证远端教师选择与发挥权利的有效应用，全日制远程植入式教学模式增加了"四课循环"和"四项植入"两项要求。"四课循环"是指远端教师在读课、备课、还课和议课循环中，先易后难，由表及里，逐步读懂、理解、消化、吸收成都实验小学教师的教学理念和教学方法，并逐渐形成自己的教学观念和教学风格。（见图3-6）

图3-6 全日制远程植入式教学的"四课循环"

"四项植入"是指要求远端学校植入前端学校的教学观、育人观、管理观和发展观四项教育观念：教学观——以学生为主体、以活动促发展；育人观——以雅育雅、自主发展；管理观——以人为本、以事育人；发展观——立己立人、达己达人。（见图3-7）

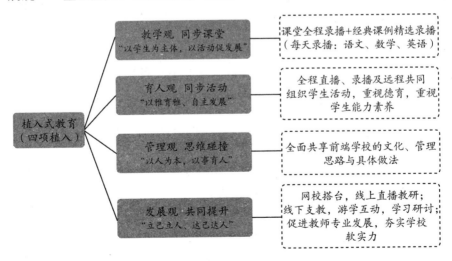

图3-7 全日制远程植入式教学的四项植入内容

（1）教育理念植入

远端学校在与成都实验小学的合作中，逐步理解和吸收成都实验小学的办学思想，体会教学观、育人观、管理观和发展观，并内化成自己的教育理念。

（2）教学植入

教学植入内容主要包括三个方面。

第一，常规课：语文、数学、英语三个学科的课堂实录、课件、教案、作业清单、练习资料、同步阶段性试卷等。

第二，活动课：成都实验小学经典活动课实录和方案。

第三，教研课：精选的成都实验小学教研课、公开课、培训课实录和课件。

（3）文化交流与生成

全日制远程植入式教学通过文化交流方式，使前端学校与远端学校相互了解、开阔眼界、形成新的发展动力。这种交流与生成，可以通过双方开展的各种文化活动，像开学典礼的校长讲话、每周学生国旗下讲话、学习方法指导、专家讲座以及全体师生参与的文化交互活动等，让远端学校文化与前端学校文化相互交流，形成一种大学校文化，以先进办学理念和现代文化引领学校发展。

（4）管理植入

管理植入是指通过全日制远程植入式教学将名校管理理念、管理方式植入远端学校，从而带动远端学校发展。

五、全日制远程教学采用的传播模式

传播模式也称为技术模式，是全日制远程教学的基础和保证。全日制远程教学主要采用以下两种传播模式。

（一）基于卫星电视网的远程教育

卫星电视网是我国规模最大、覆盖面最广、服务人口最多的信息传输网络。由于是宽带传输，它的传输信息量大，实现速度较快，传输的内容直观、形象、逼真，经济成本也相对较低，因此，比较适用于边远、民族地区教育教学。全日制远程直播教学系统采用卫星双向通信方式，可以进行双向实时互动远程教学。该系统由教学前端网络、卫星主站、卫星、卫星地面接收站、远端教学点计算机网络及显示设备组成，可以采集、处理、传输、接收数据，完成前端学校实时课堂教学的直播和同步呈现多媒体教学资源。前端系统由成都七中东方闻道网校前端演播室、数字线路和卫星主站托管设备等设备和通信设施构成，而远端学校由分教室与卫星小站组成。

(二)基于互联网的远程教育

　　互联网是全日制远程教学的重要组成部分。成都七中东方闻道网校通常利用网络进行集体备课和传送课程资源。同时，远端学生也可以随时随地登录网校的网站，在线与网上同学和教师互相交流，或者下载学习资源。

第二节　全日制远程教学模式的流程再造

　　1990 年，美国管理大师迈克尔·哈默（Micheal Hammer）博士在《哈佛商业评论》上发表了题为《再造不是自动化，而是重新开始》的文章，第一次提出了流程再造的概念。流程再造也称作"公司再造"或"再造工程"，目的是通过对产品生产流程进行"根本的再思考和彻底的再设计"，以追求企业业绩的最大化。随着现代信息技术的迅猛发展，企业界兴起了一场被喻为"从毛毛虫变蝴蝶"的企业再造革命。这场流程再造革命浪潮也波及教育。全日制远程教学就是因其对学校的教师角色、教学与管理流程、课堂教学交互方式和教学评价等方面的再造，走在了这场教育革命大潮的前方。

一、教师角色再造——"双师制"教学

　　一直以来，教师的工作在很大程度上属于个体劳动。通常，一位教师在一个教室内，面对几十名学生，而全日制远程教学则改变了这一状

况。全日制远程教学模式是我国最早采用"双师制"教学的领域。通常，远端学校课堂教学中有两位教师，一位是在视频中出现的城市优秀教师，另一位是本地教师。他们分工合作，城市教师承担主讲任务，当地教师起辅助作用，共同完成课前、课中、课后的教学任务。一般情况下，远端教师在城市教师组织课堂教学活动或提问时，组织本地学生活动或回答问题，课后还承担着本地学生的辅导、答疑工作。近年来，"双师制"教学在我国迅猛发展，目前已经成为在线教育的一种主流模式。"双师制"教学是指同一课程或教学项目由两位教师根据各自的教学风格、知识结构、学科理论背景和研究专长，在同一教学地点和时间单位内面向同一授课对象，按分工合作原则有目的地进行互动式组合教学活动的情境。①

全日制远程教学模式极大地放大了城市优秀教师的智慧。通常，一位优秀教师可以同时教授处于不同教室中的成千上万名学生，从而实现了优质教育资源的有效放大。在"双师制"教学下，前端教师和远端教师的角色与作用都发生了较大变化：前端教师是课堂教学的"主角"，通常要"面对"数千或数万名学生；远端教师由原来的课堂教学"主角"，变成了"配角"。他们要与把关教师、技术教师等组成教师协作团队，在相同的时间、不同的空间共同完成授课任务。

(一)把关教师

把关教师由名校资深教师或教育专家担任，肩负着对授课教师进行业务指导、教学监督和教学把关的责任，以保证教学源头的高质量。

(二)授课教师

授课教师由名校优秀教师担任，具体负责课堂直播教学授课任务。

(三)远端教师

远端教师由远端学校骨干教师担任，全程随堂上课，负责远端班级课堂教学工作的组织、教学、管理、评价和课后辅导等工作。

---

① 王冬：《学习绩效的内涵及其评价研究》，载《南昌教育学院学报》，2008，23(2)。

(四)技术教师

技术教师由成都七中东方闻道网校的专业技术人员和远端学校的技术人员担任，负责导播、技术支持、设备维护等工作。

二、教学与管理流程再造

全日制远程教学通过"四个同时"或"四个同步"教学模式，对前端学校和远端学校的教学与管理流程进行了再造。根据远端薄弱学校教育教学的实际需要，特别是学生、教师的需求，成都七中东方闻道网校对传统教学与管理流程进行了改造与重组，使名校和远端薄弱学校融为一体进行日常教学，具体措施如下：前端与远端的各科教师每周进行一次共同备课，进行教法与学法的探讨；前端教师与远端教师协同教学；城乡学生遵循同一作息时间、同一课程表，聆听同一位教师授课，完成同样的作业，考同一份试卷。这种流程再造，有利于将名校课堂教学及管理要求原汁原味地贯彻到每一所远端学校，从而有利于远端学生真正享受到优质教育资源。

根据不同学段的教学特点，全日制远程教学对教师的教学与管理工作都进行了流程再造，并对远端教师提出了新的要求。

(一)普通高中远端教师协作教学要求

为了保证全日制远程教学的顺利进行，康定中学对远端教师提出了做好"衔接学前、准备课前、协同课中、管理课后"四个方面工作要求。

1. 衔接学前

在远端学生正式进入全日制远程教学网络班级学习之前，前端学校要进行一段时间的集中培训，培训内容包括：初高中知识衔接准备；进行学习习惯、学习方法的培养；熟悉直播教学模式等。培训的目的是缩短学生从初中到高中、从传统教学模式到直播教学模式的适应期，让学生更快适应新的学习生活。

2. 准备课前

远端教师课前要做好以下几个方面的准备工作。

第一，按照前端学校授课安排，在参加同步备课前熟悉教材内容。

第二，按时参加每周一次的网络同步备课，备课中要积极与前端教师进行交流，把握好下周授课内容及教学计划，并参与课堂教学设计，提出自己教学意见。

第三，提前学习前端教师发送的教学课件，熟悉前端教师的教学设计，并根据学生可能出现的学习困难，确定课堂点拨要点和方法，独立完成备课工作。

第四，辅助学生做好课前预习，给学生提供预习提纲，规定预习内容，布置预习作业，开展预习检查，培养学生的预习习惯和方法，引导学生由"教师介入指导"逐步向"自主预习"转变。

3. 协同课中

课堂是学校教学的主阵地。远端教师应主动实现从主讲到助教的角色转变，在课堂上扮演好组织者、导学者、助学者、调控者。

第一，调动学生的积极性，引导学生融入前端教师的课堂教学。

第二，组织学生按时、定量、高标准地完成前端教师布置的教学任务。

第三，通过板书补充、语言点拨、知识铺垫等方法，起到搭桥引渡的作用。

第四，组织好与成都七中学生同步进行的课堂训练和交互活动。

4. 管理课后

管理课后是指远端教师对学生的学习情况和综合素质发展的管理和指导，目的是让学生更好地适应全日制远程教学，提高学生的综合素质，例如，树立学生的自信心，培养学生的自主学习能力，引导学生养成良好的学习习惯，帮助学生掌握正确的学习方法等。

第一，按前端教师的要求布置并监督学生完成作业，及时认真批改。

第二，根据学生学习的实际状况，分层布置作业，预防学生成绩两极分化，同时，督促学生设立错题集、难题集和积累本，并养成定期回顾的习惯。

第三，及时了解学生在学习中遇到的困难，利用辅导课解决学生的共性问题，并通过个别辅导和建立互助学习小组解决学生的个性问题。

第四，指导学生做好课堂笔记，养成课前预习、课后复习的习惯，养成不预习不进课堂、不复习不做作业的良好学习习惯。

第五，加强人文关怀和心理疏导，多鼓励，多赞扬，多沟通，将学生可能出现的心理问题扼杀在萌芽中。

(二)小学"四课循环"模式

成都实验小学按照育生先育师的教育理念，提出"四课循环"模式。

第一，"读课"是指远端教师阅读和研究成都实验小学的同步课堂实录，读懂前端学校课堂的教学目的、教学设计、活动组织等。

第二，"备课"是指前远端教师开展的联网同时备课和远端学校根据本地学生具体情况进行的再备课。

第三，"还课"是指远端教师在本校课堂教学中，"还原"前端教师的课堂教学，以达到"等同"或者"等效"的单课教学目的和效果。

第四，"议课"是为了检验、总结、巩固"读课、备课、还课"活动的成效，所以远端学校要定期开展校内"议课"活动。"议课"活动是远端学校先易后难，由表及里，逐步理解、消化、吸收成都实验小学课堂教学背后的办学思想、教学理念、教学方法、教学评价、教学管理和学校文化精髓，逐步内化为自己的价值追求、形成自己办学特色的重要环节。

成都实验小学通过对远端教师"培以致教，边教边培"的"手把手"培训，逐渐将自身的课堂"搬到"远端学校，从而将成都实验小学"以学生为主体、以活动促发展的教学观，以雅育雅、自主发展的育人观，以人为本、以事育人的管理观，立己立人、达己达人的发展观"全面、系统地植入远端学校的日常教学和管理中，同时促进远端学校对成都实验小学文化的吸收和内化，进而使远端学校形成自我"造血"功能和可持续发展的动力。

三、课堂教学交互方式的再造

为了加强前端、远端师生间的沟通与交流，全日制远程教学设计了"实时交互、转移交互、替代交互、虚拟交互"四种交互方式。（见图 3-8）

图 3-8　全日制远程教学的四种交互方式

(一)实时交互

全日制远程教学采用双向卫星系统，使前端教师可以随时通过卫星、网络系统与远端学生进行实时课堂交流互动。

(二)转移交互

转移交互是"四位一体"教学模式设计中最为重要的交互方式。由于全日制远程教学具有一带多的特点，不可能经常性地开展实时交互，因此为了解决全日制远程教学规模化带来的互动问题，应该将授课教师与远端学生之间讨论的问题转移成远端教师和学生之间的交互。例如，当前端授课教师给出一个讨论话题时，远端教师就组织本地学生同时展开讨论，并回答问题。

(三)替代交互

在直播教学过程中，远端学校的"学生代表"代替具有相同观点或问题的其他学生与前端教师在屏幕上实时交互，以期解决远端学生的共性问题。

(四)虚拟交互

为了让远端学生能够积极参与到前端教师的教学活动中，直播教学要求远端学生像成都七中学生一样回答前端教师的问题，这相当于他们在与屏幕上的教师进行交互。因为这种交互信息不能直接反馈给前端教师，所以这种交互称为"虚拟交互"。

　　在全日制远程教学过程中，前端教师、远端教师、前端学生和远端学生之间可以实现多种教学交互。（见图 3-9）为了加强前端学校师生与远端学校师生之间的联系，成都七中东方闻道网校还建立了 QQ 群、手机短信平台、网上交流平台等多种双向通信机制，形成了较为完善的交流机制。

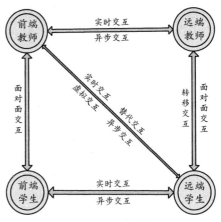

图 3-9　全日制远程教学的交互模式

四、教学评价再造

　　根据以评价促发展、以评价促改革的管理要求，全日制远程教学提出了"四个统一"教学评价方式，即"统一试卷，统一标准，统一反馈，统一评估"，对教学评价标准与流程进行了再造。

第三节　全日制远程教学模式的运营管理与服务体系再造

　　为了确保全日制远程教学模式的高效运行并达到预设目标，网校对全日制远程教学的运营管理与服务体系进行了再造，出台了一系列计划、组织、实施、控制和评价等方面的管理措施与办法。

一、政府、学校和企业三方共建运营模式

　　全日制远程教学通常采用"政府＋学校＋企业"的合作运营模式，即政府主导、名校输出优质教育资源、企业提供服务与市场化运作的模式。这种工作机制有利于发挥合作各方的优势，调动大家的积极性，尤其是企业的深层次介入，既让政府促进教育公平、实现教育均衡化发展的战

略目标得以落实，有效减轻了政府在投入和管理方面的压力，同时又在充分保证名校教学工作正常开展的情况下，有效扩大了名校优质教育资源的覆盖面，让更多的百姓受益。这是一项一举多得的举措。

(一)政府

各级地方政府的认同和支持是全日制远程教学存在与发展的关键。在开展全日制远程教学工作中，政府或教育主管部门作为这项工作的领导、总指挥，起着引领、桥梁与纽带作用，承担着为本地学校提供必要条件，组织开展远程教学活动，监督、评估网校运营服务状况，按照协议持续出资购买网校教学服务的重要责任。例如，在四川省，省政府除了计划在少数民族地区开展全日制远程教学项目外，还负责出资购买设备和软件、进行设备更新维护和购买网校教学服务等，确保网校可以长期开展项目服务工作。"政府＋学校＋企业"的合作运营模式能更快、更有效地在学校与企业之间找到合作的切入点和平衡点，实现双方有效对接，并降低合作成本。

(二)前端学校

作为办学思想、教学理念、教学资源、教学管理和学校文化输出的策源地，成都七中、成都七中育才学校和成都实验小学负责全日制远程教学日常的教学、教务和教研任务，并肩负着不断优化全日制远程教学管理和提升教育教学水平的重任。

第一，负责远程教学的课程开发、课程安排、课堂教学组织和教务管理工作。

第二，负责前端教师、把关教师的选择及考核工作。

第三，负责远端教师的培训工作。

第四，负责办学思想、教学理念、教学管理与学校文化传播的组织工作。

第五，负责提供网校前端本部班教学的场所，像网校导播室、备课室、前端网络教学班学生教室以及与课程、活动有关的场地。

（三）远端学校

远端学校主要通过"五化"的协作模式来开展全日制远程教学工作，即课堂教学同堂化、因材施教异地化、协同教学全程化、教学评估一体化和管理督导常态化。

第一，课堂教学同堂化是指远端学校与前端名校教师要紧密合作，充分发挥"双师效应"，确保前端学校的课堂教学能够持续、原汁原味地在远端学校呈现。

第二，因材施教异地化是指远端学校教学应"以学生为中心"，根据学生需求，加强个性化学习指导。

第三，协同教学全程化是指远端学校教学应该与前端学校教学实现全面对接，包括任课教师选拔、课堂教学、学校管理等诸多方面的协同。

第四，教学评估一体化是指远端学校应按照前端学校统一制定的各项教学评价标准进行评估。

第五，管理督导常态化是指远端学校应将全日制远程教学管理和督导纳入学校常态化管理，对全日制远程教学模式的关键环节进行持续跟踪与评价。

（四）东方闻道公司

东方闻道公司作为全日制远程教学的运营方，肩负以下主要职责。

第一，负责全日制远程教学技术平台开发、设备维护与更新等工作。

第二，负责全日制远程教学导播、前端教学活动采集与传输、教学资源传送等网校的日常运营和管理工作。

第三，负责组织与实施教研活动、培训等工作。

第四，负责网校教学规范、教学制度的建设，学校文化活动的组织，以及学生服务等工作的开展。经过多年的努力，全日制远程教学已经形成了一套管理制度，像《前端教学规范奖惩办法》《把关教师每周工作记录制度》《远端学校管理手册》《远端学校教师手册》等。

第五，负责全日制远程教学技术的研发、服务与运营队伍的建设。经过十多年的发展，网校已经拥有了一支谙熟直播教学规律和远端学校教学服务的专业队伍，为远程教学工作的开展奠定了坚实基础。

第六，负责全日制远程教学规律的研究与未来教学系统的研发。

二、"四项服务"教学质量保障体系

全日制远程教学是一项难度较大的工作。为了确保远端学校能在办学思想、教学理念、教学管理和学校文化等方面不断提升，大幅度提高教育教学质量，全日制远程教学采用了"四项服务"教学质量保障体系，即同堂服务、个体服务、学生服务和技术服务。

(一)同堂服务

同堂服务是对"四个同时"或"四个同步"教学模式落实情况的监控与服务，内容包括教学过程的线上监控，教务信息、课程信息和教学信息的提供，学生学习成绩的分析与反馈以及教学研讨等基础性服务。

(二)个体服务

为了满足远端教师、管理人员和技术人员的个别化需求，网校还设立了全日制远程教学服务专员，让他们专职负责到远端学校听课，了解教情、学情、管理等方面的情况，并有针对性地提供服务，以帮助远端学校尽快适应全日制远程教学工作，建立相应的管理机制，并建立学校自评系统。

(三)学生服务

为了帮助远端学生在精神上尽快融入名校学习生活，增强他们对名校文化的认同感，克服他们在学习中遇到的困难，网校针对远端学校不同的学生群体，在学生的适应性、励志成才、心理干预、学法指导等方面提供了专项服务，如像学生到名校留学、学生阶段性信件交流、学生集体交流、学生个体交流、学生参与名校文化活动等。

(四)技术服务

为保证全日制远程教学的顺利开展，网校还提供了特定的技术支持与现场技术指导等服务。例如，承担着前端直播工作的网校工作人员，平时以高度负责任的态度做好每一个细节。成都七中导播室墙壁上，贴着几行醒目的大字（见图 3-10），时刻提醒着网校工作人员，为了 76200名云端学生而努力。

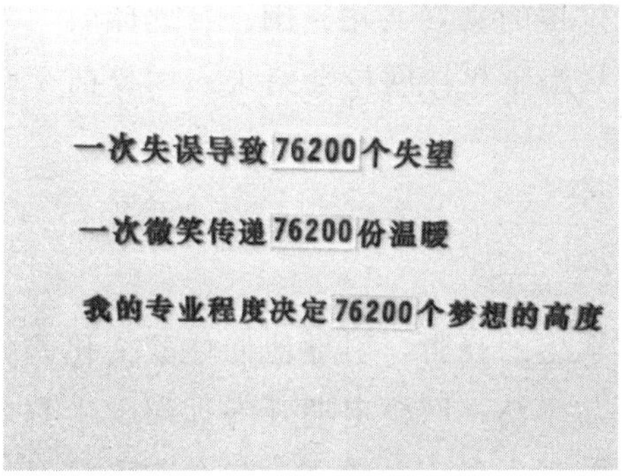

图 3-10　导播室墙壁上的口号

三、全日制远程教学服务体系

为了加强名校与远端学校之间的交流，促进双方在教学、管理、文化等方面的融合，全日制远程教学已经形成了教学管理信息服务、线上监督、教学研讨、教师互访、技术支持、专题服务、远端学生留学，以及首周服务、巡回服务、技术巡检等制度。这些制度的建立为远端学校高效率、高质量开展全日制远程教学工作提供了强有力的保障。

（一）励志教育

励志教育是指根据学生的心理特点与年龄特征，用引导的方式，激发和唤醒学生的潜能与内在动力，使学生在"被成长"中产生生命自觉、树立学习自信。网校通过各种方式对远端学生进行励志教育，像"选择成都七中就是选择艰苦奋斗的成功之路""成都七中没有超人，只有超人的意志。你有多大能耐，七中就给你多大舞台"。也有的学校通过名校校训进行励志教育，像成都七中育才学校的"卓尔不群，大器天下"和成都实验小学的"踏踏实实做人，勤勤恳恳做事"。这些都道出了名校的文化精髓。与此同时，励志教育还渗透到学生的日常教学活动中。比如，成都七中利用直播平台在课间通过展播时政新闻、优秀人物故事等开展一系列开阔眼界和励志的活动。网校还经常组织优秀毕业生和学弟学妹进行交流，让他们畅谈学习的苦与乐及人生感悟。这些活动都对远端学生产生了积极影响，也带动了远端学校校风的改变，使远端学校逐渐形成一种积极向上、努力拼搏的良好文化氛围。与此同时，为鼓励和表彰学业优秀及进步较快的远端学生，网校会给进入网校前 100 名的优秀学生颁发优秀学生奖状。

(二)游学

为了拓宽远端学生的视野，引导他们体验文化差异，让他们亲身感受名校学生的学习与生活，网校定期开展远端学生到名校游学活动，让远端学校品学兼优的学生代表赴前端学校，与名校学生同吃、同住、同学习一周，领略前端学校的文化，学习前端学校学生好的学习习惯和学习方法，感悟学习真谛。其中，小学开展的小学生结对活动，还让远端学生住进了前端学生的家里。通过游学活动，边远、民族地区学生亲身感受到了名校的文化氛围，增进了与名校同学的感情，提升了对名校教与学方式的认识，了解了城市不同的人文、地理、风俗，丰富了人生阅历，从而增强了学习的积极性和主动性，为他们今后的发展奠定了良好基础。学习结束后，这些学生会将他们的所学、所感、所悟带回远端学校，影响更多的学生，并引领和营造远端学校的良好教育文化氛围。实践证明，游学活动是远端学生的心灵之旅、文化之旅，其教育影响较大，因而受到远端学校师生的普遍欢迎。

与此同时，网校也组织前端学校的学生走进远端学校，让他们感知不同文化，与远端学校同年级的学生深入交流，用都市学生的视角与视野带动远端学生，同时远端学生的质朴与勤奋也触及了前端学生对生活、学习甚至生命意义的更多理解和思考。

(三)教师培训

教师培训是加强教师队伍建设、保证全日制远程教学顺利开展的重要环节。每学年开学前，网校通过远程教学方式对初次参加项目的教师进行有针对性的分学段培训。通过岗前培训，远端教师较全面地了解到全日制远程教学的基本情况、教学模式、教学评估、教学管理和学校文化等，并学习到优秀教师的教学经验，以及如何进行网络课教学设计、如何上好直（录）播课、如何进行课后辅导等教学内容。

为了协助远端教师开展学生教育工作，网校还会在几个重要的时段为每个教学班撰写"学生信件"，从学法指导、习惯培养、心理疏导、立志成才等方面对学生进行指导。

（四）赴远端学校指导

赴远端学校指导工作主要包括两个方面。一是全日制远程教学已经形成的首周服务、巡回服务、技术巡检等制度，由网校教学服务教师深入远端学校，以听课、问卷调查、个别交流、集体交流等方式了解学情和教情，了解网校的教务管理与服务等方面的情况。同时，网校教师还与远端教师一起分析教学存在的问题，探讨解决方法，以提高远程教学的效率与效益。二是名校领导和教师牺牲个人休息时间深入远端学校，通过借班上课、专题讲座、学生交流、会议研讨等多种方式进行有针对性的指导。

（五）评估报告

为了加强管理，不断提高办学水平，网校在每个月都会对全日制远程教学的开展情况进行评估总结，并在每个月末向所有远端学校提供《全日制远程教学运营基础数据通报》，让远端学校了解自己的教学状况，不断改进教学工作。

（六）召开教学研讨会、观摩会

成都七中、成都七中育才学校和成都实验小学每年都会组织召开远程教学研讨会、远程教学现场观摩会等。研讨会的主题涉猎广泛，包括学科教学、德育工作、学校文化建设、学校管理等方面的内容。来自四川、重庆、贵州、云南、陕西等省市的远端和前端学校的校长、教师聚集一堂，共同进行探讨与交流。到目前为止，普通高中的全日制远程直播教学研讨会已经连续召开了十余届，成为我国远程教育领域的一个著名品牌。

第四节　全日制远程教学本质上是一种大规模教育

人创造媒介，又被媒介所塑造。随着云计算、大数据、社交网络、移动互联等现代信息技术的迅猛发展，人类教育正在经历一次历史性大转折——由"师徒制"教育时代、小规模教育时代，走进大规模教育时代。全日制远程教学本质上是一种新型的大规模教育，是未来"互联网＋"时代大规模教育的雏形或者说 1.0 版。目前，全日制远程教学虽然处于大规模教育的初级发展阶段，一些教育潜力尚未完全展现出来或尚未得到开发，但它具有的大规模教育的本质特征已初露端倪。

一、大规模教育的界定

对于什么是大规模教育，目前学界尚没有严格的科学定义，这里也只能对其进行描述性说明。所谓大规模教育是指学校或教育机构借助卫星、互联网、云计算、大数据等现代信息技术，实况直播、录播或提供加工后的优秀教师课堂教学，使成千上万名甚至更多学生可以实时或延迟向一名优秀教师学习，使师生间、生生间可以实时或延时交流和互动，以实现优质教育资源共享。

大规模教育是人类实现教育公平、追求"以学生为中心"的优质教育的必然选择。面对波澜壮阔的信息技术革命，教育面对的将不再是一个班级、一所学校、一个区域，而可能面对的是一个跨越学校、城乡、民族、国家和不同时空的群体。面对这样的群体，如何构建未来教育，如何重新定义远程教育，甚至重新定义教育，是摆在我们面前的新的历史性课题。如果我们不能跳出原来的学校、课堂、教学、学生和教师的局限，我们很可能就无法看清这场教育革命的本质，更无法去迎接这场新的教育革命。

二、大规模教育的特点

大规模教育挑战了人类教育规模极限，是人类教育生产方式的一次重大转变，是人类教育由"静听的"教育逐渐走向"互动的"、以人为本的教育的范式转换，表现出鲜明的时代特点。

(一)互动性

什么是互动？互动也称为社会互动，是人类存在的重要方式。社会互动是指社会上个人与个人、个人与群体、群体与群体之间通过信息的传播而发生的相互依赖的社会交往活动。[①] 教育作为人类重要的社会活动，其本质是人与人之间的交往和互动。教育即互动。互动性是大规模教育的基本属性。美国当代社会心理学家乔治·赫伯特·米德（George Herbert Mead）在总结前人成果的基础上发现，人类心智的发展、自我意识的形成和社会组织与制度的建立，是社会互动的主要过程，也是社会互动产生的主要条件。[②] 现代建构主义学习理论认为，知识并不能简单地由教师或其他人传授给学生，而只能由每个学生通过与教师和同学等进行充分交流和互动，主动地加以建构。在人类教育发展进程中，互动程度与教育发展水平、发展规模密切相关，起着至关重要的作用。（见图 3-11）

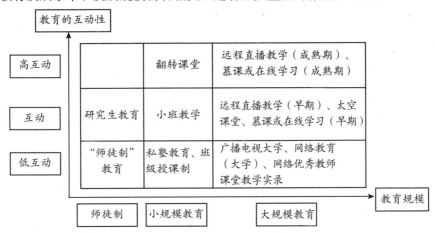

图 3-11　教育互动与教育发展水平、发展规模关系示意图

---

① 郑杭生：《社会学概论新修》，112 页，北京，中国人民大学出版社，2003。

② 雷屿：《基于社会互动的大学生宿舍人际关系问题研究》，硕士学位论文，重庆，西南大学，2011。

在"师徒制"时代，教育基本处于低互动状态。"师徒制"是一种具有高度情境性的学习方式。徒弟的学习镶嵌在社会和功能情境中，以模仿师傅的隐性学习为主，学习的是一种师傅也说不清的知识和技能（隐性知识）。而师傅一般作为行动的榜样，身教多于言教。因此，"师徒制"是一种传播能力与互动水平相对较低的传播方式。

在小规模教育时代，受传播能力限制，学校教育处于小规模、中低互动阶段。从人类几次教育革命中可以看出，历次传播媒介的重大进步都极大地促进了教育的发展与普及，但由于这些传播媒介基本属于单向传播，没能改变教育的互动状况，更没有改变教师的教育传播能力。在小规模教育时代，师生间的互动是稀缺的、间断的，同时学生处于被动地位，且教师的反馈往往是延迟的、间接的。美国著名哲学家、教育家杜威曾尖锐地批评学校教育的这种状况，称之为"静听的"学校。[①] 美国著名作家马克·吐温更是一针见血地指出，教授的笔记直接转移到学生的笔记本上，并未在他们中的任何一个大脑中停留片刻。[②] 缺少互动的教育无异于信息的"搬运"，难以培养创新人才。在小规模教育时代，只有在翻转课堂上，师生间、生生间的互动可能会达到较高程度。

在大规模教育时代初期，虽然教育的规模因技术进步而得到快速扩张，但教育本身的互动状况并没有得到有效改善。不过，这一状况正在发生根本性改变。近年来，随着社交网络或称为社会化网络（SNS）的广泛应用，互联网从"机器对机器""人对机器"，发展到"人对人"的网络互动时代，这是互联网发展的一个里程碑。社交网络提供了一种比以往任何方式都更快、更经济、更直观、更有效地传播信息、交流思想和大规模互动的空间，对人类社会的工作、生活、娱乐方式，特别是教育方式带来重大影响。互联网正在成为离学生最近（可以大规模接触学生）、最了解学生，并对学生最有帮助的工具与平台。首先，社交网络提高了受教育群体间互动的深度与广度。学生可以在学习社区内进行师生、生生、生—群体、生—机和群体—群体的对话、交流、互助、互评与合作等。其次，社交网络增强了学生学习的主动性。学生可以进行学习定制，可

---

① 赵祥麟、王承绪：《杜威教育名篇》，前言，北京，教育科学出版社，2006。

② 纪云：《Coursera：一场教育海啸》，载《商业价值》，2013(5)。

以自主选课、点播课件、自测练习等。最后，社交网络可以激发、释放出群体智慧的巨大能量，使同伴学习价值凸显。美国斯坦福大学教授安德鲁·恩格（Andrew Engh）说："无论你在什么时候思考问题，都会有人在世界不同的地方想到了同样的问题，大家就可以在社区中实现交流讨论。"①

对教育而言，作为"辅助工具和支撑系统"的信息技术世界与教育世界基本上就像一组平行线，因为技术虽然强化了教育功能，但并没有解决教育深层问题。不过，随着社交网络的教育应用，这两个世界开始深度嫁接与融合，从此，学生不只是一起听课的人，还意味着成为社会互动、相互学习、相互激发智慧和相互评价的对象，并由此创造出大规模教育形态。如果说"师徒制"教育和小规模教育只能满足人们5％的"接触型"社交需求的话，那么，今天社交网络已经可以满足大规模教育的80％的"非接触型"社交需求。

（二）开放性

几十年前，互联网等信息技术还只是科技人员小圈子中的工作助手，而如今，它已经成为社会大众的必备工具，实现这一点的关键就在于网络的开放性。大规模教育秉承了互联网的这一重要属性，实现了开放式教育。学校、教室、教师和教学资源都在云端，使学生可以随时随地学习。这种开放性还具有普惠性质，因为大规模教育规模庞大，边际成本较低，可以使有钱没钱的学生都能找到自己的学习途径，从而接受良好教育。

（三）自主性

大规模教育采用以自主性学习为主的学习方式。自主性学习是相对于被动性学习和机械性学习而言的，它突出了学习主体在学习活动中的主导地位。学生在学习前要自己确定学习目标、制订学习计划、做好学习准备，在学习过程中对学习进展和学习情况进行自我监控和自我调节，

---

① 李新玲：《在线教育推开大学之门》，载《中国青年报》，2013-05-30。

并在学习结束后进行自我总结、自我评价。

(四)个性化

学生的学习需求是各式各样的,但受生产力水平的限制,教育无法满足所有学生的个性化需求。然而,今天,这一状况正发生根本性转变。在大规模教育中,学生可以通过收看名师教学视频或玩教学游戏等方式学习共性的知识性教学内容,而个性化需求可以通过课后教师个别辅导、智能教学系统等加以满足。大规模教育是一种"以学生为中心"的智慧教育。虽然大规模教育的教学受众群体规模巨大,但由于它传播流向分散,既可以"广播",也可以根据学生不同的需求实施个性化的"窄播""专播",让每名学生都能体验到个性化的优质教学服务,从而实现"以学生为中心"的智慧学习。智慧学习是以大数据技术作为支撑的。在学习过程中,学生的所有学习行为都会被自动记录下来,于是数百万名学生的数据汇集成"学习大数据"。人们可以对这个大数据进行分析和挖掘,了解学生的智力发展状况、学习状况以及学习规律等,从而不断改善教学系统,如此循环往复,不断优化,逐步形成全国性甚至世界性优质学习资源,以有效指导和帮助学生学习,并为教师教学提供参考依据。大规模教育淡化了年级、班级的概念,更加注重学生学习中的个性化学习需求、群体间的互助,有利于人类教育由原来的"模糊"教学、"模糊"学习进入个性化学习、智慧学习时代。

(五)明星化

千百年来,人类教育高度依赖教师的个人智慧,使教师几乎成为知识的唯一传授者,而在信息时代,这一状况正在发生改变。近年来,信息技术对经济社会发展的影响已开始从量变走向质变,正在重新塑造人类的工作、学习与生活方式。在这一历史性进程中,明星教师、"网红"教师异军突起,其智慧和价值在大规模教育中得到成百倍、千倍甚至万倍的释放,成为教育变革大潮中一道亮丽的风景。

什么是明星教师?目前我们还难以给出科学的定义,只能对其进行描述性说明。所谓明星教师是指在信息技术支持下进行大规模教学,并受到来自校内外或世界各国大量学生追捧的教师。与优秀教师小众教学不同，明星教师的大规模教学至少应该有成千上万名学生参加。优秀教师一直是人类的稀缺资源，而在知识经济时代，每个领域都可能涌现出一批优秀教师。互联网可以将世界范围内深受学生喜欢的优秀教师从庞大的教师群体中筛选出来，由他们完成人类传授陈述性知识的重任——由来自不同领域、不同阶层、不同民族、不同国家的优秀教师，在合适的场合，以合适的方式，讲授合适的内容。大规模教育中的教师实现了两个突破：一是教师的多元化；二是教师的明星化。

与此同时，在信息时代，人们需要更加个性化的教育，这意味着教师不再是知识的唯一传授者，设计精良的智能教学系统、同伴都可能成为学生学习和成长所需的最佳"营养"。大规模教育将重新分配教育任务：未来，60％的学生可能向优秀教师学习，20％向电脑学习，20％向同伴学习。学生可以在社群中实时对话、交流、互助、互评与合作解决问题。

(六)巨型化

大规模教育的一个显著特点是传播受众规模巨大。据成都市教育科学研究院 2016 年统计，在远程直播教学中，成都七中采取"异地同堂"方式，帮助普通高中三个年级不到 20 名前端教师，每天可以教授来自西部七省市边远、民族地区学校的 6.2 万多名学生，而初中学生每天达到 8 万多名。

(七)群体智慧

社会学家霍华德·瑞格尔德（Howard Rheingole）在 1993 年提出了"虚拟社区"（virtual community）的概念。虚拟社区是指一群通过计算机网络连接起来的突破地域限制的人们，通过网络彼此交流、沟通、分享信息与知识，形成具有相近兴趣和爱好的特殊关系网络，最终形成了共同的社区意识（community spirit）和社区情感（community feeling）。这里论述的"社区"本质上就是"社群"，而非现实中的传统社区的概念。

互联网时代是群体智慧时代。所谓群体是指聚集在一起有共同志趣的人，而群体智慧则是指群体所具有的智慧。随着互联网技术的普及，群体真正突破时间和空间的限制，使具有相同文化背景、兴趣爱好、价值取向和需求的人可以自由聚合，增加了群体的交互广度和深度，大大丰富了群体智慧。美国畅销书《群体的智慧》的作者列举了大量事例证明，很多情况下群体智慧高于个体专家的智慧。大规模教育是一种社群化学习。群体具有良好的知识判断力、学习力、解决问题能力和较强的知识创造力。长久以来，教师的教与学生的学始终处于低技术、个体劳动状态，而互联网正在改变这一切——未来学习可以在社交网络中完成；学生通过分享、互动与合作，让群体智慧喷涌出来，创造新的价值。

(八)社会化

大规模教育的重要特点之一是冲破了教育内部办教育的樊篱，走向社会办教育的道路。未来，那种单一的、封闭的传统教育体系将逐渐被多元的、开放的现代大规模教育体系所替代，"教育社会化"将成为新的发展趋势，整个社会都将担负起教育的责任。

三、人类教育正由小规模教育走向大规模教育

(一)大规模教育是人类追求的百年梦想

一百多年来，人们一直梦想通过技术放大优秀教师智慧，实现大规模教育。每当电影、电视、计算机等新技术、新媒体出现的时候，都有人大胆预言它们将成为传播优秀教师智慧、让更多人共享优质教育资源的舞台，进而开创教育的新纪元。1913 年，电影技术的发明者之一托马斯·爱迪生曾预言："不久将在学校废弃书本……有可能利用电影来传授人类知识的每一个分支。在未来 10 年里我们的学校机构将会得到彻底的改造。"[①]1932 年，美国俄亥俄州广播学校的创建者本杰明·达罗声称无线电广播可以把世界带进课堂，让最优秀教师的教学和最伟大领导者的灵感广泛地被大众分享。[②] 20 世纪 50 年代，有人预言，电视可以将明星教师的教学传遍天涯海角，那时未来人类只需要少量优秀教师，"以更少的成本接受更好的教育"。计算机出现后，有人预言计算机将取代教师。

---

① [美]加涅：《教育技术学基础》，14 页，北京，教育科学出版社，1992。
② [美]理查德·E. 迈耶：《多媒体学习》，11 页，北京，商务印书馆，2001。

　　遗憾的是，一个多世纪过去了，这些预言并没有变为现实。美国当代心理学家理查德·E. 迈耶认为其主要原因是他们关注的是给人们使用最新技术的方法，而不是通过各种技术支持帮助人们更有效地学习。[①] 例如，远程教育基本处于单向传播状态。优秀教师与使用其影音、影像的学生相脱离，难以实现有效互动，同时学生的教育诉求也得不到满足。

　　然而，现在情况发生了根本性改变，也就是说，人类初步具备了开展大规模教育所需要的条件和动力。每一个时代的诞生，都有着代表时代发展方向的标志性事件。沉寂多年的在线学习在 2012 年的美国爆发了一场教育革命，这场革命是由萨尔曼·可汗引发的。他开设的可汗学院（在线学习网站）目前可以提供 3500 多门课，其学生突破 1800 万人。2012年 11 月，《福布斯》杂志发表文章《一个人，一台电脑，一千万学生，可汗学院如何重塑了教育》，认为"可汗创造了教育神话"，"可汗被公认为全球教师界的超级巨星"。比尔·盖茨认为可汗的成功"令人难以置信"，"他是一个先锋，他借助技术手段，帮助大众获取知识、认清自己的位置，这简直引领了一场革命！"[②]可汗学院模式还直接促成了世界三大大规模在线开放课程机构的诞生，它们是美国的课程时代（Coursera）、在线大学（Udacity）和哈佛大学与麻省理工学院在线课程项目（edX）。这场革命的三驾马车均是由计算机科学家领导的。计算机科学家正利用最新技术完成原来由人类承担的许多教学任务，例如，创设互动空间，自动向成千上万人同时传播一门复杂的课程，完成人力密集型的诸如阅卷、辅导、主持讨论等任务，分析、处理海量的学生行为数据并从中发现规律、提出教学策略等。可以说，人工智能等技术正引领人类教育进入大规模教育时代。

　　大规模在线开放课程的英文是 Massive Open Online Courses，缩写为MOOCs，大陆有学者将其译为"慕课"，台湾有学者将其译为"魔课师"。"慕课"就像是一所互联网上的学校，可以实现大规模教学与互动。目前，全世界有数百万名学生在网上免费学习世界一流大学的课程。据美国《高等教育纪事报》2013 年 2 月进行的一项在线调查显示，"慕课"每个班的学生平均

---

①　［美］理查德·E. 迈耶：《多媒体学习》，13 页，北京，商务印书馆，2001。
②　顾雪林：《一个人的网络教学震动了世界》，载《中国教育报》，2013-02-26。

达到 33000 人。① 伴随着"慕课"风靡世界，亚洲的一流大学像北京大学、清华大学、复旦大学、上海交通大学、香港大学、香港科技大学、日本京都大学、韩国首尔大学等都纷纷加盟国外三大"慕课"联盟。与此同时，国内一些高校和中小学也加入了由数十所大学和中小学组成的"慕课"联盟。

《世界是平的》的作者，美国著名《纽约时报》专栏作家托马斯·弗里德曼说："当迫切的需求突然成为可能，重大突破便会降临。"②面对全球范围内兴起的在线教育热，人类教育已经开始了自印刷术发明之后的又一次重大变革。《时代周刊》将 2012 年称为"慕课"年。美国教育部前部长威廉姆·本内特强烈感到，"古希腊式的复兴"正在发生，同时斯坦福大学校长约翰·亨尼西对《纽约客》杂志说他看到"海啸来了"。③

(二)大规模教育是人类教育生产方式的历史性转变

一直以来，人类教育基本上都是"师徒制"教育和小规模教育，教学效率及效益比较低下。我国伟大的教育家孔子终身从事教书育人工作，一生也只教出了 3000 多名学生。而在信息时代，这一状况正在发生改变：全日制远程教学、"慕课"等新的教与学方式挑战了人类教育规模的极限；成百上千名甚至更多的学生借助于高科技手段，可以向一名优秀教师学习，这标志着人类教育正由小规模教育时代走进大规模教育时代。

按照不同标准，人类教育的历史可以划分为不同的发展阶段：以生产力水平为依据，可分为原始社会的教育、农业社会的教育、工业社会的教育、知识社会的教育四个阶段；以人类传播媒介来划分，可以分为口头传播教育时代、文字传播教育时代、印刷传播教育时代和电子传播教育时代；如果按一位教师可以教授学生的规模大小来划分，可分为"师徒制"教育时代、小规模教育时代和大规模教育时代三个阶段。这里主要介绍第三种划分。

1. "师徒制"教育时代

教育传播规模与传播媒介的发展密切相关。传播媒介直接决定并限

---

① Steve Kolowich，"The Minds Behind the MOOCs，"http：//chronicle.com/article/The-Professors-Behind-the-MOOC/137905/ # id＝overview，2019-05-01.

② 侯定凯：《网络公开课：一场静悄悄的教育革命》，载《中国科学报》，2012-10-24。

③ Nicholas Carr，"The Crisis in Higher Education，"*MIT Technology Review*，2012(9).

制了人类教育教学活动的规模和方式。在口头传播和文字传播时代，人们只能进行小范围的面对面的交谈或文字交流，这时的教育基本与生活、生产过程融为一体，这就决定了处于这一时期的教育只能是非形式化的、面对面的、"师徒制"方式的传播，即一名师傅可以带数名徒弟。"师徒制"是指学徒在真实的工作场所中观察师傅的实际操作，感知和捕捉师傅的知识和技艺，并在师傅的指导下进行实践，逐渐学会师傅的技能。"师徒制"是一种教育后代、传承文化的有效方式，在人类学校产生之前就广泛存在，即便今天仍在许多行业中应用。

2. 小规模教育时代

随着生产力的发展，专职从事教育工作的教师和私塾出现了，小规模教育由此产生。在小规模教育时代，一名教师可以同时教授数十名学生，大大超过"师徒制"教育时代一名师傅可以同时带的徒弟的数量。特别是随着印刷传播时代来临，廉价的印刷品为知识的大规模复制、传播、交流创造了条件，人类也由此步入大众传播时代，有效地推动了人类小规模教育的普及。

随着工业化时代的到来，人类的社会生产方式发生了重大变革，从农业时代主要以个体劳动为主的生产方式，转变为工业化时代以规模化大生产为主的生产方式。工业化生产方式的主要特征是生产的工厂化、标准化、程序化、机械化，这一特征也影响着教育。当时学校教育普遍推行班级授课制，有相对固定的教育者和受教育者，有稳定的教育场所和设施，并逐渐建立了学校制度、课程制度、考试制度、学校管理制度等，由此教育也实现了"工厂化、标准化、程序化"的规模生产。工业化社会虽然更进一步地推动了小规模教育的普及，但这一时期的学校教学过程并没有实现规模化，一名教师依然只能同时教授数十名学生，仍处于小规模教学与传播状态。

3. 大规模教育时代

随着电子传播时代的到来，电影、广播、电视、互联网等大众传播媒介突破了时空限制，将整个世界变成了一个"部落村"或"地球村"，于是人类进入大规模教育阶段。在这一阶段，一名教师可以同时教授成千上万名甚至更多的学生。这一时期远程教育蓬勃发展，一些基于广播、电视、网络等传播技术的大学如雨后春笋般出现，促进了高等教育的大众化。远程教育是工业化时代的产物，它的产生迎合了社会对教育的巨大需求，让更多的人享有接受高等教育的机会。从历史发展看，人们一直认为远距离教育由于增加了学习机会而得以存在。[①] 远程教育之所以能够做到这一点，主要是因为远程教育具有自身的优势。奥托彼·得斯说："远距离教育与其他教学形式相比是最工业化的教学形式。"[②]他甚至认为，传统的课堂或面对面的授课形式与远程教育相比是"前工业化的""很像手艺人的工作"。然而，由于这一时期的远程教育基本上处于单向传播、"黑板搬家"状态，虽然它有了很大发展，但并没有形成教育发展的主流，也没有对学校教育产生大的冲击。

当人类社会进入 21 世纪，随着互联网、云计算、大数据等现代信息技术的迅猛普及，以及大众传播媒介逐渐演变成个性化、可以双向交流与互动的媒介，人类教育才真正迎来了大规模教育的春天。未来人类的教育可以由最优秀的教师，以最合适的方式，讲授最合适的内容。大规模教育借助科技力量实现了教育从小规模生产到大规模生产的历史性转变，这是人类教育能力的一次大跃升和大跨越。随着大规模教育逐渐成为人类教育的一种常态甚至主流模式，它将为我国构建"人人皆学、处处能学、时时可学"的学习型社会奠定坚实基础。

第五节　全日制远程教学的课题研究

一、研究基本情况

本书的研究成果主要建立在笔者主持的四个课题研究的基础上，它们分别为 2009 年北京市哲学社会科学"十一五"规划课题"关于构建优秀

---

① ［爱尔兰］德斯蒙德·基更：《远距离教育理论原理》，9 页，北京，中央广播电视大学出版社，1999。

② ［爱尔兰］德斯蒙德·基更：《远距离教育理论原理》，42 页，北京，中央广播电视大学出版社，1999。

教师隐性知识交流与共享网络联盟的研究"，2010 年全国教育科学"十一五"教育部规划课题"以信息化促进课堂教与学方式变革实验研究"，2013 年教育部民族教育发展中心委托课题"远程直播教学促进民族地区教育跨越式发展调查研究"和 2016 年中国教育科学研究院中央级公益金后期资助项目"全日制远程教学研究"。其中，两个问卷调查课题的调查对象分别是边远、民族地区的普通高中和小学。

二、研究目的

课题旨在站在边远、民族地区教育发展的历史新起点，通过理论研究与定量调查研究，探索全日制远程教学对边远、民族地区教育的作用与价值，剖析影响这些地区教育发展的关键要素，寻找一种科学跨越、后发赶超、高效、低成本地让边远、民族地区每一个孩子都能享受到优质教育的发展道路。

三、研究方法与研究过程

课题主要应用了文献研究、理论研究、模型研究、调查研究、比较研究、个案研究等研究方法，从多个方面对全日制远程教学进行研究：对全日制远程教学的教学模式、运行方式进行研究；对该模式对远端学生成长、教师进步和学校发展带来的影响进行研究；对该模式带来的效益、存在的主要问题以及未来发展方向进行研究；进行政策建议研究。

(一)文献研究

课题对与全日制远程教学相关的国内外文献进行了收集、梳理，并运用分析归纳法建立了研究内容框架。

(二)理论研究

课题应用教育学、心理学、传播学等学科理论对全日制远程教学取得成功的原因进行了深入分析，对其背后的规律进行了探索，提出了课题研究假设与新的理论观点。

第一，课题在"拟态环境"理论基础上提出"第二学习空间"概念。

第二，课题在科学领域的"智慧圈"理论基础上提出优秀教师"智慧圈"概念。

第三，课题提出大规模教育观点。

第四，课题应用了一些理论：美国著名心理学家班杜拉的"观察学习"与"学习榜样"理论；美国著名教育家科尔曼的"同学影响"理论；教师成长周期理论；"优质教育资源"理论；制度变迁理论。此外，研究还利用知识管理（隐性知识研究）、教师学科教学知识（PCK）、认知学徒制等理论，对教师隐性知识及其对于远端教师的影响进行了研究。

研究的问题有：①优秀教师拥有的核心知识是什么；②这些个人知识的属性和特征及其对教师的影响；③教师个人知识有效的传播途径是什么；④全日制远程教学对传播优秀教师个人知识的作用与效果如何；⑤年轻教师参与远程教学多长时间可以成为优秀教师等。

（三）模型研究

全日制远程教学项目是一项持续时间比较长、涉及变量比较多的复杂的系统工程，要想科学评估全日制远程教学对远端教师专业化发展的影响，需要借助成熟的评估模型。课题应用了 CIPP 模型和柯式模型。

1. CIPP 模型

20 世纪 60 年代，美国学者斯塔弗尔比姆（Stufflebeam）在泰勒行为目标模式的基础上提出了 CIPP 模型。CIPP 是背景（context）、输入（input）、过程（process）和成果（product）四种评价的缩写。CIPP 模型从目标、设计、实施和影响四个层面对评价对象进行评估，并从四个方面呈现评价结果：①背景评价，在了解相关环境、分析项目需求、诊断特殊问题、制定项目达到的目标等的基础上，提出需要改进的问题；②输入评价是对达到目标所需的条件、资源以及各方案的相对优点所做的评价，其实质是对方案的可行性和效用性进行判断；③过程评价是指对方案实施过程进行连续不断地监督、检查和反馈，以为决策服务；④结果评价是对目标达到程度所做的终结性评价。

2. 柯式模型

20 世纪 50 年代，美国唐纳德·L. 柯克帕特里克（Donald L. Kirk-

patrick)教授提出了柯式四层次模型。该模型主要由四个方面组成：①反应（reaction）评估，评估学员的满意程度，在培训结束时向学员发放满意度调查表，征求学员对培训的反应和感受；②学习（learning）评估，测定学员的学习获得程度；③行为（behavior）评估，考察学员的知识运用程度；④成果（result）评估，计算培训创造的经济效益。

3. 研究框架与评估体系

课题按照 CIPP 模型和柯式模型设计了优秀教师隐性知识传播状况调查框架和主要内容，共设有 4 个二级指标、20 个三级指标。（见表 3-1）

表 3-1　优秀教师隐性知识传播状况调查框架和主要内容

评估内容	调查项目（三级指标）	调查对象	调查方法
背景评价	(1)目标：全日制远程教学项目确立之初是否将远端教师专业化发展作为项目的主要目标之一	网校校长、技术支持人员、网校公司负责人和项目负责人	访谈
	(2)需要：描述前端教师与远端教师的服务需求情况	网校校长、前端教师、技术支持人员、网校公司负责人	访谈
	(3)问题：弄清满足需求所存在的问题和障碍	教育信息化领域专家	个案研究
	(4)资源：在本地可以得到的专家提供的服务	远端教师	文档检验
	(5)机会：满足需要和解决相关问题的时机	网校校长、网校公司负责人	文档检验、访谈
	(6)诊断性评价：评定方案、教学和其他服务目标的清晰度和实际落实情况	网校校长、前端教师	访谈
输入评价	(1)采用了何种计划、程序和预算来满足这些需要，其实现目标的可能性有多大	网校校长、网校公司负责人	访谈
	(2)所选方案的合理性、合法性和符合道德性的程度有多大	网校校长、网校公司负责人	访谈
	(3)潜在的成功程度如何	网校校长、网校公司负责人	访谈
	(4)预算资金能在多大程度上满足评价的需要	网校校长、网校公司负责人	访谈

续表

评估内容	调查项目(三级指标)	调查对象	调查方法
过程评价	(1)方案实施的程序如何	网校校长、网校公司负责人、把关教师	访谈
	(2)方案本身及实施过程是否需要调整或修改,如何修改	网校校长、网校公司负责人、把关教师	访谈
	(3)过程评价还要求对实施过程进行全面记录,以获得文字资料信息	学校教研室主任	访谈、文献收集
结果评价	(1)观察到了何种结果(肯定的和否定的、预期的和非预期的)	前端教师教学录像、远端教师协助教学录像以及教学录像	课堂录像分析
	(2)获得的结果满足方案预期对象需要的程度如何	网校校长、远端学校校长、网校公司负责人、前端教师、远端教师等相关人员	访谈、教学日志
	(3)远端教师经过全日制远程教学的"浸泡"后能否实现专业发展以及哪些隐性知识得到了发展	网校校长、远端学校校长、网校公司负责人、前端教师、远端教师等相关人员	访谈、文献研究
	(4)对小学、初中和高中的数学、语文和英语课进行课例研究	前端教师和远端教师	课堂观察
	(5)全日制远程教学培训与其他培训的关系是什么?是替代关系吗	网校校长、远端学校校长、网校公司负责人、年级学科组长等相关人员	访谈
	(6)全日制远程教学项目对实现边远、民族地区教师专业化发展目标的作用与效果是什么	网校校长、远端学校校长、网校公司负责人、年级学科组长等相关人员	文献研究、访谈
	(7)全日制远程教学培训教师有何经济上的优势	网校校长、网校公司负责人	访谈

(四)基线调查、访谈和案例研究

全日制远程教学工作涉及项目决策层人员、项目执行人员、领域专家、教师、学生以及教育行政人员等。课题研究通过听课、访谈、座谈、录像分析、个案追踪等多种方式,从这些涉众中获取信息,然后再对这些信息进行内容分析、系统分析、归因分析以得出结论。

研究过程中,课题组多次到全日制远程教学直播(录播)中心、网校和前端学校成都七中、成都七中育才学校和成都实验小学调研,了解全日制远程教学的教学、管理和运营情况;到集体备课室、答疑工作室考察,观察前端教师与远端教师的交互过程;与成都七中备课教师进行交流。同时,课题组也前往远端学校调查:2013年11月,到甘孜州康定中学调研;2014年12月,到四川省成都十一中、郫县一所小学等学校调研;2015年11月,到云南省大理州的大理一中、大理弥渡县一中调研。

到前端学校与远端学校进行基线调查主要以听课、座谈、访谈为主。通常,访谈对象为负责全日制远程教学的主要领导、管理者、设计者、执行者,像成都七中、成都七中育才学校和成都实验小学的校长,网校的校长、教导主任、学科组长、教师等,成都十一中副校长,四川省甘孜州康定中学的校长、副校长、教导主任、学科组长、教师等。

在调研中,课题组通常会召开座谈会,在成都七中召开了前端教师座谈会,参加人员为数学祈老师、物理母老师、化学陈老师、语文付老师;在成都十一中召开了学生座谈会,参加人员为副校长、教导主任、年级组长、直播教学远端教师20多人;在康定中学分别召开了小学、初中和高中三个学段的教师、学生、家长的座谈会;在云南省大理州弥渡县一中分别召开了校领导、教师和学生的座谈会。

(五)问卷调查

问卷调查是本书的研究方法之一,主要包括以下内容。

第一,对调查内容进行任务分析。

第二,设计指标体系。指标体系是调查问卷设计的依据,也是整个问卷调查工作的重要内容之一,需要在文献研究、任务分析等工作的基础上，对影响全日制远程教学的相关因素进行梳理与排序。表 3-2 是"全日制远程教学对边远、民族地区普通高中学生的影响"课题的三级指标体系。

表 3-2 "全日制远程教学对边远、民族地区普通高中学生的影响"的指标体系

一级指标	二级指标	三级指标
全日制远程教学对边远、民族地区普通高中学生的影响	(1)自信心等综合素质	①能否积极、自主学习；②自己是否将名校学生当作学习偶像或榜样；③榜样是否激发了自己学习的欲望；④对自己的学习是否充满信心；⑤是否认为参加全日制远程教学是一种荣幸和激励。
	(2)学业成绩影响	①是否提高了学业成绩；②自己的学习成绩与名校学生是否逐年缩小；③是否学习到好的方法；④是否养成了良好的学习习惯。
	(3)学生对国家和民族的认同	①是否对国家具有较强的归属感和自豪感；②各民族同学之间是否有相互尊重、相互了解、相互学习的愿望和要求；③是否有其他民族的朋友；④是否对我国文明发展史和灿烂优秀的中华文化感到自豪并表示认同；⑤是否愿意学习和借鉴其他民族的优秀文化，是否对了解和接受其他民族的风俗习惯和生活方式持开放的态度。
	(4)现代文化引领	①全日制远程教学是否能开阔学生视野，使他们了解到发达地区的情况；②是否愿意接受现代科学文化；③是否和谐包容。
	(5)学校可持续发展	①与到城市学校学习相比，学生是否更愿意在直播班里学习；②全日制远程教学是否是民族地区学生与城市学生共享优质教育资源的一条有效途径。

第三，进行问卷设计，编写学生问卷、教师问卷、家长问卷和校长问卷。

第四，对问卷的信度和效度进行检验，运用德尔菲法征求相关专家意见，然后进行整理、归纳、统计，再反馈给专家，再次征求意见，直至得到较为一致的意见。

第五，修订问卷，然后进行预测试，选取两所学校进行预测试。

第六，修订问卷。

第七，确定抽样方案。

根据《中国农村扶贫开发纲要(2011—2020年)》精神，国家在全国共划分了14个"连片特困地区"，共涉及680个县。本调查采用分层抽样和整群抽样的方法，在四川、江西两个省12个县开展远程植入式教学项目的学校(小学)中随机抽取12所学校，然后抽取该学校的校长、中层干部、一至六年级项目教师和技术教师，共计280人。

普通高中也采用了分层抽样和整群抽样方法，具体抽样方法如下：首先，选取云南、贵州、四川、重庆、甘肃、江西六省市作为样本区域；其次，在六省市中随机抽出28个开展全日制远程教学的边远、民族地区区县；再次，从28个区县中抽取全日制远程教学学校作为调查样本校；最后，选取28所学校中所有高中三年级全日制远程教学班学生作为总样本。课题按照上述方法选取的样本如下：2121名远端高三学生和218名远端高三教师；42位远端校长；4所普通高中的321名高三学生家长。

第八，正式测试。

四、数据分析与撰写报告

课题采用相关分析、因素分析等方法，对数据进行分析，并针对数据反映出的有关问题进行再调查，最后撰写报告。

第四章

构建城乡学生共享的"第二学习空间"

第一节 什么是"第二学习空间"

瑞士著名教育家裴斯泰洛齐曾经说过:"课堂决定着一个民族的未来。"全日制远程教学取得成功的一个重要经验是一改以往国家简单地输送教育资源的做法,而是将城市优秀教师的智慧资源引入边远、民族地区,重塑当地教育生态。全日制远程教学模式通过卫星、网络技术,将城市名校教师的课堂教学嵌入边远、民族地区的课堂教学环境中,从而为远端学生创造出一个崭新的"拟态环境"——"第二学习空间"。"拟态环境"又称"第二学习空间",是指传播媒介通过对象征性事件或信息进行选择、加工和重新加以结构化以后向人们提供的环境。① "拟态环境"概念是由美国著名新闻学家李普曼在 1922 年出版的《舆论学》一书中提出的,对世界新闻传播研究产生了深远影响。

早在 20 世纪初,李普曼就注意到人们对世界的认知,并非都来自直接的经验性接触,大部分是通过传播媒介构建的"拟态环境"完成的。李普曼提出的"拟态环境"观点,受到了柏拉图"洞穴人"思想的影响。李普曼在《舆论学》的前言中直接引用了柏拉图《理想国》一书中的一个比喻:那些缺乏哲学的人好似关在洞穴里的囚徒,他们只能向一个方向看,因为他们是被锁着的。他们的背后燃烧着一堆火,他们的面前是一堵墙,他们与墙之间什么东西都没有,他们所看见的只有他们自己和他们背后

---

① 郭庆光:《传播学教程》,127 页,北京,中国人民大学出版社,2004。

东西的影子，这些都是火光投射到墙上来的。他们不可避免地把这些影子看成是实在的，而对于带来这些影子的东西却毫无感觉。李普曼借助这个比喻试图说明，在大众传播极为发达的现代社会，"我们就像这些囚犯一样，也只能看见媒介所反映的现实，而这些反映便是构成我们头脑中对现实的图像的基础"①。

　　"拟态环境"虽然不是真实环境，但它形成了人们头脑中"关于外部世界的图像"，并由此影响人们的行为。国际著名传播学大师，被誉为信息社会"先驱"的马歇尔·麦克卢汉（Marshall McLuhan）曾提出媒介即信息的思想，意思是说："任何技术都逐渐创造出一种全新的人的环境，环境并非消极的包装用品，而是积极的作用机制。"②李普曼进一步指出，人们的行为与三种意义上的"现实"发生着密切的联系：一是实际存在着的不以人的意志为转移的"客观现实"；二是传播媒介经过有选择地加工后提示的"象征性现实"（"拟态环境"）；三是存在于人们意识中的"关于外部世界的图像"，即"主观现实"。人们的"主观现实"是在他们对客观现实的认识的基础上形成的，而这种认识在很大程度上需要经过媒体搭建的"象征性现实"作为中介。经过这种中介形成的"主观现实"，已经不可能是对客观现实"镜子式"的反映，而是产生了一定的偏移，成为一种"拟态"的现实。

　　"第二学习空间"对学习、生活在其中的远端学生产生了较大影响。一位就读于云南省丽江一中网校后考入北京大学的学生，在一篇《闻道情，七中结》的日记中写道："想到七中网校这一个词汇，我的内心被温暖的情思浸满了，每一个网校人都有这种情结吧。我喜欢日本茶道中的'一期一会'，我对它的理解是人的一生中很多机会都只有一次，所以我们要珍惜每个瞬间的机缘。相聚网校是我们人生中可能仅有的一次相会吧，特别是同一级的几千名同学，在同一时间、不同地点，思考同一个问题，听同一个老师解惑，这是一份多神奇的缘啊。高中毕业后，我们离开网校。我们的羽翼开始丰满，要去寻找更高更远的天空。然而，在

---

　　① M. 麦考姆斯、T. 贝尔：《大众传播的议程设置作用》，载《新闻大学》，1999(2)。
　　② [加拿大]马歇尔·麦克卢汉：《理解媒介——论人的延伸》，10 页，南京，译林出版社，2011。

曾经栉风沐雨的三年里，我们是相隔千里的同窗，这一段回忆，会永远被铭记。"的确，在那个神奇的学习空间学习的大多学生，多年后谈起那段学习经历，还会激动不已。

第二节 "第二学习空间"中的远端学生状况

一、学生的基本情况

(一)女生多于男生，汉族学生多于少数民族学生

从参加全日制远程教学学生的性别来看，58.0%是女生，42.0%是男生；从所属民族来看，65.2%是汉族学生，34.2%是少数民族学生，汉族学生几乎是少数民族学生的两倍。不过，从学校层面来看，汉族学生占多数的学校与少数民族学生占多数的学校的数量大体相当。(见表4-1)这说明，在参加全日制远程教学的学校中，少数民族学生占多数的学校学生总人数较少，而且有的学校只有几百名学生。这与县城里动辄学生达几千人的学校形成鲜明对比。

表 4-1　全日制远程教学学校中汉族学生与少数民族学生占比情况

选项	百分比	频数
汉族学生占多数的学校	46.1%	94
少数民族学生占多数的学校	38.7%	79
两者数量大体相当的学校	15.2%	31
总计	100%	204

(二)学生基本具备利用手机学习的条件

调查显示，66.6%的学生拥有可以上网的手机；没有手机的学生仅占25.3%。(见图4-1)这说明网校学生基本具备了利用手机学习的条件。

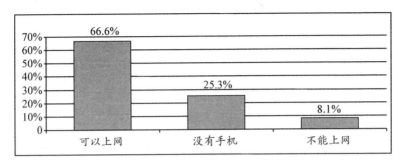

图 4-1 学生拥有手机及上网情况

二、大多数学生能够看清屏幕上的教学内容

调查结果显示，78.5％的学生表示上课能够看清屏幕上的教学内容；11.4％左右的学生表示看不清。(见图4-2)在实地调查中发现，边远、民族地区直播班存在大班额情况，通常直播班班额达到五六十人，有的甚至达到七八十人。这种状况下，坐在后排的学生在观看大屏幕学习过程中往往会受到一定的影响。

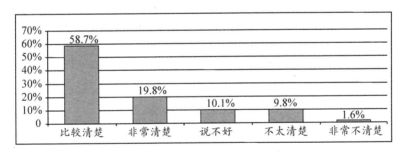

图 4-2 学生上课能否看清屏幕上的教学内容的情况

三、大多数学生喜欢全日制远程教学学习方式

调查结果显示，78.6％的学生表示喜欢全日制远程教学学习方式。其中，比较喜欢的占56.0％；非常喜欢的占22.6％。此外，不太喜欢的占3.0％；非常不喜欢的只占1.6％。(见图4-3)这表明全日制远程教学已经得到边远、民族地区学校学生的认可。

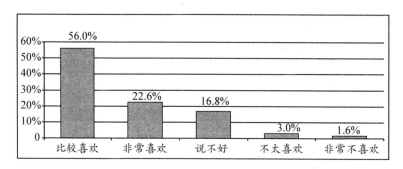

图 4-3　学生接受全日制远程教学学习方式的情况

四、学生学习成绩呈现正态分布状况

调查结果显示，10.5％的学生认为自己的学习成绩优秀；29.5％认为自己的学习成绩良好；44.5％认为自己的学习成绩一般；15.5％认为自己学习困难。学习成绩基本呈现正态分布状况。（见图 4-4）

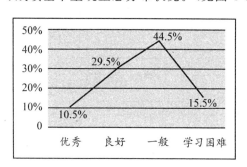

图 4-4　学生学习成绩分布状况

五、大多数学生心态积极向上，但处于焦虑状态的学生也较多

调查结果显示，49.5％的学生认为直播学习是一件积极有意义的事；32.1％的学生对学习表现出强烈的参与愿望和热情；19.6％的学生感到精力充沛；15.0％的学生表示学习时忘记了身边的一切。但是，也有高达46.9％的学生在学习中常常感到焦虑；31.9％的学生感到精力耗竭；22.7％的学生对学习的热情逐渐消失；8.6％的学生对同学冷漠疏远；5.1％的学生甚至对学业不抱希望了；2.1％的学生为其他情况。（见图 4-5）

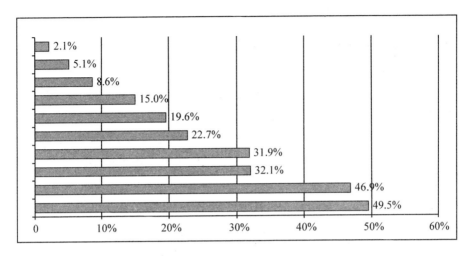

图 4-5　学生学习过程中的心态情况

六、学生普遍反映学习压力较大

(一)大多数学生反映学习压力较大

调查结果显示，55.9％的学生反映学习压力比较大；25.4％的学生认为压力非常大；而反映压力不太大或没有压力的只占 10.0％。这反映出全日制远程教学对于近 80％的学生来说压力较大。（见图 4-6）

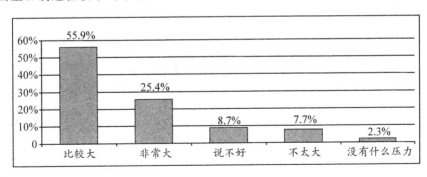

图 4-6　学生学习过程中的学习压力情况

(二)学生感到学习压力较大的原因

远端学生同成都七中学生相比，一般存在着基础不扎实、学习习惯不够好、意志力薄弱等问题。全日制远程教学追求"三高一大"（高起点、高难度、高速度、大容量）的教学特点，往往会造成远端学生负担过重、无法跟上学习进度，特别是"同时考试"更是让远端学生受到较大考验。他们的卷面分数往往偏低，由此对学习产生焦虑、畏难情绪，感到压力过大，对考试感到紧张。少数学生甚至会厌学。

调查结果显示，学生认为压力较大的原因主要来自8个方面：①自主学习能力较差，占54.9%；②总是完不成学习任务，占53.8%；③学习方法不好，占47.7%；④学习成绩不理想，占47.5%；⑤上课无法集中注意力，不能完全进入学习状态，占44.9%；⑥学习习惯不好，占39.1%；⑦担心跟不上教学进度，占38.4%；⑧与成都七中直播班学生相比学习成绩差距越来越大，占35.1%。还有17.3%的学生持其他意见，此处不再详述。（见图4-7）

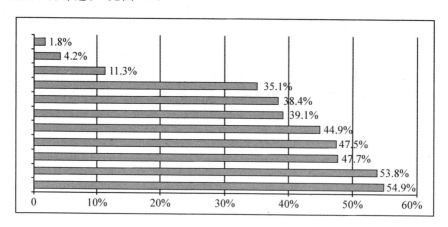

图 4-7　学生在学习过程中感到压力大的原因

学生选择的压力原因，主要是远端学生自身素质与名校学生存在明显差距，这恰恰是远端学生需要刻苦学习、努力追赶的地方。

(三)教师认为学生学习压力较大的原因

调查显示，教师认为直播班学生学习压力较大，主要有 4 个方面的原因。第一，学生自身素质欠佳。高达 71.0% 的教师认为学生自主学习能力较差；51.7% 的教师认为学生学习习惯不好；39.1% 的教师认为学生学习方法不好。第二，学生不太适应全日制远程教学模式。53.1% 的教师认为学生总是完不成学习任务；40.1% 的教师认为学生上课无法集中注意力，不能完全进入学习状态；21.7% 的教师认为学生不适应全日制远程教学的学习方式。第三，心理原因。47.3% 的教师认为与成都七中学生相比，直播班学生学习成绩差距越来越大，由此感到焦虑；29.5% 的教师认为学生担心跟不上教学进度。第四，学生学习成绩不理想。26.6% 的教师认为学生学习成绩不理想。还有 2.0% 的教师认为有其他原因。（见图 4-8）

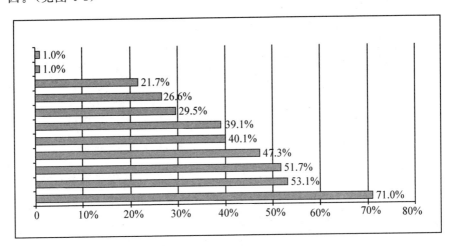

图 4-8 教师认为学生学习压力较大的原因

从上述分析来看，教师认为学生学习压力较大的原因与学生自己的认识情况大体相当。为了让学生尽快适应全日制远程教学，远端学校一般会在远端学生刚入学不久，以成都七中"学习方法四十条"为蓝本，引导学生掌握正确的学习方法，并经常组织学生进行学习经验的交流和探讨。同时，远端教师还要针对学生心理压力、不良情绪等进行个别谈心，帮助学生调整心态、树立信心，从而消除不良影响。这些措施都收到了良好的效果。经过几年的学习，学生在综合素质方面有了较大幅度提升。

七、学生普遍认为自己的学习任务比普通班学生多

调查结果显示，近90％的学生认为自己的学习任务比普通班学生多。其中，29.9％的学生认为增加了50％左右；25.1％的学生认为增加了30％左右；只有3.4％的学生认为没有增加。（见图4-9）

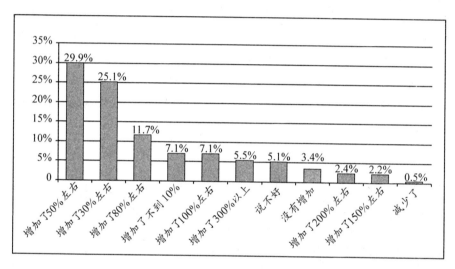

图 4-9　直播班学生比普通班学生的学习任务的增加情况

至于学习任务增加的原因，大部分学生认为自己在课后复习当天的学习内容和预习功课花费时间较多。调查结果显示，43.7％的学生反映他们课后复习和预习教学内容需要花费1～3小时；28.2％的学生认为需要花费3～5小时；14.2％的学生认为需要花费5小时以上。（见图4-10）

总体而言，全日制远程教学会增加远端学生的负担，这与远端学生的素质以及成都七中采用"高容量、高速度、高深度"的教学模式有着密切关系。同时，有学生反映，这种学习任务量的增加还与"双师"在配合上存在一定问题有关。例如，成都七中教师布置了作业，但本校教师往往也布置作业，这样双份作业加重了学生的课业负担。

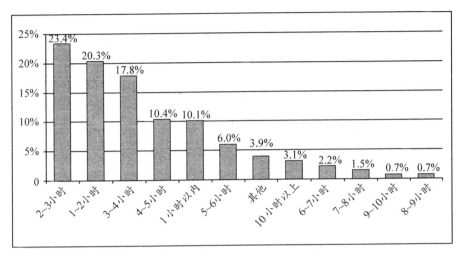

图 4-10 学生课后复习与预习需要花费的时间情况

八、学生在学习中遇到困难，通常有三种解决途径

调查结果显示，学生在学习中遇到困难时主要会采取三种方式：67.2%的学生会选择找本校教师；66.1%的学生会找本校同学；60.0%的学生会自己看书解决。而找成都七中直播班教师和同学、找父母、请家教、上校外辅导班等的学生非常少。（见图 4-11）

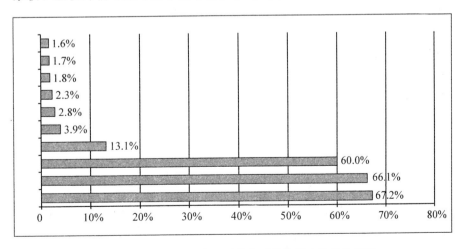

图 4-11 学生在学习中遇到困难时寻找解决途径的情况

在帮助学生解决学习中遇到的难题方面，本校教师发挥了重要作用。调查结果显示，68.6%的学生认为本校教师对他们的学习帮助较大；只有12.0%的学生认为没什么帮助。（见图4-12）这反映出在全日制远程教学中，前端教师和学生对于远端学生解决遇到的困难的帮助几乎是零。这也说明，未来在前端与远端师生之间建立沟通渠道，实现前端师生对远端师生的指导和帮助还是有很大潜力的。

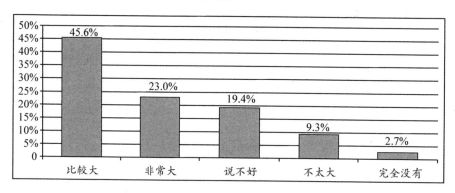

图 4-12　当学生在学习中遇到困难时，本校教师对学生的帮助情况

九、学生适应全日制远程教学通常需要经历四个阶段

一般情况下，远端学生适应全日制远程教学都会经历新奇（1～2个月）、迷茫（3～6个月）、逐渐适应（6～8个月）和得心应手（10个月左右）四个阶段。调查结果显示，对于这一观点表示比较赞成和非常赞成的学生占61.6%；不太赞成和非常不赞成的占16.3%；认为说不好的学生占22.1%。（见图4-13）

四川省凉山州宁南县初级中学的一位学生在参加全日制远程教学中感悟道："我很庆幸自己在学校直播班学习。刚进直播班时，我感到压力很大。同学们个个都很优秀，对学习铆足了劲。刚开始，视频里的教师讲课节奏很快，前端学校的学生反应和接受得也特别快，教师留的作业也多。我们班许多同学都很着急。在教师的辅导和引导下，我们渐渐掌握了学习方法，学习变得轻松自如、有效率了。初一学年第一次参加直播班考试，我们班取得了全州第二名、全省第十三名的好成绩。"

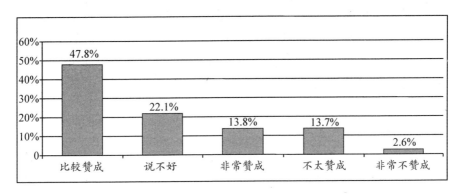

图 4-13 学生对适应全日制远程教学需要经历四个阶段的赞成情况

第三节 "第二学习空间"给远端学生带来的影响

全日制远程教学给远端学生带来的影响是显而易见的。甘孜州白玉县第一完全小学的校长仁泽曲珍说:"我们学校小学一年级的学生在课堂上敢于质疑老师,这在以往是想都不敢想的事情。"一些到远端学校现场听课、与教师和学生交流的专家和校长发现,远端学校直播班学生同当地学校其他学生有着明显差别:①直播班学生英语听说能力远远在其他学生之上,说明偏远地区的孩子脱离了"哑巴英语"的窘境,进入了语言应用的层面;②直播班学生乐于交流,善于表达,自信心强,组织能力强,思维活跃;③直播班学生阅读面广,眼界宽,有理想。

一、激发梦想、点亮未来

可以说,激发梦想、点亮未来,是全日制远程教学的最大作用。调查结果显示,66.4%的学生报名参加全日制远程教学班,其最强烈的愿望是"想取得好成绩,考取更好的大学";59.4%的学生"想得到成都七中优质的教学资源";42.4%的学生"想尝试新的学习方式";36.5%的学生"想了解成都七中那些优秀学生是如何学习的";30.9%的学生"仰慕成都七中这所名校及其名师";15.2%的学生是"父母或学校老师让报名的";

4.8％的学生是"看同学报名了，自己也报名了"。还有少部分学生持其他观点，此处不再详述。（见图 4-14）一位在成都七中"留学"后的中学生在"留学"感言中写道："我亲自走进了成都七中，并以她为我的第二母校而骄傲。或许我还不够格，我与七中学子的能力天差地别，但请允许我称七中为我的母校。为了将来有一天我能理直气壮、无愧于心，我会尽我最大努力来面对接下来的高中学习。"

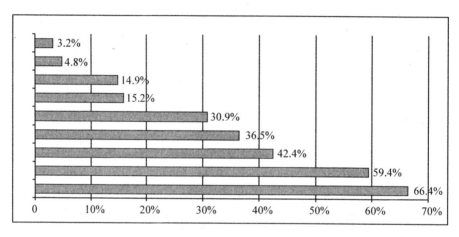

图 4-14　学生报名参加全日制远程教学班的原因

家长让孩子参加全日制远程教学主要有三个目的：一是享受到优质教育资源；二是提高孩子的学习成绩，使孩子考入更好的大学；三是让孩子与城市的优秀学生成为同学，为自己孩子的学习树立榜样。（见表 4-2）

表 4-2　家长选择让孩子参加全日制远程教学的目的

选项	百分比	频数
享受到优质教育资源	72.0%	231
显著提高孩子的学习成绩，使孩子将来有机会上更好的大学	58.3%	187
让孩子与城市的优秀学生成为同学，为自己孩子的学习树立榜样	54.5%	175
无须花费高昂的学费，就能享受一流教育	25.9%	83
在家门口就能上名校	24.3%	78
孩子无须远离父母到外地上学，免受分离之苦	15.6%	50
其他	0.6%	2

二、远端学生发生四大改变

(一)角色定位的改变

在"第二学习空间"中，远端学生与城市学生朝夕相处，他们不仅逐渐适应了新的学习环境，而且还改变了他们对自身的角色认知。调查结果显示，40.6%的学生直接将自己看作成都七中学生；25.6%的学生表示"自己也说不好"；33.8%的学生表示不认同。(见图4-15)

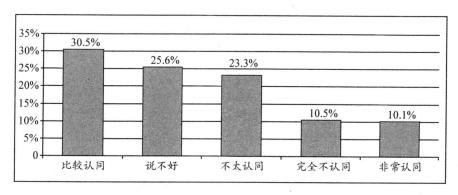

图 4-15 远端学生认同自己是成都七中学生的情况

家长将自己的孩子看成是成都七中学生的比例比孩子还高。调查结果显示，44.2%的家长认同自己的孩子是成都七中学生；表示不认同的比例只有15.6%。这说明多数远端学生和家长对学生身份的角色认知已经发生了转变。据网校教师介绍，有的远端学生感到穿上成都七中校服是一种无上荣耀。这种转变将使远端学生按照名校学生的更高标准要求自己，扮演好新角色。

(二)学习状态的改变

远端学生参加全日制远程教学无异于将自己置于一个追赶名校学生的状态，激发了学习斗志。这虽然会增加他们的学习压力，但这种压力往往会转化为他们迈向成功的动力。

(三)学习偶像的改变

在全日制远程教学中，向榜样学习是远端学生学习的一种重要方式。美国心理学家班杜拉认为，人类学习有两种基本途径：一种是以个体直接经验为基础而发生的学习，称为实演学习；另一种是以人类普遍经验为基础的学习，称为观察学习。所谓观察学习是指："一个人通过观察他人的行为及其强化结果而习得某些新的反应，或使他已经具有的某种行为反应特征得到矫正。"①班杜拉通过实验进一步指出，观察学习主要是通过榜样所表现的行为及其结果而进行的学习。20 世纪 60 年代，班杜拉曾做过一个实验，分别就现实、电影和动漫中的成人榜样对儿童行为的影响进行了研究，结果发现，所有这三类成人榜样都会导致儿童模仿。现实中，儿童向动漫中的偶像、榜样学习已经成为人们所熟知的一种普遍的社会现象。有学者对开展动漫活动的学校学生的调查结果显示，平时 88.4％的学生会与同学谈论动漫，而从不谈论的只占 11.6％；同时，73.1％的学生会模仿动漫里人物的语言和动作，从不模仿的占 26.9％。②这说明模仿动漫人物已经成为儿童的一种重要的学习方式，为他们"学习、形成和实现自己的意愿，提供不同的路径和独特的视角"。而在全日制远程教学中，城乡学生间也出现了这种现象。

全日制远程教学营造的"第二学习空间"，为名校优秀学生展现他们的才华提供了宽广的舞台。成都七中一些学业成绩出众、回答问题比较积极的同学往往成为远端学生崇拜的对象。调查结果显示，在学习过程中，58.1％的远端学生表示经常与同学谈论成都七中表现比较出色的同学；谈论不多的占 26.6％；从不谈论的只占 5.3％。（见图 4-16）甚至，有59.6％的学生表示，他们已经把这些表现出色的同学当成了自己学习的偶像或榜样。

---

① 高申春：《人性辉煌之路——班杜拉的社会学习理论》，124 页，武汉，湖北教育出版社，2000。

② 张杰夫：《视觉文化时代动漫的育人价值研究——基于小学生动漫活动现状调查》，载《教育研究》，2014(10)。

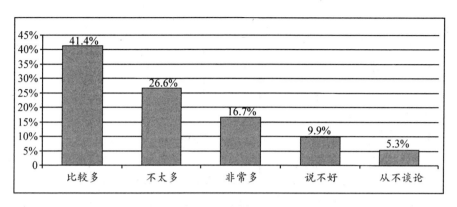

图 4-16   远端学生平时谈论成都七中表现比较出色的同学的情况

"偶像崇拜"现象是青少年成长过程中出现的一种现象。古希腊哲学家亚里士多德说,人是最富有模仿性的生物,人是借助模仿来学习他最早的功课的。人本主义心理学家马斯洛的理论也提示我们,"偶像崇拜"是青少年自我确认、自我实现的重要手段。常言道:"榜样的力量是无穷的。"榜样具有感化、指引、激励和目标推动等作用,因此,远端学生通过对榜样的言行举止的观察、了解,对名校的价值追求、文化和制度的理解,能够受到深远影响。

调查结果显示,远端学生认为,榜样的影响主要有四个方面。①成都七中学生起到了标杆作用。63.2%的远端学生认为,他们从成都七中学生身上找到了自己的学习差距。②成都七中学生起到了信息源作用。57.6%的远端学生认为,他们从榜样身上学习到许多新的观念和知识。③成都七中学生起到了榜样作用。54.8%的远端学生认为,成都七中优秀学生为他们自己的学习树立了榜样,这些榜样改变了他们原有的一些错误观念。例如,原来远端学生往往认为成都七中学生个个都是天之骄子,是天才。通过长时间一同上课,他们的认识发生了改变。一名学生在日记中写道:"自己明白了一个道理,就是上帝并不偏爱七中学生,而是他们比自己更刻苦、更努力。"④成都七中学生起到了激发作用。54.5%的远端学生认为,成都七中优秀学生激发了他们的学习斗志。还有极少学生持其他观点,此处不再详述。(见图 4-17)

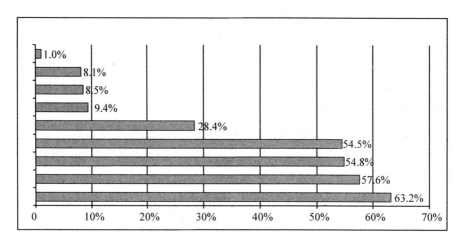

图 4-17 名校学生作为榜样或偶像对远端学生产生的影响情况

当然，榜样或偶像也可能带来负面影响。调查结果显示，28.4％的学生表示榜样增加了自己的学习压力；9.4％的学生反映自己更加自卑了；8.5％的学生甚至认为，成都七中优秀学生让自己失去了自信心。因此，在教学过程中，远端学生需要教师进行适当的引导。

(四)自我评价标准的改变

将城市名校优秀学生看作学习的榜样，这相当于为远端学生学习和成长树立了一个更高的标杆，为他们重塑自身行为和进行自我评价提供了重要参照。

三、大幅度提升了中学生的综合素质

(一)与城市名校学生成为同学，增强了远端学生的自信心

全日制远程教学让远端学生与名校学生成为同学，对提高远端学生的自信心产生了积极影响。远端学生认为他们能够与名校成都七中学生一起学习，接受最好的教育，是一种荣耀和激励，增强了自信心。一位叫康玉的四川省甘孜州丹巴县半扇门中学的学生，在 2012 年网校征文大赛中荣获一等奖。她在征文中写道：

开学了，我穿上了崭新的印有"七中网校"这四个字的校服。阳光下，这四个醒目的大字，格外耀眼。没想到，它居然还有魔力。今天，坐在教室里，用着和城里孩子一样的教学资源，在之前，这对我——一个山里生、山里长，还时常被别人鄙视的女孩来说，是一个遥不可及的梦。穿上它，我感到特别自豪。这个时候我觉得我就是奥运领奖台上的冠军，而校服就是熊熊燃烧的火炬，激励着我。穿上它，在学习上我的干劲更足了。它就是我的荣誉，属于全家人的荣誉。每周六回家，走在崎岖的山路上，别人看我的目光都和以前不一样了。以前自己时常听到的生硬的"她是某某人的女儿"变得温柔多了，后面还多了一句"现在在网校读书。"我心里默默念着："校服，我会争光的；爸爸，我会成为您的骄傲！"

与康玉同学有同样感受的同学很多。一位来自四川省甘孜州康定民族中学的学生扎西志玛，在2013年网校征文中荣获特等奖。她在征文中写道：

小时候，我常常望着窗外的大山发呆：山外面的世界究竟是什么样的呢？从此，我在小小的心里种下了一个大大的愿望——总有一天，我要走出大山，去看一看外面那个精彩的世界！

当我收到网课班通知书的那一刻，浸满眼眶的泪水滚滚滑落。出发的前一夜，阿妈坐在灶火前不停地抹泪；阿奶摇着转经筒念着经文为我祈福；乡书记拉着我的手反复叮嘱："孩子，你是我们乡第一个考上七中网课班的孩子，你是我们全乡的骄傲，到了康定一定要刻苦学习，有什么困难就给我打电话……"我一个劲儿地点头。我知道，如果没有国家的好政策，我就会和自己的祖辈一样在这片苦寒的高原上过着清苦的日子，永远也看不到外面那个精彩的世界。闷声不响的阿爸用坚定的眼神看着我，大声地说："波姆（藏语：女儿），要争气，要争气！"

带着家人和乡亲们的殷殷期望，我走进了康定民族中学网课班的教室。穿上崭新的七中校服，骄傲与自豪裹挟着责任与压力，于我而言，这更是成长路上不可或缺的动力。它时刻提醒着我，督促着我，要更加努力地付出。于是，我每天起得比谁都早，睡得比谁都晚，我不愿浪费任何一分钟，我要用自己的努力赢得城市孩子的尊重。

调查结果显示，经过两年多的学习，52.2％的学生认为自己的自信心有了提升；22.9％的学生认为提升不大或没有提升。（见图4-18）有学

生说："上直播班前，我只敢报考省里大学，上了直播班后，敢报考全国
学校了。"那么，学生自信心提升的原因是什么呢？他们认为，最重要的
原因是获得了成都七中优质的教学资源（64.8%）。其次是 7 个占比相对
比较接近的原因（从 28.8%～43.5%）：能够听到成都七中优秀教师授课；
学习到好的学习方法；培养了良好的意志品质；找到了学习的榜样；养
成了良好的学习习惯；提高了学习成绩；接触到城市文明，开阔了视野。
当然，9.5%的学生认为自信心没有什么提升；1.2%的学生表示说不好。
（见图 4-19）

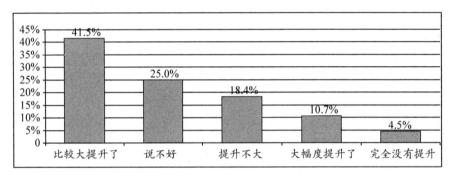

图 4-18　参加全日制远程教学学生的自信心提升的情况

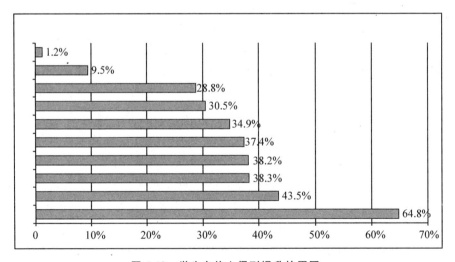

图 4-19　学生自信心得到提升的原因

(二)培养了良好的意志品质

调查结果显示，67.9％的学生反映，经过两年多的学习，自己的意志品质得到了良好培养；22.2％的学生表示说不好；仅有9.9％的学生认为没有得到良好培养。（见图4-20）

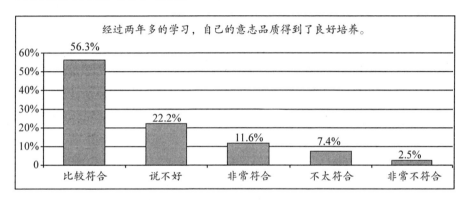

经过两年多的学习，自己的意志品质得到了良好培养。

图 4-20　学生意志品质培养情况

(三)提升了自主学习能力

调查结果显示，67.7％的学生认为，经过两年多的学习，自己的自主学习能力有了较大提升；22.4％的学生表示说不好；仅9.9％的学生表示没有什么提高。（见图4-21）

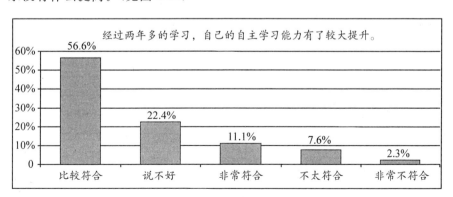

经过两年多的学习，自己的自主学习能力有了较大提升。

图 4-21　学生自主学习能力提升情况

(四)养成了良好的学习习惯

调查结果显示，62.0%的学生认为，经过两年多的学习，自己已经养成了良好的学习习惯；25.7%的学生表示说不好；12.3%的学生认为还没有形成良好的习惯。(见图 4-22)

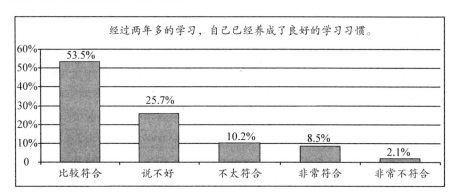

图 4-22 学生养成良好的学习习惯的情况

(五)掌握了良好的学习方法

调查结果显示，经过两年多的学习，57.1%的学生认为自己已经掌握了良好的学习方法；29.3%的学生表示说不好；13.6%的学生认为没有掌握好的学习方法。(见图 4-23)

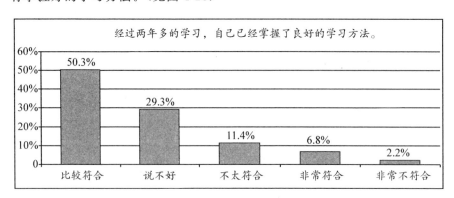

图 4-23 学生掌握良好的学习方法的情况

全日制远程教学给远端学生带来的不仅仅是优异的成绩，还有学生视野、知识面以及思维品质方面的突破。有学者在对直播班毕业生的跟踪调查中发现，这些学生进入高校后，学习轻松，后劲十足，在专业方面往往名列前茅。有专家赴民族地区调研时与直播班学生交流，感叹这些学生拥有广阔的视野和流畅的表达能力。

（六）教师、家长认为学生综合素质有了较大幅度提高

许多教师反映，远端学生与名校学生相比，最大的差距在于综合素质较差，比如缺乏自信心、意志力薄弱、学习习惯不够好等。调查结果显示，66.7%的教师认为，经过两年多的学习，学生在自信心、学习习惯、自主学习能力等综合素质方面有了较大提高；只有15.9%的教师认为没有什么提高。（见图4-24）

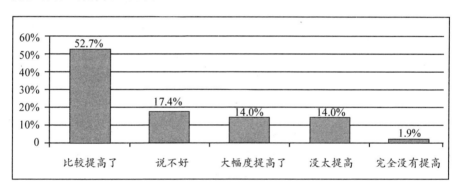

图4-24 教师认为学生在综合素质方面提高的情况

四、大幅度提升了小学生的综合素质

"知识基础差""学习习惯差"是教师对远端小学生源情况的普遍评价。经过1~2年时间的学习，80.4%的教师认为，远端学生在自信心、学习习惯、自主学习能力等综合素质方面有了较大提高；9.3%的教师认为没有什么提高。（见图4-25）

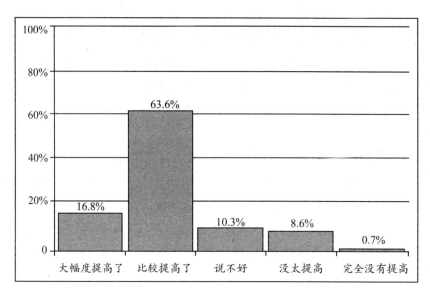

图 4-25　小学生综合素质提高的情况

五、大幅度提高了学生的学习成绩

(一)显著提高了学生的学习成绩

调查结果显示，经过两年多的学习，47.1％的学生认为自己的学习成绩大幅度提高了；21.3％的学生认为没有大幅度提高；31.6％的学生认为说不好。(见表 4-3)

表 4-3　学生认为自己的学习成绩有较大幅度提高的情况

程度	百分比	频数
比较符合	40.9％	852
说不好	31.6％	657
不太符合	17.4％	362
非常符合	6.2％	129
非常不符合	3.9％	82

(二)缩小了城乡学生学习成绩差距

　　根据远端学校多年的统计结果，一般来说，远端学生始终处于追赶态势。通常经过三年的努力，远端学生在总分平均分上与成都七中学生的差距会缩小 20～30 分，有的缩小程度高达 80 分。在问卷调查中，对于问题"经过两年多的学习，你估计自己的考试总分平均分与成都七中学生之间的差距缩小了多少分？"43.9％的学生表示缩小了 20 分以上；12.9％的学生表示缩小了 10～20 分；11.8％的学生表示说不好；13.3％的学生表示差距拉得更大了。(见图 4-26)

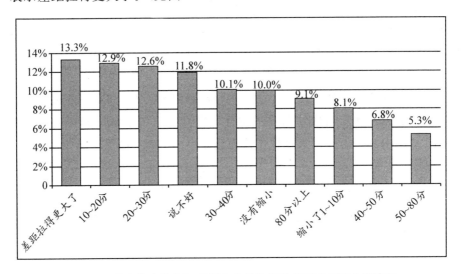

图 4-26　学生认为他们与成都七中学生学习成绩差距缩小的情况

　　而远端教师与远端学生对于远端学生与成都七中学生学习差距缩小情况的认识并不相同。调查结果显示，经过两年多的学习，24.6％的教师认为会缩小 10 分以内；26.6％的教师认为会缩小 10～20 分；12.1％的教师认为会缩小 20～30 分；9.6％的教师认为会缩小 30 分以上；14.5％的教师认为没有缩小；11.1％的教师认为差距拉得更大了。(见图 4-27)

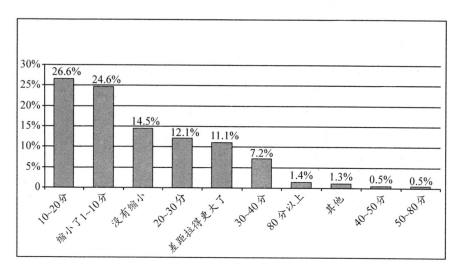

图 4-27　远端教师认为远端学生与成都七中学生学习成绩差距缩小的情况

而在小学，一般来说，经过 1～2 年时间的学习，35.7％的远端校长认为，远端学生学习成绩总分平均分与成都实验小学学生相比差距会缩小 1～10 分；28.2％的远端校长认为会缩小 10～20 分。（见图 4-28）

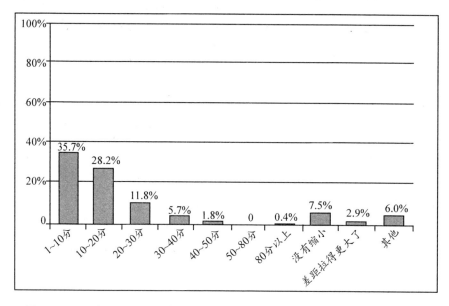

图 4-28　远端校长认为远端学生与成都实验小学学生学习成绩差距缩小的情况

（三）在高考中取得了优异成绩

随着远端学生自身综合素质不断提升，他们还在高考中取得了优异成绩。例如，在四川省民族地区，一些以往学生连专科学校都考不上的学校如阿坝州的松潘中学、小金中学和甘孜州康北中学等，在参加全日制远程教学以后，不但有学生考上了本科院校，还有许多学生考上了北京大学、清华大学等全国知名大学。据成都七中东方闻道网校初步统计，2005 年至 2014 年，东方闻道网校高中全日制远程直播教学班已送走了十届毕业生，已成为向全国重点本科院校不断输送人才的生源基地。2005 年至 2013 年，云南、贵州、甘肃、四川的远端学校先后有 28 名学生考取北京大学、清华大学，还有一大批学生就读国家 985、211 计划的高校。四川广元剑门关高级中学，一所 2005 年由乡镇初级中学改制的高中，举办远程教学班之前，全校考上一本院校的仅 3 人，而 2009 年举办远程教学班之后的三届直播班，先后有 59 人考入北京大学、浙江大学、厦门大学、哈尔滨工业大学、北京师范大学、天津大学、华中科技大学等名校。

与此同时，一批远端初中学校在当地的中考中不断取得好成绩，成为区域内最具影响力的学校。

第五章

创造出加快远端教师专业发展的"师徒制"环境

第一节　教师专业发展的理论视角

全日制远程教学为边远、民族地区学校的教师专业发展营造了良好环境，培养了一大批优秀教师和骨干教师。要想解读全日制远程教学为何具有如此功效，我们需要运用不同的理论去透视与分析。

一、三大理论的选择

研究基础理论的选择是一项十分重要的工作，直接关系到研究视野的广度和深度。教师专业发展研究中有三个重要理论，那就是 PCK 理论、知识管理理论和认知学徒制。PCK 是英文 Pedagogical Content Knowledge 的缩写，译为学科教学知识。这三大理论为深入剖析、研究全日制远程教学对远端教师专业发展的影响，提供了理论视角和研究框架。

研究的理论选择是一个比较艰辛的过程。我们首先将目光投向了 PCK 理论。PCK 理论将学科教学知识从数量庞大的教师专业知识中分离出来，认为学科教学知识是教师知识中最有意义的知识，对教师专业发展起着至关重要的作用。但学科教学知识是一种实践性知识，其本质是一种隐性知识。隐性知识有什么特征？它又是如何传播并对教师产生影响的？PCK 理论并没有回答这些问题，于是我们不得不将目光转到对隐性知识有着深入研究的知识管理理论。

知识管理理论是 20 世纪 90 年代在国际上兴起的一种理论，其研究告诉我们，隐性知识是存储于人们头脑中的属于个人经验、诀窍、灵感的那部分知识，常隐含于人的行动之中，是难以量化处理和传播的知识。知识管理研究还告诉我们，隐性知识是创造之源。我们知道，教师的教学工作是一种创造性工作，因此，隐性知识是教师专业发展最需要的知识。不过，这种知识很难通过正规的、直接的方式加以传播，尤其是几乎不能在以客观知识为主要内容的现代教育体系中传播。但这种隐性知识可以通过实践，特别是通过"师傅带徒弟"的形式加以传播。因此，知识管理理论认为，"师徒制"是隐性知识的最佳传播途径。然而，知识管理理论并没有言明如何在现代"师徒制"环境下实现隐性知识的传播，而认知学徒制理论恰恰给了我们所需要的这些理论。

也就是说，本书三大理论基础的关系如下：①PCK 理论指出，学科教学知识是教师专业发展的核心；②知识管理理论指出，教师教学知识属于隐性知识，这种隐性知识对教师专业发展起着至关重要的作用，然而，这种知识在一般环境下是难以传播的，只有在"师徒制"情况下才能有效传播；③认知学徒制给出了如何构建现代"学徒制"的途径和方法，为教师隐性知识传播的研究提供了理论支撑。

二、PCK 理论视角： 学科教学知识是教师拥有的最重要的知识

在教师专业发展研究中，一名合格的教师，只拥有所教授学科的知识，以及教育学、教育心理学、学科教学论等方面的知识是远远不够的，还必须具有将自己拥有的上述知识转化成易于学生理解的表征形式的知识，这种知识被学界称为学科教学知识（PCK）。20 世纪 80 年代，美国斯坦福大学舒尔曼（Shulman，L.）教授在美国教育研究协会会刊《教育研究者》上发表的一篇研究报告中首次提出学科教学知识概念，并将其定义为"教师个人教学经验、教师学科内容知识和教育学的特殊整合"①。舒尔曼认为，学科教学知识是"用专业学科知识与教育学知识的综合去理解特定

---

① 杨薇、郭玉英：《PCK 对美国科学教师教育的影响及启示》，载《当代教师教育》，2008，1(3)。

主题的教学是如何组织、呈现以适应学生不同兴趣和能力的"①知识，这种知识介于学科知识与一般教育知识之间。舒尔曼认为，教师的专业知识通常由七个方面的知识构成：①学科知识；②一般教学知识；③课程知识；④学科教学知识；⑤学习者及其特点的知识；⑥教育情境知识；⑦关于教育的目标、目的和价值以及它们的哲学和历史背景的知识。第四类学科教学知识属于个体知识，像教学特色、教学技巧、绝活等，是教师拥有的最重要的知识，通常情况下很难获得。而其他六类知识可以通过传授、读书或培训获得。PCK 理论研究揭示，学科教学知识是教师知识中最有意义的知识，是教师七种"教学的基础知识"的核心。

随着 PCK 理论的影响逐渐扩大，一些学者不断加入研究队伍之中，从不同角度对学科教学知识理论进行了深入探索。1990 年，格罗斯曼（Grossman，P. L.）进一步将学科教学知识解析为四种知识：①一门学科的统领性观念，即关于学科性质的知识和最有学习价值的知识；②学生对某一学习内容理解和误解的知识；③特定学习内容在横向和纵向上的组织和结构知识；④将特定学习内容呈示给学生的策略知识。② 而科克伦（Cochran，K. F.）等人认为，教师与专家有着明显区别："教师区别于生物学家、历史学家、作家和教育研究者，不在于他们掌握专业知识的质量和数量，而在于他们如何组织和使用知识。有经验的教师的科学知识是从教学的角度组织起来的，并成为帮助学生理解具体概念的基础；一位科学家的知识则是从研究的角度来组织的，作为建构本领域新知识的基础。"③按照这种理论，科克伦等人还建构出学科教学认识的发展综合模型。（见图 5-1）模型向外扩张的四个圆圈分别表示教师的四种知识，而中心部分及黑色箭号则表示教师不断整合学科知识、教学知识、学生知识、情境知识四种知识而形成学科教学知识的过程。

---

① Shulman, L., "Knowledge and Teaching: Foundations of the New Reform," *Harvard Educational Review*, 1987, 57(1), pp. 335-356.

② Grossman, P. L., *The Making of a Teacher: Teacher Knowledge and Teacher Education*, London, Teachers College Press, 1990, p. 5.

③ Cochran, K. F., Deruiter, J. A. and King, R. A., "Pedagogical Content Knowing: An Integrative Model for Teacher Preparation," *Journal of Teacher Education*, 1993, 44 (4), pp. 263-272.

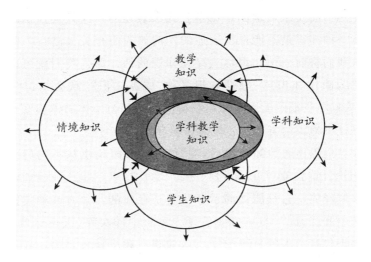

图 5-1　学科教学认识的发展综合模型

学科教学知识是一种能指引教师教学决策和教学行为的实践性知识，它将教师与学科专家区分开来，这为如何有效地培养教师提供了一种新的视角与框架。也就是说，提高教师专业水平不能只重视学科知识和教育学、教育心理学等学术性或师范性知识，而更应该重视发展教师的实践性知识。不过，学科教学知识的实质是一种"转化"的智能。舒尔曼认为，学科教学知识的发展须经过理解、转换、教学、评量、反思、新的理解的过程，才能将教学内容完整地表征出来。而全日制远程教学过程，恰恰就是远端教师经历了观察、模仿后逐渐加入自己的想法，然后独创教学的转化过程，因此，它是远端教师发展学科教学知识的最佳途径。

三、知识管理理论视角：学科教学知识是一种隐性知识

(一)什么是隐性知识

知识管理是知识经济时代兴起的一种管理思想与方法，是对知识、知识创造过程和知识的应用进行规划和管理的活动。英国物理化学家和哲学家波兰尼(Polanyi，M.)是知识管理研究领域最具影响力的学者之一，他在 1958 年出版的《个人知识》一书中首次提出了隐性知识概念，对学术界产生了深远影响。波兰尼认为："人类有两种知识。人们通常所说

的知识是用书面文字或地图、数学公式来表述的，这只是知识的一种形式。还有一种知识是不能系统表述的，例如我们有关自己行为的某种知识。如果我们将前一种知识称为显性知识的话，那么我们就可以将后一种知识称为隐性知识。"①隐性知识又称"缄默知识""默会知识""内隐知识"，是人们在长期的实践中积累获得的知识，与个体的体验和经验紧密相关，往往不易用语言表达、传播和学习。

在波兰尼提出隐性知识之后，其他学者和机构也从不同的角度研究了隐性知识。德鲁克（Durcker）认为："隐性知识，如某种技能，是不可用语言来解释的，它只能被演示证明它是存在的，学习这种技能的唯一方法是领悟和练习。"②日本知识管理专家野中郁次郎（Ikujiro Nonaka）认为隐性知识包括个人的思维模式、信仰观点和心智模式等，并把隐性知识分为两个维度。③ 技能维度，包括那些非正式的难以掌握的所谓"诀窍"的技能。例如，高级工匠长年累月积累了大量的习惯性技巧，但是其背后的科学原理却很难明确表述。人们亲身经历的高度个人化的洞察力、直觉、灵感都属于这个维度。认知维度，包括信仰、观点、思维模式，它们如此根深蒂固以至于人们习以为常，不自觉地接受它们的存在，尽管它们不容易明确表述，但是这类隐性知识对于人们认识世界有巨大的影响。

经合组织 1996 年在《以知识为基础的经济》报告中，将知识分为四类：①知道是什么的知识（know-what），即关于事实的知识；②知道为什么的知识（know-why），如有关自然法则与原理方面的科学理论；③知道怎样做的知识（know-how），指做某些事情、完成某种活动的技艺与能力；④知道是谁的知识（know-who），涉及谁知道和谁知道如何做某些事的信息。④ 在这里，前两类知识主要通过书籍、报刊、光盘、数据库等载体，能够用语言、文字、数字和图表清楚地表达，属显性知识；后两类往往难以编码和度量，是存储于人们头脑中的属于个人经验、诀窍、灵

---

① Polanyi, M. , *The Study of Man*, London, Routledge & Kegan Paul, 1957, p. 12.
② 张庆普、李志超：《企业隐性知识的特征与管理》，载《经济理论与经济管理》，2002(11)。
③ Ikujiro Nonaka, "A Dynamic Theory of Organizational Knowledge Creation,"*Organization Science*, 1994, 5(1), pp. 14-37.
④ 黄娟：《信息时代的个人知识管理探微》，载《现代教育技术》，2005(3)。

感的那部分知识，常隐含于人的行动之中，属难以量化处理的隐性知识。

(二)隐性知识的特征

波兰尼用一句经典的话概括了隐性知识的特征："我们所认识的多于我们所能告诉的。"[①]斯腾伯格归纳了隐性知识的三个关键特征：主要通过个人经验获得；是程序性的、以行动为导向的知识；对个人具有实际价值。与显性知识相比，隐性知识具有以下基本特征。

1. 隐性知识是高度个人化的、难以表达的

针对现实生活中人们常将"知识"理解为普遍的、客观的、非个人的理智产品的现象，波兰尼提出隐性知识是沉默的、心照不宣的、只能意会不能言传的，来源于个体对外部世界的感知和理解，所有理解都基于个人的心智模式。野中郁次郎则认为隐性知识是高度个人化的知识，它深深地植根于个体所处的环境。

2. 隐性知识是程序性的、以行动为导向的

人们通常将他们在做某事的行动中所拥有的知识叫作"行动中的知识"，或者"内在于行动的知识"。斯腾伯格认为，所谓隐性知识指的是以行动为导向的知识，是程序性的。它的获得一般不需要他人的帮助，它能促使个人达到自己所追求的价值目标。这类知识的获得与运用，对于现实的生活是很重要的。

3. 隐性知识是难以传播的

显性知识可以通过语言、符号等形式明确表述，可以通过学校教育、大众媒体等正规的形式进行传播，能够同时为不同的人所分享，因此具有一种"公共性"。但是，由于隐性知识是一种连知识的拥有者和使用者也不能清晰表达的知识，所以难以在社会中以正规的形式传播与分享。

(三)隐性知识的传播途径

学术界对隐性知识的研究已经达成了一些基本共识，即隐性知识是

---

① 石中英：《缄默知识与教学改革》，载《北京师范大学学报(人文社会科学版)》，2001(3)。

存在于个人头脑中的、难以明确表述的知识，但这并不意味着隐性知识是不能传播的。例如，在特定环境下的"师徒制"方式中，徒弟通过个人的亲身体验、实践和感悟是可以获得师傅的隐性知识的。认知心理学家布朗（Brown）等人强调通过让学习者浸润在某种环境或某个领域的专家实践中去"窃取"专家的隐性知识。[①] 野中郁次郎对如何获得隐性知识的研究在学术界有着较大影响。他认为，隐性知识的获取实质上是隐性知识的显形化的过程，通常这种显形化需要经过四种不同的知识转换模式。①潜移默化：隐性知识向隐性知识的转化；②外部明示：隐性知识向显性知识的转化；③汇总组合：显性知识向显性知识的转化；④内部升华：显性知识向隐性知识的转化。（见图5-2）其中潜移默化是个体间共享隐性知识的过程，强调通过共同的活动来进行，"师徒制"便是最佳途径。外部明示是表述隐性知识并使其转化为可理解知识的过程。隐性知识外显的过程同时也是知识创新的过程。内部升华是指新创造的显性知识（组织知识）转化为其他人的隐性知识。

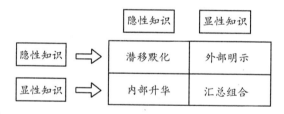

图 5-2　隐性知识与显性知识的转化理论模型

（四）隐性知识对教师专业成长的价值

从个人拥有知识的数量上来看，隐性知识远远超过显性知识。有人借用弗洛伊德对意识和无意识的冰山隐喻认为，如果将知识比作一座冰山的话，那么显性知识可以说只是冰山的一角，而隐性知识则是隐藏在冰山底部的大部分。波兰尼认为，隐性知识是人类一切知识之源。我们所用的知识不是隐性知识便是根植于隐性知识的知识。隐性知识事实上支配着整个认识活动，是人们获得所有显性知识的"向导"。有人曾比喻，

---

① 陈家刚：《认知学徒制研究》，博士学位论文，上海，华东师范大学，2009。

隐性知识是给大树提供营养的树根，而显性知识不过是树上的果实。隐性知识对人的认识与实践有非常重要的影响。有学者曾对科学家的发明发现过程进行过专门研究，甚至认为科学家的创造性工作至少有 50% 归功于隐性知识。① 知识创新过程实质上就是隐性知识显形化的过程。

教师的教学是一种实践性很强的创造性工作，即教学就是"即席创作"②。有学者提出一个十分尖锐的问题："为什么教师学了教育学、心理学，还是不会教书?"③关键是缺乏隐性知识，缺乏优秀教师所拥有的面对不同情境发挥创造性的知识基础。而全日制远程教学提供的集体备课、课堂上协作教学、教学研讨等活动，更接近于由"隐性知识到隐性知识"的知识传递过程，有助于远端教师感悟、习得优秀教师的隐性知识，为他们的专业成长提供有效途径。

四、认知学徒制视角："师徒制"是教师获得隐性知识的最佳途径

(一)什么是"师徒制"

自古以来，"师徒制"就是人类教育后代、进行文化传承的主要途径。"师徒制"也称"学徒制"或"手工学徒制"，是指徒弟在师傅指导下习得知识和技能。"师徒制"一直在人类社会广泛应用，直到工业革命的兴起和正式学校教育的普及，这种教育方式才逐渐走向衰落。不过，随着信息时代的到来，"师徒制"教学方式的内在教育价值正在以新的方式重新焕发出生命活力。

为了挖掘"师徒制"的时代价值，美国人类学家莱夫(Lave)和温格尔(Wenger)曾对裁缝、助产士、屠夫等职业进行了深入研究。从 1973 年到 1978 年，莱夫曾经两次深入非洲西部利比里亚共和国的蒙罗维亚市，对 20 多家裁缝店进行了考察。她看到每家店里有几位师傅，他们裁剪衣服，监督学徒，而学徒则持续地观察师傅，学习师傅的操作。学徒期平均长

① 郭秀艳：《内隐学习和缄默知识》，载《教育研究》，2003(12)。
② ［加］马克斯·范梅南：《教学机智——教育智慧的意蕴》，209 页，北京，教育科学出版社，2001。
③ 陈向明：《实践性知识：教师专业发展的知识基础》，载《北京大学教育评论》，2003，1(1)。

达 5 年。莱夫从这种考察、研究中，认识到了隐性知识对于学习的重要意义，从而提出了情境学习理论研究中的著名论断：情境学习——合法的边缘性参与。1991 年，莱夫和温格尔出版了代表作：《情境学习：合法的边缘性参与》。在这本书中，他们提出了三个核心概念：一是实践共同体；二是合法的边缘性参与；三是"师徒制"。书中写道，学习是新手从实践共同体的边缘不断向中心运动，从旁观者到边缘参与者，再到承担起全面任务的全面参与者的过程。学徒学习通常是从扫地、递剪子、修修线头等杂活儿开始的，然后逐渐参与到裁剪工作中，通过观察、模仿师父的操作，并在师傅指导下不断实践，逐渐学会了裁剪。其中，85%的学徒取得成功，而且他们中的大部分最终也会成为师傅。这种"师徒制"学习方式的成功率比学校教育的成功率要高得多。莱夫概括传统"师徒制"具有以下基本特征。

第一，传统"师徒制"密切关注执行某领域内任务的特殊方法。

第二，"师徒制"是一种高度情境性的学习方式，学习镶嵌在社会和功能情境中，这和往往把技能和知识从它们在真实世界的应用中抽取出来的学校教育不同。学徒在真实的工作场所中观察师傅的实作，感知和捕捉师傅的知识和技艺，然后在师傅的指导下进行实作，逐渐学会师傅的技能。

第三，学徒通过观察、指导和实践的结合，学会某特定领域内的方法。在这一系列活动中，学徒反复观察师傅，然后在师傅的指导和帮助下尝试执行这个过程（也就是指导）。指导的关键方面是有指导地参与，即师傅提供密切的反馈性支持，来帮助新手完成一个整体任务。

第四，当学徒掌握越来越多的分支技能时，师傅减少自己的参与，向学徒提供的提示和反馈越来越少。最后，当学徒能顺利地执行整个任务时，师傅便完全退出。

第五，学徒主要是通过和其他学徒之间的相互关系来学习的。学习与工作实践不可分割，学徒长期合法参与其中。在此期间，新成员既参加到实践者共同体中，同时也参与到生产性活动中。

(二)认知学徒制及其基本特征

20 世纪七八十年代，美国认知心理学家柯林斯(Collins)和布朗等人开始将计算机技术引入学校，并探索新技术如何帮助学校进行教育教学变革。1989 年，他们提出了一种新的教学模式或学习环境——认知学徒制。认知学徒制是一种从改造学校教育中的主要问题出发，将传统学徒制方法中的核心技术与学校教育整合起来的新型教学模式。[①] 认知学徒制吸收了人类学、计算机科学、教育学、认知心理学等多个领域的最新研究成果，可以让学生在真实的情境中与专家进行沟通、交流，共同解决问题，分享学习资源，从而获取专家实践所需的思维、问题求解和处理复杂任务的能力。这种教学模式或学习环境非常有效，它克服了传统"师徒制"中专家思维不可视和学校教育中知识教学脱离情境的缺点，利用诸如示范、指导、脚手架支撑等技术，将"师徒制"的优点和学校教育结合起来，促进了学生高级思维技能的获得和知识的迁移。有学者对"认知学徒制"的基本特征进行了总结[②]。

第一，认知学徒制是传统学徒制与正式学校教育的结合。正式的学校教育存在着知行分离、学生所获知识脱离它被使用情境的问题。柯林斯等人将传统学徒制升级改造为认知学徒制，并应用于学校各科教学中。

第二，认知学徒制聚焦真实情境中的学习和专家实践的文化。认知学徒制的一个关键部分是学生在真实的情境中学习认知过程。

第三，认知学徒制强调使学习活动的思维过程可视化。认知学徒制的目标是创造解决问题的情境，从而把专家的隐性知识展示给学生。这样，学生不仅能够学会怎样工作，更重要的是学会像专家一样去思考问题。

第四，认知学徒制适宜培养高级认知技能和深刻学习的方法。

第五，认知学徒制学习是一种自然的学习方式。

第六，在认知学徒制学习中，学习者自己控制着学习过程。

第七，认知学徒制重视学习的内容，也重视学习的过程。

第八，认知学徒制是一个递归的过程。

(三)认知学徒制营造了教师隐性知识的传播环境

认知学徒制理论是一种在实践中学习的理论，对教师专业发展具有

---

① 高文：《教学模式论》，342 页，上海，上海教育出版社，2002。

② 陈家刚：《认知学徒制研究》，博士学位论文，上海，华东师范大学，2009。

十分重要的理论价值和实际意义。波兰尼曾指出："'学徒制'是传播隐性知识的一种主要方式。"[①]他认为："不能够详细描述的技巧也不能通过规则加以传递，因为它并不具有规则。它只能通过师傅带徒弟的方式加以传递。……当科学的内容在全世界成千上万所大学被教授的时候，科学研究不可详细描述的技巧却一直未能渗透到大学教学中来。……听从导师的指导，通过与他竞争，科研新手就能不知不觉地掌握科研技巧，包括那些连导师也不是非常清楚的技巧。这种隐性的技巧只有通过一个人对另一个人无批判地模仿才能被消化。"[②]对于"师傅"的作用，哈里特·朱克曼（Harriet Zuckerman）在其《科学界的精英》一书中指出，"师傅"一般会在三个方面对"徒弟"产生影响：一是在工作中严格要求自己；二是诱发徒弟的潜能；三是人格魅力对徒弟潜移默化的影响。这些影响产生的根源在于隐性知识的转化。例如，"师傅们一般是作为行动的榜样，少用言教多用身教。由于他们本身遵守严格的工作标准，他们就具有道义上的权威来对那些未达到标准的工作做出严格的判断"。"师傅们通过他们自己的模范行为而获得或提高的威信，使得他们成为'杰出成就的诱发者'：发挥出了别人的最大才能……"[③]英国获奖者汉斯·克雷布斯（Hans Krebs）复述其师傅沃伯格从他师傅的师傅那里学到的是"一个提出正确问题的榜样，一个创造新的方法以解决选中的问题的榜样，一个无情地进行自我批判和严格地尊重事实的榜样，一个简单明了地阐明结果和概念以及把生命完全投入真正有价值的事物中去的榜样"[④]。哈里特·朱克曼还对获得诺贝尔奖的科学家进行统计发现，在美国 92 位诺贝尔奖获得者中有 48 位曾经做过诺贝尔奖获得者的学生或年轻的同事。这表明诺贝尔奖获得者通过师生关系在不同代际延续。

全日制远程教学倡导情境学习，注重优秀教师与远端教师的知识外显和可视化，提倡建立学习共同体进行社会交互和知识共享，为远端教

---

① Polanyi, M. , *The Study of Man*，London，Routledge & Kegan Paul，1957，p. 12.

② Polanyi, M. , *Personal Knowledge*：*Toward a Post-Critical Philosophy*，London，Routledge & Kegan Paul，1958，p. 53.

③ ［美］哈里特·朱克曼：《科学界的精英——美国的诺贝尔奖金获得者》，173 页，北京，商务印书馆，1979。

④ 王舒、张香敏：《隐性知识与导师制》，载《辽宁教育研究》，2005（1）。

师专业发展营造了良好的"师徒制"环境。这种环境营造主要体现在全日制远程教学独特的制度设计上。第一,"同时备课"制度。远端教师可以在同步备课中向优秀教师学习。第二,"双师制"教学。在协同教学过程中,远端教师通过观察、配合优秀教师教学,获得自身发展所需要的最佳"营养"——优秀教师鲜活的、原汁原味的隐性知识。第三,"平行班教学"制度。远端教师通过到平行班独立教学,应用、实践刚刚习得的隐性知识,这对于巩固、加深理解优秀教师的隐性知识具有重要意义。这个三位一体的教学实践过程,有效地实现了优秀教师隐性知识向远端教师专业能力转化的过程。

第二节 远端教师的基本情况

一、远端教师基本上是学校的骨干教师、优秀教师

调查结果显示,从参加全日制远程教学的教师年龄分布情况来看,年龄在41~50岁的教师人数最多,占总数的43.6%;年龄在31~40岁的教师占总数的37.8%;年龄在20~30岁的教师较少,只占14.2%。(见图5-3)

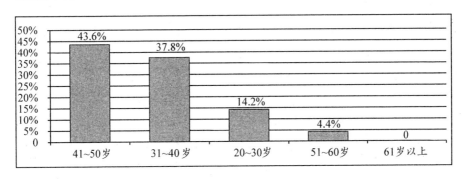

图5-3 参加全日制远程教学的教师年龄分布情况

从教龄来看,66.3%的教师的教龄在10年以上。(见表5-1)另外,从学历来看,95.6%的教师有大学学历。从职称来看,46.6%的教师有高

级职称；41.3％的教师有中级职称；12.1％的教师有初级职称。这表明，参加全日制远程教学工作的教师大多数都是学校的骨干教师、优秀教师，较少是新教师。从参加全日制远程教学的时间来看，大部分教师参加时间不长，参加时间不足 3 年的教师占 5％；3～6 年的教师占 23.9％；7 年以上的教师只有 17.1％。

表 5-1　参加全日制远程教学的教师教龄分布情况

教龄	百分比	频数
21 年以上	30.7％	63
11～20 年	35.6％	73
7～10 年	21.0％	43
4～6 年	8.8％	18
3 年以下	3.9％	8
总计	100％	205

二、远端教师参加全日制远程教学是为了改变学生命运、提高自身专业素质

远端教师当初选择参加全日制远程教学有两个重要目的。第一是改变学生命运。调查结果显示，77.3％ 的教师表示想"获得成都七中优质的教学资源"；61.4％ 的教师表示想"大幅度提高学生的学习成绩和学校的升学率"。第二是提高自身专业素质。75.4％的教师"想获得向名校优秀教师学习的机会，提高自己的专业能力"；50.7％的教师"想获得更多培训机会，提升自身素质"。还有少部分教师持其他观点，此处不再详述。（见图 5-4）

远端教师的愿望与全日制远程教学达到的效果呈高度正相关。10 多年来，全日制远程教学大幅度提高了学生学业成绩，让一大批学生在中高考中脱颖而出，同时还培养出一大批优秀教师。

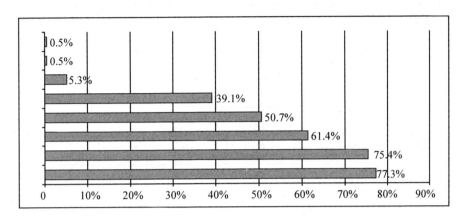

图 5-4 远端教师参加全日制远程教学的目的

三、远端教师认为全日制远程教学工作负担较重

全日制远程教学工作通常会增加教师的工作量。调查结果显示，95.1%的普通高中教师认为，全日制远程教学工作负担重。其中，58.0%的教师认为比较重；37.1%的教师认为非常重；认为不太重的教师只有3.9%。（见图5-5）

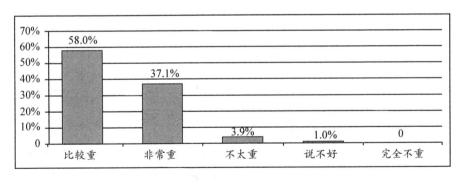

图 5-5 全日制远程教学工作增加教师负担情况

一般情况下，全日制远程教学会增加远端教师的工作负担。调查结果显示，49.3%的普通高中教师认为工作量增加了50%～100%；20.3%的教师认为增加了30%左右；1.4%的教师认为增加了150%左右；只有2.4%的教师认为没有增加。（见图5-6）

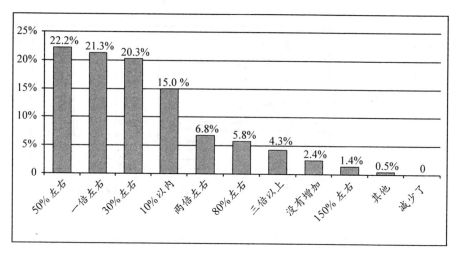

图 5-6　全日制远程教学工作增加教师工作量情况

　　而在小学，教师的负担与普通高中教师的负担大体相当。调查结果显示，81.8％的远端教师认为，远程植入式教学工作负担重。其中，23.9％的教师认为非常重；57.9％的教师认为比较重；认为不重的教师只有 16.1％。（见图 5-7）

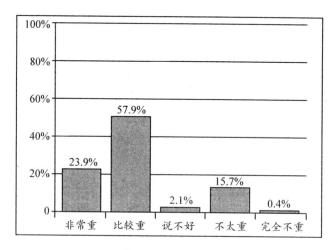

图 5-7　远程植入式教学工作增加教师负担情况

　　至于负担增加的多少，将远程植入式教学与原来的教学工作相比，16.1％的小学教师认为工作量增加了一倍左右；43.2％的教师认为增加

了 30％～50％；25.4％的教师认为增加了 10％以内。（见表 5-2）

表 5-2 远程植入式教学增加教师工作量情况

选项	小计	比例
没有增加	13	4.6％
增加了 10％以内	71	25.4％
30％左右	53	18.9％
50％左右	68	24.3％
80％左右	14	5.0％
一倍左右	45	16.1％
两倍以上	14	5.0％
其他	2	0.7％
总计	280	100％

四、远端教师专业成长一般会经历几个阶段

在全日制远程教学中，远端教师的专业成长过程，也就是向名校教师学习的过程。这一过程通常会经历四个阶段：模仿；逐渐加入自己的想法；在名校教师教学的基础上创造；逐渐形成自己的风格。对于这样一个成长历程，调查结果显示，88.7％的普通高中教师表示赞成，而不赞成的只有 4.3％。（见图 5-8）在小学，高达 94.6％的教师赞成这一观点，而不赞成的只有 1.1％。

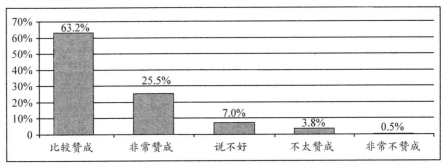

图 5-8 远端教师赞成其专业成长一般要经历几个阶段的情况

对于如何尽快融入全日制远程教学、促进本校教师的专业化成长，每所远端学校都采取了不同措施。康定中学实验小学参加远程植入式教学工作的教师都有 10 年以上的教学经历，在多年的教学中积累了相当丰富的教学经验并形成了鲜明的个人风格。他们中有些教师的职称较高，并在以往的教学中取得过骄人的成绩。为了让这些教师更好地融入远程植入式教学，学校提出了"三个自我发展阶段"要求。

第一阶段：抛弃自我（大概需要 3 个月）。大多数教师喜欢挑别人的毛病，特别是有些职称高的教师，非常排斥他人的经验。针对这种情况，为了更好地植入成都实验小学的教学理念和教学方法，康定中学实验小学在开展远程植入式教学时，要求任课教师必须充分读课和全程还课。学校甚至提出"你不是你"，要放下面子，要抛弃自己既有的教学经验和方法，忘记自己过去在教学上取得的业绩，把自己当作一个新手，虚心向名校教师学习。

第二阶段：寻找自我（大概需要一年）。在充分利用前端资源，还原前端教师优质课堂教学的基础上，远端教师能够逐步领会前端教师的课程设计理念，能够分清哪些授课方式是比较适合自己和适合本班的教学实际的。这时学校开始逐渐放宽要求，允许远端教师根据实际情况，对前端提供的教学资源进行取舍，并能进行适当的调整或改变。这个过程是一个远端教师寻找自己与前端教师的契合点的取长补短的过程，是一个甄别和取舍的过程，是一个从模仿逐步走向创新的建构的长期过程。

第三阶段：重塑自我（大概需要一年半）。经过前两个阶段的磨合和探索后，远端教师在教学理念、教学方法和教学艺术上都会有较大转变与提升。这时他们能够创造性地吸收和应用前端教师的课堂教学实录和教学资源，并能根据教学的实际情况有所突破和创新，形成自己的教学风格。此时在远端教师的身上，我们能够清晰地看到前端教师对他们整体教学的影响，或者我们隐隐约约可以看到前端教师的一些影子，但远端教师的个人风格更明显，这是前端教师和远端教师的教学理念、教学方法与教学策略的较完美的结合。这个结果实现了学校追求的教师的"重构"。

实践证明，远端学校采取的这三项措施十分有效，既统一了思想、提高了认识，又明确了目标任务、强化了责任，为远端学校扎实做好全日制远程教学工作，引入先进的教育教学理念、教学模式和现代文化奠定了基础。学校的这一做法，在较短的时间内取得了比较明显的效果。不过笔者认为，第一阶段的"放弃自我"改为"放下自我"可能更合适。

五、远端教师容易陷入四大认识误区

(一)自身定位误区

在执教初期，少数远端教师对全日制远程教学的认识会有一些偏差。在执教初期，一些远端教师往往会有这样的误区："一是我上课的任务就是给孩子们放实录；二是我是电影放映员；三是我不用研课、备课。实际上，录播教学对教师要求更高，使教师面对的挑战也更大。"[①]

(二)归因误区

刚开展远程直播教学工作时，由于网校教学进度快、难度大，远端学校会遇到许多问题，出现不适应、抱怨等许多问题，这是比较正常的。但有些远端教师往往将这些正常现象归结为远程直播教学存在的弊病，甚至认为"出现问题都是前端教师的责任"，例如认为成都七中教师根本不管远端学生等。针对这样一种认识误区，最早参加全日制远程教学工作的康定中学的全国中小学英语教学名师、特级教师程远友有着不同的认识，他认为："所有问题基本上都是远端教师自己的问题，而不是成都七中教师的问题。"在访谈中，程老师激动地说："直播教学给我们这些偏远、民族地区学校带来了先进的教育理念和优质的教育资源，带来了接触名校教师、向名校教师学习的机会，这是我们这些教育不发达地区教师个人专业成长和学校发展千载难逢的机遇。可是，有些远端教师看不到这些，不肯放下自我去深入了解与改变，不肯积极主动配合名校教师做好工作，而总是一味地质疑、挑毛病，结果会人为造成一些问题。"

程远友老师用自己的实践回答了到底该如何做好一名远端教师。从

---

① 王雪丹：《浅谈录播模式下的课堂教学》，29 页，康定中学第 17 届教育教学年会交流资料，2011。

2004 年 9 月起，他开始担任学校网课直播班的班主任和英语教学工作。教学中，他与名校教师积极配合，创造性地完成了本职工作。针对学习中远端学生有些畏难情绪，他积极引导学生坚定信心、树立远大理想、明确奋斗目标，点燃学生的学习热情，并积极主动帮助学生克服学习中的各种困难。他的努力收到了意想不到的效果：他所带的班级，不仅班风、学风优良，学生学习积极性高，而且升学成绩在州内获同年级同类班级第一名，并在高考中屡创佳绩，创造了多个甘孜州之最。

(三)与前端教师的关系误区

全日制远程教学存在一个前端教师和远端教师角色转换的问题。相对而言，前端教师角色转换的幅度小一些，而远端教师角色转换的幅度较大。教龄越长、经验越丰富的教师，转换起来越困难。一些远端教师认为自己由主动变为被动，由主角变配角，感到很失落和痛苦，找不到自己的位置了。在这种情况下，少数教师将自己当成了远端教师课堂教学的"观众"，上课就是看表演。有的教师像学生一样坐在教室后面。个别教师甚至反应激烈，上课不在教室。

其实，全日制远程教学是一个系统工程，采取的是"双师制"教学。课堂上，两位教师是相互协作的关系：在传授知识部分，前端教师可能是主角，而在其他部分远端教师可能是主角。远端教师一般会经历一个由被动到主动、到互动，由协作到合作、到创作的过程。从国家大的课程改革背景来看，新课改认为教师是组织者、合作者、探索者，在课堂上应尊重学生的主体地位，把学习的主动权还给学生，改变过去那种教师唱独角戏的状况。

(四)对成都七中东方闻道网校的认识误区

有些教师认为，成都七中东方闻道网校是企业，它的目的是赚钱，因此质疑直播教学。部分教师有这样的认识，与我国多年来教育信息化建设一直遵循"自我投入、自我建设、自我使用"的运行模式，排斥企业、害怕市场有着密切关系。教育信息化是一项复杂的系统工程，需要企业和社会力量参与。在教育信息化建设中，教育部遵循的是"政府评估准入、企业竞争提供、学校自主选择"的原则与运行机制，大力倡导和鼓励企业和社会力量投资、参与教育建设与服务。实践中，成都七中东方闻道网校已经成为全日制远程教学不可或缺的组成部分，对于推动这项事业的发展起着至关重要的作用。

第三节　在"师徒制"环境中学习优秀教师智慧

一、远端教师专业发展重回"师徒制"

"师徒制"环境下的一对一的传授，是人类最古老、最有效的教学方式。全日制远程教学就营造出了远端教师向优秀教师学习的"师徒制"环境。教师的教学工作是一种创造性劳动。知识管理研究揭示了隐性知识是创造之源，也是教师专业发展最需要的知识。隐性知识是存储于人们头脑中的属于个人经验、诀窍、灵感的知识，常隐含于人的行动之中，是难以通过正规的、直接的方式传播的，特别是难以在以客观知识为主要内容的现代教育体系中直接传播，而"师徒制"则是这种知识传播的最佳途径。全日制远程教学就创建了教师"在工作中学习，在学习中工作"的"师徒制"环境。教学中，远端教师既配合名校优秀教师的教学工作，又在观看他们教学，这相当于为他们请来了一位"师傅"天天演示教学并教授他们如何教学。远端教师浸润在优秀教师解决问题的真实情境中，通过观察、模仿、沟通与协同解决问题，接触到优秀教师的高级思维过程，不仅能学会一般的领域知识，还能获得专家的高级思维技能和策略性知识，从而不断提高自己处理和解决复杂问题的能力。

调查结果显示，在教学过程中，76.9%的普通高中远端教师将成都七中优秀教师看作自己专业发展的学习榜样；35.8%的教师甚至直接将他们看作自己的"师傅"或"导师"。(见表5-3)而在小学，62.9%的远端教师将成都实验小学教师看作自己的"师傅"或"导师"；78.2%的远端教师将成都实验小学教师看作学习榜样；45.4%的远端教师将成都实验小学教师看作同事、工作伙伴。

表 5-3　远端教师将城市名校教师当作"榜样""师傅"的情况

选项	百分比	频数
学习榜样	76.9%	163
同事、工作伙伴	56.1%	119
"师傅"或"导师"	35.8%	76
剥夺了教学控制权的竞争对手	2.4%	5
其他	0.5%	1

　　高达 88.6% 的远端教师认为，他们可以分享到成都七中优秀教师的智慧与宝贵经验等，而认为分享不到的只有 1.4% 的教师。（见图 5-9）

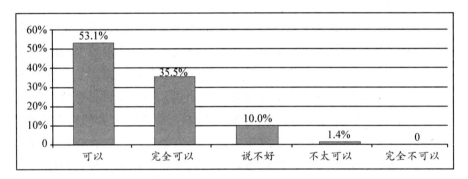

图 5-9　远端教师认为可以从"师傅"身上分享到智慧与经验的情况

二、"师徒制"环境下学习的特点

(一)远端教师在"师徒制"真实情境中学习

　　优秀教师的智慧(个人知识)属于隐性知识，是根植于教师的头脑中，难以言明、处于"闭锁"状态的知识。如果说教育是一片广袤无垠的海洋，那么专家已经发现和表述的显性知识就只是露出海面的冰山之一角，而沉浸在教师头脑中的隐性知识就像隐没在海平面之下的庞大的冰山之体、冰山之基。用我国著名教育家吕型伟先生的话来说，大量教育学知识就像宝藏一样，还沉睡在教育实践的大地下、大山中。而在全日制远程教学过程中，优秀教师的智慧镶嵌在真实的教学情境中，在解决复杂问题的过程中，会间接地外显，这为远端教师学习优秀教师的智慧提供了难得的机会。

在教学过程中，优秀教师成为远端教师的"师傅"和榜样。远端教师通过观察优秀教师的教学，学习他们的教学技能和策略，学会像他们那样去思考问题、解决问题。这样，远端教师不仅能学习优秀教师的学科知识，还可以获得他们的高级思维技能和策略性知识。与此同时，在共同工作中，远端教师通过备课、协作教学和社会性互动，加深了对优秀教师智慧的理解和掌握。远端教师获得的这种专业化知识是情境性的，易于迁移到其他情境中去。

(二)远端教师在行动中学习

远端教师的学习是一种"在做中教，在教中学"的行动学习。英国著名管理学家雷格·瑞文斯教授（Reg Revans）被誉为"行动学习法之父"，他在 1971 年出版的《发展高效管理者》一书中，正式提出了行动学习的理论与方法。行动学习又称"做中学"或"干中学"，就是指通过行动实践学习。这种方法特别适合隐性知识的获取，因而广受欢迎。科斯基宁（Koskinen）等人认为隐性知识的获取和转化可以通过下面两个途径：行动学习和技术创新中人们之间的非正式的交流。[①]

远端教师在全日制远程教学过程中的学习是一种工作场所的学习。全日制远程教学将抽象学习内容置于有意义的教学情境之中，令前端教师在其中充当"教练"角色，而远端教师相当于"学徒"。远端教师通过观察、模仿和参与前端教师的教学实践，逐渐获得前端教师教学实践所需的思维、策略、问题求解和处理复杂任务的能力，实现了教师专业学习与实际工作环境的有效结合。柯卡（Kerka）指出："关于人们在工作场所怎样学习的研究表明，（工作场所的）学习是建构性的、情境性的，常常通过认知学徒制发生。"[②]康定中学陈军校长对这种在职学习给予高度评价，

[①] Koskinen and Vanharanta，H.，"The Role of Tacit Knowledge in Innovation Process of Small Technology Companies,"*International Journal of Production Economics*，2002(80).

[②] 陈家刚：《认知学徒制研究》，博士学位论文，华东师范大学，2009。

他说:"数百名远端教师通过成都七中远程教学直接接受专业培训,这相当于在'实战中学习打仗'。"

(三)远端教师在"平行班教学"中学习

远端教师是在"平行班教学"中践行优秀教师智慧的。在全日制远程教学中,有一项特别有利于远端教师专业成长的制度设计,那就是远端教师在教授一个远程教学班外,通常还要承担另一个平行班(普通班)的教学工作,这相当于为他们提供了一次学以致用的实践机会,即将刚学到的知识、方法应用于实践的机会,有助于他们的专业成长。美国资深的国际教育咨询专家苏泽(Sousa)博士曾经对人脑是如何学习的进行了深入研究。他发现,采用不同的教学方法 24 小时以后,学习者对学习材料的平均保持率存在较大差异[①]:通过讲授来学习,24 小时后学习者的平均保持率只有 5%;通过讨论、动手实践,学习者的保持率可达到 50%~75%;通过马上运用所学知识去教别人,学习者的保持率可增加到 90%。(见图 5-10)

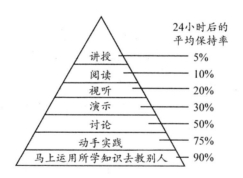

图 5-10 学习材料的平均保持率

苏泽博士的研究结果在全日制远程教学实践中得到进一步印证。按照全日制远程教学设计,高达 90% 的远端教师首先承担网络教学班的教学工作,然后再教一个平行的普通班,这相当于为远端教师提供了"马上运用所学知识去教别人"的机会。调查结果显示,63.0% 的教师表示,他

---

① 陈家刚:《认知学徒制研究》,博士学位论文,华东师范大学,2009。

们会修改一下成都七中提供的优质教学资源，然后在平行班使用；5.3%的教师表示，他们会拿来直接使用；另有19.2%的教师认为，他们只是拿来参考，较少使用。

　　教学平行班制度的设计，可以有效提升远端教师的专业能力。调查结果显示，77.8%的远端教师认为，这种平行班制度可以大幅度提升他们的专业能力。其中，46.2%的教师认为提升比较大；31.6%的教师认为提升非常大。此外，7.1%的教师认为提升不大或完全没有提升。（见图5-11）

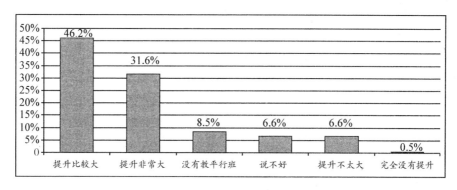

图5-11　平行班制度提升教师专业能力的情况

三、"师徒制"成效显著

(一)远端教师从"师傅"身上学到了个体知识

　　调查结果显示，87.2%的普通高中远端教师认为，他们从成都七中优秀教师身上学习到了个人经验、教学技能、教学风格以及个人教育信念等方面的个体知识；只有4.7%的教师表示没有学到或学到较少。（见图5-12）而高达92.2%的小学远端教师认为，他们从成都实验小学教师身上学习到了这些个体知识。

(二)远端教师从"师傅"身上学到了高级思维技能和策略性知识

　　调查结果显示，88.2%的普通高中远端教师表示，他们从成都七中教师身上学到了高级思维技能（分析、综合和评价能力）和策略性知识；

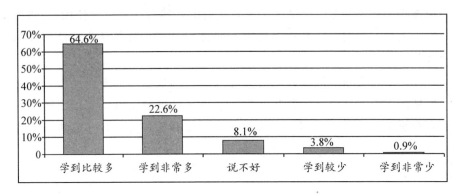

图 5-12 远端教师从"师傅"身上学到他们的个体知识的情况

表示没有学习到的教师只有 1.9％。（见图 5-13）而 88.6％的小学远端教师认为学到了高级思维技能和策略性知识。这种高级技能和策略通常只有在"师徒制"环境下才能学到。

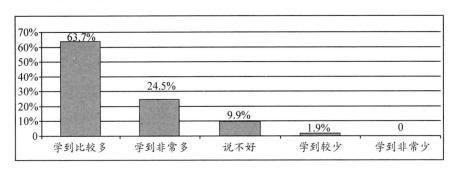

图 5-13 远端教师从"师傅"身上学到高级思维技能和策略性知识的情况

(三)远端教师从"师傅"身上学到最多的知识是学科教学知识

调查结果显示，74.1％的普通高中远端教师认为，他们从成都七中教师身上学到最多的知识是学科教学知识；其次是关于学生学习基础和学习可能遇到的困难方面的知识(47.6％)，课程知识(47.2％)，教育情境方面的知识(42.5％)和教育的目标、目的和价值方面的知识(41.0％)；再次是教育学、教育心理学、教学论等一般教学知识(31.6％)和数学、语文等学科知识(21.2％)；最后，只有 1.9％的教师认为没有学习到什么知识。（见表 5-4)

表5-4 远端教师从"师傅"身上学到教育教学知识的情况

选项	比例	频数
关于如何"教"的学科教学知识	74.1%	157
关于学生学习基础和学习可能遇到的困难方面的知识	47.6%	101
课程知识	47.2%	100
教育情境方面的知识	42.5%	90
教育的目标、目的和价值方面的知识	41.0%	87
教育学、教育心理学、教学论等一般教学知识	31.6%	67
数学、语文等学科知识	21.2%	45
没有学习到什么知识	1.9%	4
其他	0.5%	1

　　而在小学，调查结果显示，高达87.1%的远端教师认为，他们从成都实验小学教师身上学到最多的知识是学科教学知识；其次是关于学生学习基础和学习可能遇到的困难方面的知识(62.5%)及数学、语文等学科知识(58.9%)；再次是教育的目标、目的和价值方面的知识(45.4%)、教育情境方面的知识(42.9%)和课程知识(37.5%)；最后是教育学、教育心理学、教学论等一般教学知识(25.7%)。

第四节　在城乡教师"学习共同体"中成长

一、城乡教师"学习共同体"

　　边远、民族地区学校教师专业发展面临两大不利因素：一是该地区学校缺少与外界交往的渠道，交往范围十分狭窄，交流形式以会议交流为主，陷入孤军奋战、"孤岛式"的发展方式之中；二是在学校组织中，教师之间互相封闭，很少有深入的专业交流。对于这样一种传统学校组织存在的制度性弊病，有学者指出："老教师经历长期实践、学习和反思积累起来的丰富的专业知识，随着他的退休而失去价值；而新教师却不得不从一个较低的起点开始孤独地探索。由于彼此封闭，一部分教师在承受着专业知识和经验不足的痛苦，而另一部分教师则把自己的专业知识和经验'效益最小化'，这种'自生自灭'的教师专业发展空耗了无数的智力劳动。"[1]全日制远程教学项目的开展，使城乡教师走到一起，按照不同学科、不同年级形成了一个个"学习共同体"。

"学习共同体"概念是在美国人类学家莱夫和温格的实践共同体理念的基础上发展起来的一种教育理念。所谓"学习共同体"是指一个由学习者及其助学者（教师、专家、辅导者等）共同构成的团体。他们彼此之间经常在学习过程中进行沟通、交流，分享各种学习资源，共同完成一定的学习任务，因而在成员之间形成了相互影响、相互促进的人际联系。[2]也有学者认为，"学习共同体"是"具有共同知识、价值和目标的学习者构成的社会组织，目的是促进集体知识，并通过这种方式支持个人知识的发展"[3]。格莱泽(Glazer)将实践共同体的主要特征归纳为三点[4]。①共同的事业，指所有共同体成员朝共同的目标努力，比如创造一个教学设计产品，或成为能干的技术人员。每个人都带来自己的技能和经验，去帮助实现共同体的整体目标。②相互承诺，指每位成员的行动和观点在共同体内受到平等的对待和判断。新手和专家之间相互合作来做出决定。③共享的智慧，指共同体成员在学习和发展过程中有相似的经历。尽管他们不一定执行同样的任务，但共同体成员在实现共同体目标时承担相似的责任。

全日制远程教学是一种新的教学模式，其最大特点就是将相距遥远的名校教师、远端教师、学科指导教师、年级其他学科教师等人紧密联系在一起，形成了一种工作与学习共同体。在这个"学习共同体"中，远端教师与城市优秀教师通常围绕着教学内容、学生学习需求以及教学实际困难与问题，分享各自的想法、观点和方法，通过长期共同备课、共同探讨教学业务、协同教学、总结教学工作等活动，逐渐建立起一种教师之间互惠互利、优势互补的多赢格局。这为开阔远端教师视野，让远

---

① 周成海、衣庆泳：《专业共同体：教师发展的组织基础》，载《教育科学》，2007，23(1)。
② 张建伟：《试论基于网络的学习共同体》，载《中国远程教育》，2000(增刊)。
③ 陈家刚：《认知学徒制研究》，博士学位论文，华东师范大学，2009。
④ 陈家刚：《认知学徒制研究》，博士学位论文，华东师范大学，2009。

端教师感悟名校优秀教师的先进教学理念，学习他们的教学策略和教学方法，较快提高自身的专业能力，改善自身的教学实践带来了积极影响。

二、"学习共同体"为远端教师专业发展提供了广阔空间

在"学习共同体"中，教师间的相互影响、相互促进作用是比较明显的。国外有研究表明，教师任教数月后，其态度与任教学校同事的相似性便已大于其与受教学校教师的相似性；任教学校显然是比受教学校更具重要影响的教师职业社会化机构；任教学校的校长、同事及学生都是教师职业社会化的重要影响因素。[①] 在全日制远程教学协作教学过程中，前端教师对远端教师的影响较为显著。调查结果显示，91.5%的普通高中远端教师认为由名校教师与远端教师形成的"学习共同体"对他们的专业发展有较大帮助；认为比较没有帮助的只有0.9%。(见图5-14)而在小学，93.9%的教师认为有较大帮助；只有1.4%的教师认为没有帮助。

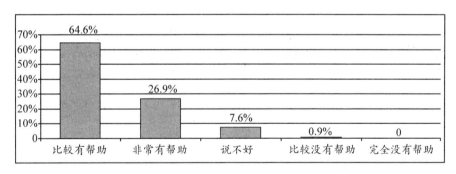

图5-14　"学习共同体"对远端教师专业成长影响的情况

那么，全日制远程教学形成的"学习共同体"是如何对远端教师产生影响的呢？

(一)在"学习共同体"中感悟名校的价值理念

全日制远程教学为边远、民族地区学校带去的不仅仅是一节节课堂教学内容，更带去了名校多年沉淀下来的价值理念，像成都七中倡导的

---

① 吴康宁：《教育社会学》，219～220页，北京，人民教育出版社，1998。

一种思想和四种精神："爱生育人的教育思想"和"忠于事业的奉献精神、不断开拓的进取精神、勤奋踏实的实干精神、团结奋进的协作精神"。这为全日制远程教学注入了精神力量。在城乡教师共同体中，成员之间是一种平等关系，他们在学习过程中进行沟通交流，分享各种学习资源，共同完成一定任务，促进了前端教师与远端教师间积极的思想交流，使名校的价值理念对远端教师产生了潜移默化的影响，并逐渐转化为远端教师的价值追求。

(二)在集体备课中学习优秀教师智慧

同时备课是全日制远程教学"四个同时、四位一体"模式的重要组成部分，也是传播名校办学理念和文化的重要举措。集体备课通常包括两个方面：第一，名校内部教师面对面的集体备课，即名校某学科某年级所有教师(包括网络教学班教师和普通班教师)进行的集体备课；第二，前端教师与远端教师通过互联网进行的远程集体备课。通常情况下，前端教师在参加完本校教师集体备课后，再同远端教师进行每周一次的集体备课。在集体备课中，首先前端教师给出下一周的教学设计方案，然后前端教师与远端教师共同参与讨论，确定教学方案。这种教学设计方案不仅充分展现了名校教师的个人智慧，展示了他们自己的教学理念、教学策略和教学方法，而且还融入了名校教师的集体智慧。这在一定程度上改变了千百年来教师教学处于单打独斗的个体劳动状况，受到远端教师的欢迎。

为了充分发挥集体备课的优势，各个学段名校都建立起集体备课制度，并在实践中形成各自的特色。例如，成都七中育才学校提出了"三定""四备"和"五统一"的要求。"三定"：定时间、定内容、定中心发言人。"四备"：备教材、备学生、备教法和备学法。"五统一"：统一学习进度、统一学习目的、统一重点难点、统一作业资料、统一检测。[①] 成都七中育才学校的集体备课以备课组为单位，一周至少进行两次。一般的流程是中心发言人发言，然后集体合议、总结反思，最后是集体备课后

---

① 《十年育才弦歌如斯——七中育才学校走过 10 年》，载《成都日报》，2007-10-26。

的个性化调整。中心发言人，必须深入地研究教材教法，研究学生的学法和学习中可能存在的问题，给出学生训练的方法和练习题，并给出教学预案。在这个过程中，无论新老教师都会经历一个钻研和提高的过程，然后再通过备课组的讨论相互启发，提出问题，共同研究，形成基本一致的教学意见。为了实现"上好每一节课"的目标，成都实验小学提出了"四课循环"制度，即要求远端教师通过读课、备课、还课与议课四课循环环节，保证教学的高质量。（见图 5-15）

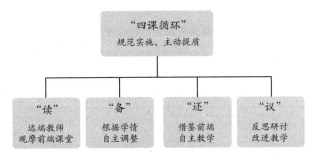

图 5-15 "四课循环"图示

在集体备课中，名校优秀教师相当于"导师"，他们把自己多年甚至几十年的积累，无私地奉献给了远端教师。有校长说，"导师"是需要有胸怀的。仅凭无私地奉献这一点，前端教师确实称得上是"师者师"。远端教师在与名校教师"坦诚无私、民主平等、对话合作"的环境和氛围中，进行交流与智慧的碰撞，在真实的远程教学实践中检验、反思教学效果，从中深深感受到了团队的智慧和力量，并逐渐由普通教师成长为优秀教师。调查结果显示，84.9％的普通高中远端教师认为，同时备课对他们的专业发展有较大帮助。其中，60.4％的教师认为比较有帮助；24.5％教师认为非常有帮助。而认为没有什么帮助的教师只有 6.6％。（见图 5-16）

同时备课对远端教师专业发展的帮助主要体现在四个方面：①75.5％的教师认为，他们可以学到成都七中教师的教学设计和教学策略；②75.0％的教师认为，同时备课提供了向成都七中教师学习与交流的机会；③56.6％的教师反映，同时备课能够发挥团队作用，共同解决教学难题；④52.4％的教师认为，同时备课明确了自己在直播课堂中的

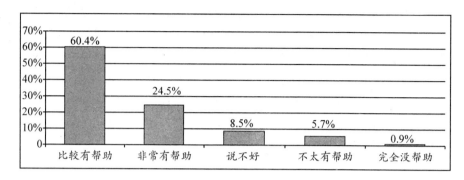

图 5-16   同时备课提高远端教师专业能力的情况

职责。3.3％的教师认为没有什么作用。0.5％的教师持其他意见。（见图 5-17）

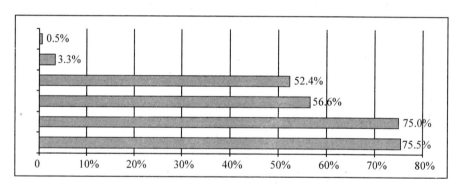

图 5-17   同时备课对远端教师专业发展发挥作用的情况

　　而在小学，调查结果显示，87.1％的教师认为，远程植入式教学采用的同时备课措施对远端教师提高专业能力有较大帮助，而认为没有帮助的只占5.7％。这种帮助主要体现在三个方面：第一，提供了向成都实验小学教师学习与交流的机会（87.1％）；第二，可以学到成都实验小学教师的教学设计和教学策略（84.6％）；第三，有利于发挥团队作用，共同解决教学难题（72.9％）。

　　由此可见，全日制远程教学同时备课举措有效地促进了教师专业发展，为边远、民族地区教育培养了一批又一批有理想、有追求、有实战经验的优秀教师。

(三)在"学习共同体"的相互交流中学习

远端教师可以在全日制远程教学形成的"学习共同体"中,与其他教师相互交流学习。我国教育专家顾泠沅在工作中发现,教师在职教育存在大部分教师参与这类培训后,无法将所学到的知识和技能用到日常课堂上的现象。对于这种现象,国外研究结果表明,加强校内教师之间的互助指导能弥补这样的不足。乔依斯与许瓦斯(Jovce & Showers)通过等组实验发现:"教师在课程培训的同时,如参与校内同事间的互助指导,可有75%的人能在课堂上有效应用所学内容;否则只有15%能有同样的表现。"①

(四)在研讨会、交流会等活动中成长

全日制远程教学每年都组织各种教学研讨会、经验交流会、教学大赛等活动,为远端教师向优秀教师、专家学习,以及教师相互间交流切磋提供了机会。例如,成都七中每年举办的成都七中东方闻道网校研讨会,就成为来自四川、重庆、云南、贵州、甘肃、陕西等省市远端学校的教师集聚的一次盛会。

第五节　边远、民族地区教师专业发展的第三条道路

城乡之间教育最主要的差距是教师队伍差距。国内外无数教育改革经验表明,教育改革成败的关键在于教师。教师能否积极主动、创造性地参与教学改革,决定了改革的深度和结果。在农业社会、工业社会,大山隔绝了智慧,而在信息社会,人类智慧可以跨越时空障碍,到最需要的地方去。全日制远程教学将优秀教师智慧辐射到边远、民族地区学校,改变了教师专业成长的途径和模式,这相当于为这些地区教育提供

① 顾泠沅:《专业引领与教学反思》,载《上海教育科研》,2002(6)。

了大规模的、长周期的、低成本的、高水平的教师在职培训，培养了大批骨干教师和优秀教师。

一、边远、民族地区教师培训面临的困难与挑战

(一)教师培训面临经费紧张、工作"离不开"等困难

目前，在我国边远、民族地区，教师培训难问题十分突出，主要有如下表现：一是培训经费严重不足，有的甚至没有差旅费和住宿费，导致教师往往"上不起"培训班；二是因教师编制紧张，一个萝卜一个坑，教师工作与学习矛盾比较突出，常常"离不开"；三是培训不能面向全体等一系列问题。

(二)教师培训时间远远达不到国家要求

1999 年 9 月 13 日，教育部颁布了《中小学教师继续教育规定》，对中小学教师继续教育的非学历教育时间做出了明确规定：为教师适应岗位要求而设置培训，培训时间每五年累计不少于 240 学时。而对有培养前途的中青年教师则应该按照更高标准进行培训。调查结果显示，远端教师在回答"您最近五年参加国家、省市、区(县)教育行政部门和学校组织的教师培训大约累计为多少学时(不包含本校例行的教研活动)"时，62.7%的教师回答不足 240 学时；只有 34.0%的教师回答超过国家规定培训时间。另外，2.8%的教师从未参加过培训。(见表 5-5)

表 5-5　远端教师最近五年参加培训的学时情况

选项	百分比	频数
1~60 学时	14.6%	31
61~120 学时	22.6%	48
121~180 学时	16.5%	35
181~240 学时	9.0%	19
241~300 学时	12.3%	26
301~360 学时	9.0%	19

续表

选项	百分比	频数
360 学时以上	12.7%	27
没有参加过	2.8%	6
其他	0.5%	1

(三)大规模集中培训难以满足教师教学的实际需要

教师是教育的第一资源，是发展教育事业的关键所在。我国对边远、民族地区教师专业发展十分重视，每年都投入大量人力、物力开展教师培训工作。目前，国家和地方政府普遍采用了大规模集中培训方式培训教师。这种以专家或名师显性知识输出为主的模式，其优点是可以快速传播新的教育思想和方法，推广名师教学经验，而缺点是往往脱离教师的教学实际，对改变教师的教学行为作用不大。一位刚参加完"国培计划"的教师在博客中写道："每次参加培训回来，都有从'天上'到'人间'走一回的感觉。"对这种教师培训方式，国内许多专家和一线教师表示质疑。而全日制远程教学为边远、民族地区教师专业发展提供了广阔空间。

二、全日制远程教学改变了教师成长的途径和模式

全日制远程教学不仅为边远、民族地区送去了城市优秀教师的智慧，同时还相当于为当地教师进行了一次不离校的、高水平的、长周期的免费培训。全日制远程教学这种"在工作中学习，在学习中工作"的培训方式优势显著。调查结果显示，普通高中远端教师认为，全日制远程教学教师培训方式主要有五大优势：①这种"在工作中学习，在学习中工作"的方式，有助于教师快速成长(75.9%)；②教师可以在不离岗的情况下得到培训，解决了教师培训中教学与提高的时间矛盾(68.4%)；③在解决实际问题过程中，教师可以学到成都七中教师的高级思维技能和策略性知识(62.7%)；④这是一种低成本、高水准的教师在职培训(44.3%)；⑤教师学到的知识、技能马上就能用(43.4%)。而认为全日制远程教学

教师培训方式没有什么优势的教师只有 2.4%。(见表 5-6)普通高中校长同教师认识完全一致,认为全日制远程教学培训教师的优势主要体现在前 4 项上。

表 5-6　普通高中远端教师认为全日制远程教学作为教师专业发展途径的优势情况

选项	百分比	频数
这种"在工作中学习,在学习中工作"的方式,有助于教师快速成长	75.9%	161
教师可以在不离岗的情况下得到培训,解决了教师培训中教学与提高的时间矛盾	68.4%	145
在解决实际问题过程中,教师可以学到成都七中教师的高级思维技能和策略性知识	62.7%	133
这是一种低成本、高水准的教师在职培训	44.3%	94
教师学到的知识、技能马上就能用	43.4%	92
没有什么优势	2.4%	5
其他	0	0

而在小学,被调查者也高度认同远程植入式教学对远端教师专业发展的价值,认为这种教师培训方式具有五大优势:①教师可以在不离岗情况下得到培训,解决了教师培训中教学与提高的时间矛盾;②这种"在工作中学习,在学习中工作"的方式,有助于教师快速成长;③在解决实际问题过程中,可以学到成都实验小学教师的高级思维技能和策略性知识;④学到的知识、技能马上就能用;⑤低成本、高水准等。(见图 5-18)

目前,大部分参加全日制远程教学的学校,都已经将全日制远程教学作为本校教师专业发展的重要途径。调查结果显示,80.5%的普通高中校长表示,他们学校会将全日制远程教学课录制下来,提供给本校教师作为重要培训资源。高达 92.7%的校长表示,他们学校已经将全日制远程教学作为本校教师专业发展的重要途径。(见图 5-19)

全日制远程教学是一场自下而上的变革,与国家、省、市、区(县)组织的教师集中培训相比,是一种在岗培训方式,开创了教师职前培养、

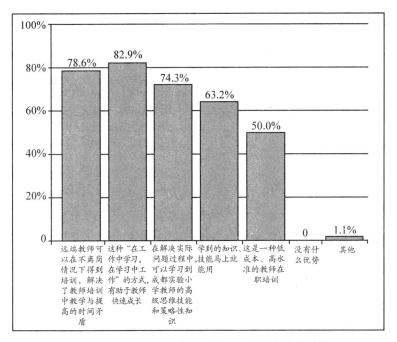

图 5-18　远程植入式教学作为教师培训方式的优势情况

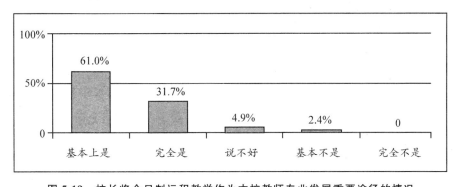

图 5-19　校长将全日制远程教学作为本校教师专业发展重要途径的情况

在职教师培训和校本教研之后的第三条教师专业发展道路。调查结果还显示，83.9％的普通高中远端教师认为，全日制远程教学是目前边远、民族地区教师专业发展的一条比较现实、经济、有效的途径。在实地访谈中，大多数远端学校校长都表示高度认同这一观点。

三、全日制远程教学有效提升了边远、民族地区教师的专业素养

(一)改变了远端教师的教育观念

教师的教育理念决定着教育教学质量的优劣。著名现代化问题研究专家阿历克谢·英格尔斯(Alexei Ingels)说:"如果一个国家的人民缺乏一种能赋予这些制度以真实生命力的广泛的现代心理基础,如果执行和运用着这些现代制度的人,自身还没有从心理、思想、态度和行为方式上都经历一个向现代化的转变,失败和畸形发展的悲剧是不可避免的。"[①]随着新课程改革的深入推进,传统教育观念和教学方法受到冲击,而"以学生为中心"的教育理念正逐渐树立起来。教师如何适应时代发展,真正使学生成为学习的主人,这对教育相对落后的边远、民族地区学校的教师而言仍然是一个挑战。

在全日制远程教学中,名校教师不仅要上好课,而且还承担着传播先进教育教学理念、潜移默化地影响远端教师思想和行为的重任。在访谈中,成都七中一位语文老师说:"有些远端教师对自己所教的学生感到比较失望,有放弃的念头。为了纠正远端教师教育观念上的认识误区,我利用全日制远程教学设计的'课前3分钟',即授课前3分钟时间,在全班学生面前讲述自己是如何对待这样的学生,他们又是如何改变,最后取得成功的故事。这样做不仅对学生是一种教育,同时也会对远端教师产生潜移默化的影响,使他们逐渐树立起正确的教育观念。"

其实,前端教师的一言一行都会对远端教师产生影响。四川省长宁县一位语文老师说:"半学期的同步备课、跟班学习,让我感受颇多,收获很大。成都七中教师的每一堂课都是经过精心设计、精心准备的。他们的课生动、形象,不仅给学生提供了丰富的精神大餐,而且也使我领略到很多新的教育思想,学习到很多有益的教学方法。"许多参加该项目的学校校长都认为,全日制远程教学给学校带来的最大变化就是教师的变化。四川省阿坝州马尔康中学在总结中说参加全日制远程教学项目使

---

① 殷陆君:《人的现代化》,4页,成都,四川人民出版社,1985。

他所在学校的教师在思想和行动上发生了四个转变：①由过去"教教材"转变为现在"用教材教"，由过去"教师依赖教学参考书"的思想转变为现在敢于"对教学参考书进行取舍"；②由过去"教师被动教研"转变为现在"主动积极探究"；③由过去"教学手段单一"转变为现在"追求多样化手段"；④课堂教学凸显"直播教学"的学习方式，呈现出民主、和谐、竞争、互动的课堂教学氛围。

(二)大幅度提升了远端教师的专业能力

为了了解全日制远程教学对远端教师专业成长的影响，我们曾到多所远端学校召开座谈会，听取学校校长、教导主任、年级组长、学科组长、学科教师等人的意见。在访谈中，大多数校长、教师表示，与名校优秀教师协作教学，大幅度提升了远端教师的专业能力。正因为如此，大多数远端学校都将全日制远程教学作为提高本校教师专业能力的最重要途径。调查结果显示，高达91.1%的普通高中远端教师认为，全日制远程教学大幅度提升了自己的专业能力；只有3.8%的教师认为提升不大。(见图5-20)

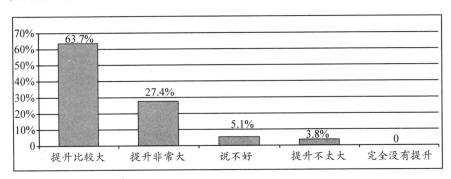

图5-20 远端教师认为全日制远程教学工作提升自己的专业能力情况

高达90.2%的普通高中远端校长认为，全日制远程教学显著地提升了本校教师的专业能力；认为没有提升的校长占比为0。(见图5-21)在小学，90.2%的被调查者认为，远程植入式教学比较明显地提升了远端教师的专业能力；6.1%的人认为提升不大。四川省凉山州越西中学在总结全日制远程教学工作中写道："通过多年参与成都七中远程直播教学，我校一批中青年教师迅速成熟起来。他们更新了教育教学观念，拓深或拓

宽了专业知识，丰富了教学手段，提高了教学效率，使教育教学效果明
显提升，深受学生及家长的好评。如今，他们已成为学校的顶梁柱、主
力军。"云南省昆明市宜良一中通过三年的直播教学，实现了教师队伍快
速成长，其中两位直播班教师被评为特级教师，这在云南省的县级中学
里非常少见。

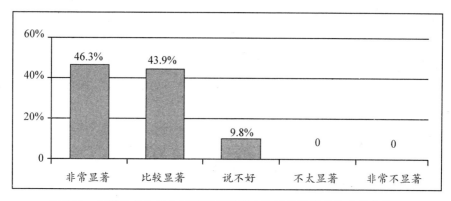

图 5-21　远端校长认为全日制远程教学工作提升教师的专业能力情况

全日制远程教学能显著提升远端教师专业能力的结论也在另一个研
究项目中得到印证。调查结果显示，82.1%参与调查的远端学校的管理
者表示，通过开展直播教学工作，远端教师的专业能力水平有了明显
提升。①

(三)提升了远端教师的信息素养

全日制远程教学要求前端教师每节课必须使用信息技术，同时还要
求远端教师利用名校提供的课件进行教学和辅导，这对提高远端教师应
用信息技术的能力有重要作用。优质教育资源蕴含着先进的教育理念、
教学方法和教学策略，会让远端教师在长期使用中受到潜移默化的影响，
他们由原来从不使用或者很少使用信息技术，到开始主动使用，再到开
始自主开发并在教学中大量使用，从而提升了他们的信息素养。与此同
时，远端教师在网络教学班的信息技术应用，还带动了远端学校其他普

---

　　① 李爽、王磊、白滨：《基于卫星的远程直播教学模式评价研究——以成都七中网校为
例》，载《开放教育研究》，2009(4)。

通班的信息技术应用，从而推动了整个学校的信息化建设进程。

四、全日制远程教学大幅度缩短了教师专业成长周期，培养出一大批优秀教师

一般来说，一名新教师成长为合格教师、优秀教师甚至名师，需要经历一个较长的发展周期，需要走过一系列发展阶段。20 世纪 80 年代，美国约翰霍普金斯大学的费斯勒（Fessler）对处在不同生涯发展阶段的教师进行观察、访谈、调查，提出教师专业发展要经历八个阶段：职前阶段、入职阶段、能力形成阶段、热心和成长阶段、职业生涯挫折阶段、稳定和停滞阶段、生涯低落阶段和生涯退出阶段。休伯曼（Huberman）总结前人研究成果，从教师职业生命自然老化的视角提出教师职业发展五阶段理论。①入职期，时间是入职的第一至第三年，是"求生和发现期"。②稳定期，时间是工作后的第四至第六年。这一时期教师逐渐适应了自己的工作，并且能够比较自如地驾驭课堂教学，形成了自己的教学风格。③实验和歧变期，时间是工作后的第七至第二十五年。该阶段是教师职业生涯道路上的转变期。教师的转变有两个方向：一方面，教师开始对自己及学校的各项工作大胆地求新和力求改革；另一方面，单调乏味的教学轮回使教师对自己的职业产生了倦怠感。④平静和保守期，时间是从教的第二十六至第三十三年。⑤退出教职期，时间是教师工作的第三十四年以后，该时期教师的职业生涯步入了逐步终结的阶段。

国外一些专家关于教师发展周期的研究结论一般是在教师正常的发展情况下得出的。全日制远程教学创造的"在工作中学习，在学习中工作"的"师徒制"环境，有助于远端教师的专业发展，从而打破了休伯曼教师职业生涯周期理论，大大缩短了教师专业成长周期。一般来说，教师专业发展可以提前一到两个发展阶段。例如，"入职期"参加远程教学项目的新教师，大概经过三四个月就能适应教学工作，并进入积极探索阶段。教师能够取得这样的突出成绩，是与全日制远程教学创造的教师专业发展环境分不开的。在成都七中访谈中，一位化学老师说："全日制远程教学为青年教师成长创造了最快、最佳的成长途径。七中本校都不具备这样的成长环境，所以我们七中许多教师非常羡慕远端教师。"成都教

育科学研究院院长、成都七中原副校长（学校网校工作负责人）罗清红认为："直播教学对远端教师的专业影响是巨大的。一般在个人比较努力的情况下，一位远端教师只要从高一到高三，跟着直播教学走过一轮（3年），了解了各种课型，就基本可以达到成都七中优秀教师标准。"对于这样的判断，调查结果显示，72.1％的远端教师表示赞成；17.5％的远端教师认为说不好；不赞成的占 10.4％。（见图 5-22）对于这一观点，90.2％的校长表示高度赞成；不赞成的仅有 2.4％。而在小学，68.3％的被调查者比较赞同。

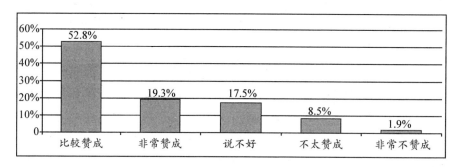

图 5-22 远端教师对"全日制远程教学大幅度缩短了教师专业成长周期"观点的认同情况

罗清红认为，远端教师能够取得成功的秘诀主要有三点："第一，全日制远程教学对远端教师的教育理念、从教态度的影响比较大，这直接影响他们对教育的理解，如素质教育该如何兼容应试教育以及如何严谨治学等；第二，对远端教师专业知识的影响比较大；第三，对教学策略、绝活的影响比较大。远端学校和成都七中是一个教学联合体。每周一次的集体备课对远端教师影响非常大。"

正因为如此，许多学校将全日制远程教学看成是提高本校教师专业素养的较为重要的途径。四川省都江堰中学表示："我校现有的教师中约有近三分之一（近百名）的年轻教师（教龄不到 5 年），在教学中急需一个高标准、高质量的参考对象。网络教学班的开设解决了这个问题。目前，听网络教学班的课、研究网络教学班的课，已成为我校教师校本培训的一部分。"

全日制远程教学自开播以来，已经培养了一大批优秀教师。例如，成都市温江区一位教师，2001 年参加工作，2005 年执教直播班，2007 年即获四川省高中化学竞赛省级优秀指导教师一等奖,2008—2011年连续三年获学校优秀教研组组长,2010年获全国高中学生化学竞赛省级优秀指导教师一等奖。成都实验小学开展的远程植入式教学也对远端教师专业发展产生了较大影响。阿坝州松潘县城关小学一位教师在网络教学班执教后写道:"我在课堂还原的过程中与张老师不断比较,找出自身的不足、学生的不足,并加以改进。长此以往,我和孩子们一起成长,教学效果越来越好。我自己收益,学生更受益。"成都实验小学网校成立于2012年9月,截止到2014年9月,开展远程植入式教学仅仅两年时间。在这两年里,远端教师就获得了各级教育行政部门和学校的大量奖项,带动了远端学校教师专业发展。(见表5-7)全日制远程教学为边远、民族地区学校注入了生机和活力,有效地促进了当地教师专业发展。

表5-7 开展远程植入式教学远端学校教师的获奖情况

省级奖项		州级奖项		县级奖项		校级奖项	
奖项数量 (项)	获奖人数 (人)	奖项数量 (项)	获奖人数 (人)	奖项数量 (项)	获奖人数 (人)	奖项数量 (项)	获奖人数 (人)
50	129	67	192	103	393	100	419

第六章

实现远端学校的内涵式发展

　　俗话说："火车跑得快，全靠车头带。"这既说明了车头的带动作用至关重要，同时也指明了一种由先进带动落后，最终实现共同发展的有效方式和机制。全日制远程教学是城市名校"带领着"远端学校"跑"的发展方式。这种发展方式将城市名校与边远、民族地区学校"捆绑"在了一起，通过卫星、网络等"信息高速路"，将名校先进的教育理念、教学方法、教学评价、教学管理和学校文化输入远端学校，促进远端学校内涵式发展，从而打破边远、民族地区学校各自散漫发展的状态，形成名校引领、城乡学校共同发展的新样态。

第一节　远端学校基本情况

一、参加远程植入式教学的学校（小学）情况

（一）参加远程植入式教学的学校名单

　　本调查从四川、江西两个省 12 个县开展远程植入式教学项目学校中随机抽取 12 所学校，并抽取这些学校的校长、中层干部、一至六年级教师和技术教师，共计 280 人，具体情况见表 6-1 和表 6-2。

表 6-1　样本学校及样本量

选项	小计(所)	比例
四川省甘孜州丹巴县城关小学	40	14.3%

选项	小计(所)	比例
四川省甘孜州雅江县城关第一完全小学	17	6.1%
四川省甘孜州德格县城关小学	29	10.4%
四川省甘孜州白玉县城区第一完全小学	59	21.1%
四川省甘孜州炉霍县新都小学	57	20.4%
四川省阿坝州汶川县第一小学	16	5.7%
四川省阿坝州松潘县城关小学	18	6.4%
四川省凉山州德昌第二小学	2	0.7%
四川省凉山州甘洛县民族小学	17	6.1%
四川省凉山州普格县府城小学	7	2.5%
四川省阿坝州九寨沟县城关第一小学	12	4.3%
江西省赣州市上犹县第二小学	6	2.0%
总计	280	100%

表6-2　校长、中层干部、教师和技术教师数量

选项	小计(位)
校长	10
中层干部	31
教师	233
技术教师	6
总计	280

(二)学校参加远程植入式教学的时间

调查结果显示，96.4%的学校参加远程植入式教学不足3年。（见表6-3）

表6-3　学校参加远程植入式教学的时间

选项	小计(所)	比例
刚参加	3	1.1%
1年以下	28	10.0%
2年以下	25	8.9%

续表

选项	小计(所)	比例
3 年以下	214	76.4%
4~6 年	10	3.6%
总计	280	100%

(三)学校参加远程植入式教学的年级情况

调查结果显示，小学各个年级都参加了远程植入式教学，其中一、二年级最多，占到 40.7%。（见表 6-4）

表 6-4　学校参加远程植入式教学的年级情况

选项	小计(位)	比例
没有教学	13	4.7%
一年级	62	22.1%
二年级	52	18.6%
三年级	47	16.8%
四年级	35	12.5%
五年级	34	12.1%
六年级	37	13.2%
总计	280	100%

(四)学校开设课程情况

从远端学校参加调查的人员的授课情况中，我们可以推断出远端学校开设的学科课程情况。调查结果显示，远端学校主要开设了语文和数学。其中，42.9%的小学开设了语文；40.7%的小学开设了数；只有11.4%的学校开设了英语。（见表 6-5）

表 6-5　远端学校参加调查的人员的授课情况

选项	小计(位)	比例
不教课	14	5.0%
语文	120	42.9%

续表

选项	小计(位)	比例
数学	114	40.7%
英语	32	11.4%
总计	280	100%

二、参加远程直播教学的学校（普通高中）情况

(一)参加远程直播教学的学校总体情况

　　普通高中远程直播教学调查选取了云南、贵州、四川、重庆、甘肃、江西六省市 28 所学校的学生、教师、校长和家长，具体见表 6-6。参加校长问卷调查的学校有旺苍中学、巴州区第四中学、康北中学、宁南中学等 42 所学校，具体名单省略。

表 6-6　参加远程直播教学调查的学校与学生样本情况

参加调查的样本学校	学生(名)	百分比
冕宁中学	268	12.9%
九龙高级中学	155	7.5%
会理实验中学	155	7.5%
雷波中学	128	6.2%
禄劝彝族苗族自治县第一中学	122	5.9%
纳西族自治县第一中学	103	5.0%
马尔康中学	97	4.7%
德昌中学	95	4.6%
剑门关高级中学	91	4.4%
盐源中学	88	4.3%
陇南市第一中学	84	4.1%
松潘中学	76	3.7%
九寨沟中学	74	3.6%
彝族自治县马边中学	71	3.4%

参加调查的样本学校	学生(名)	百分比
康定中学	66	3.2%
宁南中学	63	3.0%
旺苍中学	62	3.0%
瑞丽市第一民族中学	59	2.9%
丹巴县第二中学	58	2.8%
会东和文中学	51	2.5%
普格中学	48	2.3%
越西中学	25	1.2%
盐源民族中学	12	0.6%
通江县涪阳中学	8	0.4%
西昌第二中学	7	0.3%
仪陇中学	4	0.2%
峨边中学	0	0
赫章县财神镇中学	0	0

(二)大多数学校坐落于县城

从参加项目学校的分布上看，82%的学校坐落于县城；10%坐落于城市；8%坐落于乡镇和农村。(见图6-1)

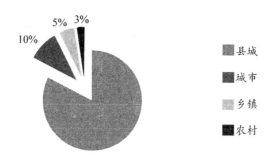

图 6-1　远程直播教学学校分布情况

(三)一般学校和重点学校最多

　　参加远程直播教学的学校中，属于一般学校的最多，占44.1%；其次是重点学校，占38.7%；薄弱学校最少，占17.2%。(见表6-7)薄弱学校较少的结果与远程直播教学的最初设计有着密切关系，因为远程直播教学难度较大，所以网校常会选择一个区域内较好的学校作为远端学校。

表6-7　参加远程直播教学的学校类型

选项	百分比	频数
一般学校	44.1%	90
重点学校	38.7%	79
薄弱学校	17.2%	35
总计	100%	204

(四)绝大部分学校拥有计算机教室

　　调查结果显示，参加远程直播教学97.5%的学校拥有计算机教室；只有2.5%的学校没有计算机教室。这为远程直播教学进一步开展教学活动提供了物质基础。但在这些学校中，87.8%的学校不允许学生自由到计算机教室上网；允许的学校只有9.8%。这说明，远程直播教学还没有充分挖掘远端学校信息技术资源的教育潜力，没有利用城市丰富的教师和学生资源来帮助边远、民族地区学生克服在学习中遇到的困难和障碍。

(五)部分学校开展远程直播教学的时间在10年以上

　　调查结果显示，参加远程直播教学4～6年的学校最多，达到了32.5%；3年以内的学校占30.0%；7～9年的学校达到25.0%；12.5%的学校超过了10年。(见图6-2)

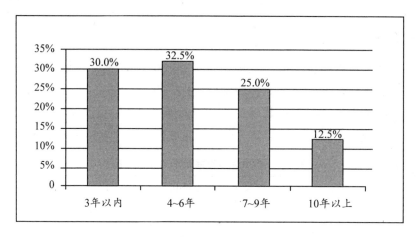

图 6-2　学校开展远程直播教学的时间

（六）校长大多处于年富力强阶段

从参加远程直播教学学校校长的年龄来看，70.0％的校长的年龄为41～50 岁；22.5％的校长的年龄为 51～60 岁；7.5％的校长年龄为 31～40 岁。可见，大多数校长正处于年富力强阶段。

第二节　内涵式发展是远端学校发展的内在需要

一、什么是内涵式发展

走内涵式发展道路，是边远、民族地区学校实现教育均衡发展的必然要求。一直以来，边远、民族地区教育是粗放的、以应试为主的，一直试图追赶中东部发达地区教育的发展模式，离以人为本的教育理想状态有较大的距离。所谓学校的内涵式发展，一般是指学校在规模已经具备、办学条件基本完善、教学管理基本规范的基础上，以提升教育教学质量为核心的发展方式，主要表现在学校办学理念、学校发展规划和共同愿景、师生核心价值观、学校文化品位、学校管理、教育教学改革和创新、综合办学实力水平等方面，核心是以人为本的发展，也就是以师生身心发展为基础的教育质量和效益的全面进步。《国家中长期教育改革和发展规划纲要(2010—2020年)》提出："树立以提高质量为核心的教育发展观，注重教育内涵发展，鼓励学校办出特色、办出水平，出名师，育英才。"这一政策要求为学校发展指明了方向。有学者总结出学校内涵式发展有四点基本内容和指向①。

第一，相对于规模发展的质量发展。与外延发展过多关注学校规模的不断扩大不同，内涵式发展是一种追求质量的发展，它强调提升学校的办学质量，也就是提升学校的"软实力"。

第二，相对于粗放发展的精细发展。粗放型的发展主要把发展的关注点汇集在标志性成果上，汇集在外在物体形态的改变上，汇集在最终目标的达成上；精细型发展秉承"天下大事，必作于细"的原则，将学校中的教学、德育、师生互动等作为学校改革与发展的关注重点，在事关学校发展的每项工作上都力求精雕细琢。

第三，相对于同质发展的特色发展。内涵式发展也是一种特色发展，是指学校管理者和教师树立起特色立校的基本理念，将办学特色放在学校改革与发展的突出位置，在特色的形成和品牌的培育中使学校上升到一个新的更高的水平。

第四，相对于模仿发展的创新发展。内涵式发展不是靠外力的，而是源于内部变革力量的一种发展，因而也就有了更多的创新动力。正确处理继承与创新的关系以及创新与务实的关系，积极挖掘、利用、整合学校资源，将学校导入一种新的发展境地，是学校内涵式发展的应有之意。

内涵式发展反映了学校教育发展的本质，对于边远、民族地区学校来说，有着更加特殊的价值意义，这主要体现在：转变办学思想，追求教育公平，实现教育均衡发展；转变发展方式，用现代的、新的发展方式取代传统的、旧的发展方式；提高教育质量，满足人民群众对优质教育的需要。为了实现这些目标，远端学校需要在提高教师专业水平、重建学校文化和提高学校管理水平等方面下大力气。

———————————

① 郑金洲：《学校内涵发展：意蕴与实施》，载《教育科学研究》，2007(10)。

二、远端学校期望通过名校引领实现内涵式发展

(一)大多数远端学校期望实现内涵式发展

调查结果显示，普通高中远端学校校长认为学校参加全日制远程教学项目的目的主要有五个，依次如下：提高教师专业能力(100%)；获得成都七中优质教学资源(97.6%)；以成都七中为榜样，带动学校整体改革与发展(92.7%)；大幅度提高学生的学习成绩和学校升学率(87.8%)；提高学校知名度，吸引当地更多生源(61.0%)。(见表 6-8)

表 6-8　学校参加全日制远程教学的目的

选项	百分比	频数
提高教师专业能力	100%	41
获得成都七中优质教学资源	97.6%	40
以成都七中为学习榜样，引入先进的教育理念、教学方式和管理方式，带动学校整体改革与发展	92.7%	38
大幅度提高学生的学习成绩和学校升学率	87.8%	36
提高学校知名度，吸引当地更多生源	61.0%	25
学生及学生家长要求	17.1%	7
上级领导安排或要求	14.6%	6
看到别的学校参加也报名参加了	2.4%	1
其他	0	0

但小学情况与普通高中情况有一定差异。调查结果显示，远端小学当初选择参加远程植入式教学的主要目的有四点：第一是想获得成都实验小学的优质教学资源(85.0%)；第二是想获得向名校优秀教师学习的机会，提高教师的专业能力(83.6%)；第三是想获得更多培训机会，提升教师素质(66.8%)；第四是大幅度提高学生的学习成绩(60.0%)。(见图 6-3)

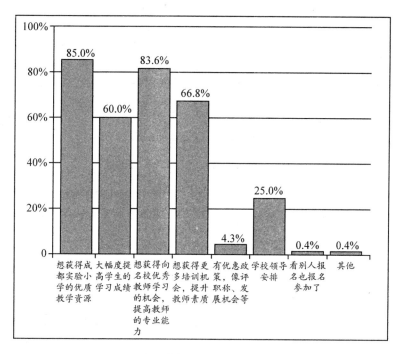

图6-3 远端小学参加远程植入式教学的目的

(二) 大多数远端学校都能够按照名校要求进行改革

为了促进远端学校实现内涵式发展,成都七中东方闻道网校对远端学校提出了较高的管理要求,例如在全日制远程教学过程中,要求远端学校学生的作息时间完全与成都七中一致,这对于地处青藏高原的学校来说面临较大的困难。由于藏族生活区学校的寒假放假时间通常比成都平原早半个月,为了实现与名校作息时间同步,保障远程教学班教学的顺利进行,康定中学只能延迟放假,对学校教学和后勤等部门工作做出调整,确保教学顺利开展和校园安全。等到网校放假,那些居住在偏远地方的学生可能因为错过和同学搭伴回家机会已经找不到回家的车辆,这时学校还要负责安排车辆送他们回家。尽管面临种种困难,但调查结果显示,90.8%的远端教师表示,他们学校基本能按照成都七中的要求去做;做不到的学校只有3.9%。(见图6-4)此外,95.1%的校长表示,他们学校能够按照成都七中的要求,落实校长听课、教师培训等制度要求。

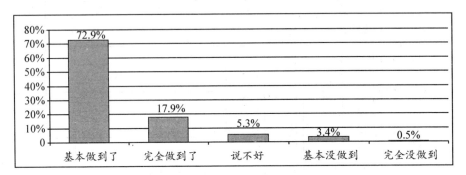

图 6-4　远端学校教师认为学校能够按照成都七中要求执行的情况

　　调查结果还显示，参加远程植入式教学的远端小学差不多能够按照成都实验小学的管理要求去做。其中，27.1％的学校完全做到了；68.9％的学校基本做到了。没有做到的学校只有 1.1％。（见图 6-5）

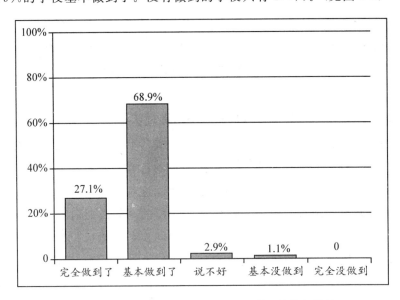

图 6-5　远端小学能够按照成都实验小学要求执行的情况

(三)多数远端学校对教师没有额外激励措施

　　调查结果显示，51.7％的普通高中远端教师反映，他们学校全日制远程教学已经步入正轨，针对参加这一项目的教师没有特殊的激励或奖

励政策，但也有很多教师反映学校有额外的补助或奖金以及培训和发展
机会等。(见图 6-6)这种状况在一定程度上反映出，边远、民族地区学校
的全日制远程教学已经逐渐步入正轨，基本上同普通教学没有太大区别，
而不像开始阶段需要学校出台激励政策与措施鼓励教师参与全日制远程
教学。

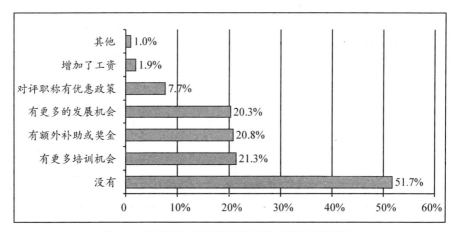

图 6-6　远端学校给予教师的激励或奖励政策情况

(四)多数远端学校认为各级教育行政部门给予了足够支持

调查结果显示，53.6% 的普通高中远端校长认为，各级教育行政部
门给予了全日制远程教学足够的支持；24.4% 的校长认为这种支持还很
不够。(见图 6-7)

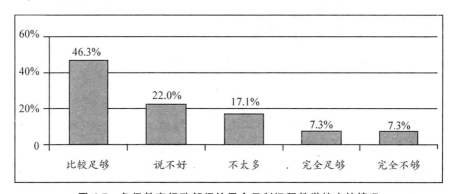

图 6-7　各级教育行政部门给予全日制远程教学的支持情况

对于未来，远端校长希望国家各级教育行政部门提供的支持主要包括：高考政策、课程政策支持；将全日制远程教学提升到国家项目；多层次名校选择；经济支持。（见表6-9）

表6-9　远端校长希望国家各级教育行政部门提供更多的支持情况

选项	百分比	频数
得到有关政策支持，像高考政策、课程政策等	75.6％	31
在与"一费制"等政策存在冲突的情况下，国家应明确专门政策的支持	75.6％	31
提供经济支持	75.6％	31
将全日制远程教学上升到像"农远工程"一样的国家工程或项目，由国家统一领导	58.5％	24
为了避免远端学校与名校间差距过大，应提供多层次的名校选择，如提供省级名校、城市名校等	51.2％	21
其他	2.4％	1

第三节　促进远端学校内涵式发展的举措

全日制远程教学采取了许多促进边远、民族地区学校内涵式发展的具体举措，包括前文探讨的重构教学模式、形成城乡学生共同学习与成长的"第二学习空间"、促进教师专业发展等内容，这里就不再赘述。

一、形成优质教育资源"链式发展"供给方式

（一）通常输送优质教育资源的方式难以发挥效益

教育资源的适用性、成效和可持续性是资源建设的生命。长期以来，如何提供能够用得上、用得有成效的优质教育资源，一直是困扰边远、民族地区教育信息化的一个难题。21世纪以来，国家采取各种政策措施，投入大量人力、物力，制作了海量教育资源，试图填平东西部、城乡间

的"数字鸿沟"，然而效果并不佳。例如，中央到地方各级教育行政部门为边远、民族地区学校组织录制的大量名校优秀教师课堂教学实录，就"叫好不叫座"，现实中很少有教师使用，常常被称为"死资源"。

调查结果显示，76.1％的教师认为，各级教育行政部门提供的名师课堂教学实录对他们的教学工作或专业发展有较大的帮助；认为没有帮助的教师仅有9.6％。（见表6-10）

表6-10　远端教师认为名师课堂教学实录对他们帮助的情况

选项	百分比	频数
比较有帮助	56.0％	117
非常有帮助	20.1％	42
说不好	14.4％	30
不太有帮助	8.6％	18
完全没有帮助	1.0％	2

不过，教师的这种认识可能更多来自他们的想象，这从另一道调查题的调查结果可以看出。调查结果显示，77.9％的教师表示，他们较少或根本就没有看过各级教育行政部门提供的城市名师课堂教学实录；只有19.6％的教师表示自己看得比较多。（见图6-8）这也说明，各级教育行政部门花费大量经费制作的所谓优质教育资源发挥的作用并不大。

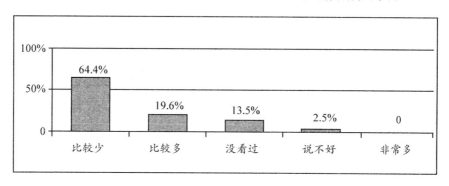

图6-8　远端教师观看各级教育行政部门提供的名师课堂教学实录的情况

此外，以这种简单方式输送的优质教育资源难以发挥效益，除了因为受教育信息化发展水平限制，目前企事业等单位还难以开发出真正适合中小学需要的优质教学资源以外，还与有些名校并没有将其真正的优质教育资源拿出来有关。目前，社会优质教育资源往往掌控在少数城市名校手中。名校将其视为自己的"家底"、自身生存与发展的"核心竞争力"，并不轻易拿出来与其他学校共享。

（二）"链式发展"实现了名校优质教育资源的有效供给

所谓"链式发展"，是产业为了促进资源、信息等要素共享，提升自身竞争力，而采取的将生产、加工、应用等上下游企业相关联，形成产业链条的举措。全日制远程教学采用"链式发展"方式，直接将名校优质资源"送抵"远端教师手中，实现了名校与远端学校教育资源一体化的生产、使用、管理与评价，有效地解决了教学资源生产与使用相脱离、教师难以找到合适的教学资源的问题。这在我国当前教育信息产业不成熟，还不足以为使用者提供满意的产品的情况下，对解决边远、民族地区学校优质教育资源短缺问题具有重要的现实意义。

1. 远端教师得到了大量马上可以使用的名校优质教学资源

调查结果显示，89.8％的教师认为，工作中他们得到了大量名校优质教学资源；只有4.8％的教师认为得到的比较少。（见图6-9）此外，83.5％的教师认为，他们得到的这些教学资源马上就可以使用。

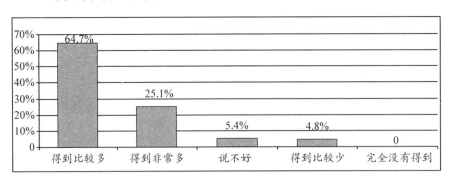

图6-9　远端教师认为他们得到的名校优质教学资源情况

　　在远端小学，教师认为，他们得到了成都实验小学大量马上可以使用的优质教学资源。调查结果显示，93.3％的人认为，远端教师得到了大量优质教学资源；只有5.0％的人认为没有得到太多资源。（见图6-10）此外，28.9％的人认为这些资源拿过来就可以直接使用；63.9％的人认为这些资源稍加修改后就可以使用；仅有0.4％的人认为这些资源几乎不能使用。

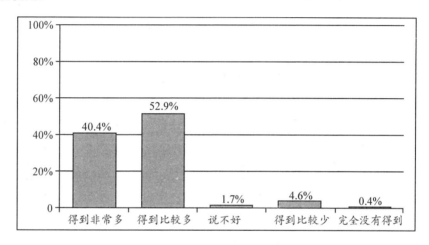

图6-10　远端教师得到成都实验小学的优质教学资源情况

　　2. 成都七中提供的全日制远程教学资源作用最大

　　远端教师、远端校长认为，全日制远程教学资源对他们帮助最大。调查结果显示，普通高中84.8％的远端教师认为，成都七中提供的教学资源对他们教学最有帮助；第二是网络教学资源（53.3％）；第三是国家教育资源库提供的资源（33.3％）；第四是教材出版社提供的教学资源（27.1％）；第五是学校自己开发的教学资源（16.7％）；第六是省市电教馆等部门提供的教学资源（9.0％）；第七是大学或公司提供的教学资源（3.8％）。（见图6-11）同时，高达97.6％的远端校长认为成都七中提供的教学资源对他们学校帮助最大，其次是网络教学资源（61.0％），而国家教育资源库提供的资源排名第三。

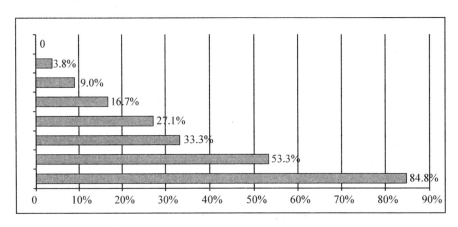

图 6-11　远端普通高中认为不同教学资源对教师教学的帮助情况

　　远端小学认为，成都实验小学的教学资源对他们教师的教学帮助最大。在不同的教学资源中，大多数远端学校认为，成都实验小学的教学资源对他们教师的教学帮助最大，占92.9％；第二是网络提供的教学资源，占43.9％；第三是国家教育资源库的教学资源，占36.1％；第四是教材出版社提供的教学资源，占33.2％。（见图6-12）

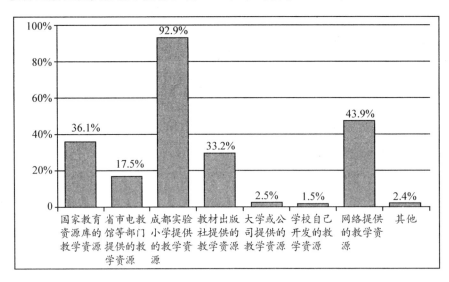

图 6-12　远端小学认为不同教学资源对教师教学的帮助情况

座谈会上的情况和问卷调查结果都表明，在边远、民族地区学校一线教师、校长的眼中，国家各级教育行政部门提供的所谓优质教育资源还不如网络上的免费教学资源更有用。这不能不引发思考，国家每年的大量投入，到底有何价值？

二、"以现代文化为引领"，推动远端学校文化发展

（一）文化的进步是学生成长、教师进步和学校发展的根本

对于什么是文化，早在 1871 年，英国人类学家泰勒就指出，文化是"包括知识、信仰、艺术、道德、法律、习俗以及包括作为社会成员的个人所必须获得的其他能力、习惯在内的复合整体"[1]。我国著名文化学家刘梦溪则认为："文化应该指一个民族的整体生活方式及其价值系统，这是广义的用法；狭义的用法，可以指人类的精神生产及其成果的结晶，包括知识、信仰、艺术、宗教、哲学、法律、道德等等。"[2]可以说，文化是决定一个社会和一个民族进步与发展的核心要素。从这个意义上讲，边远、民族地区的学生成长、教师进步和学校发展，从根本上来说，是文化的进步。长期以来，边远、民族地区教育处于落后状态，这与这些地区存在着文化贫困现象有着直接的关系。所谓文化贫困是指长期生活在贫困中的人，会形成一套特定的生活方式、行为规范、价值观念体系等，如强烈的宿命感、无助感、自卑感以及视野狭窄等，这将牵制他们的思想、禁锢他们的手脚，使之陷入麻木僵滞的精神状态，驻足贫穷荒野而难以跨越。著名反贫困理论专家、诺贝尔经济学奖获得者缪尔达尔认为："不发达国家民众巨大的贫困至少部分是由于他们的宿命论、他们的麻木和他们对于改变观念和制度、推广现代技术、改善卫生条件等努力的冷漠。"[3]文化贫困表面看是经济问题，但从深层意义看，是教育贫困，这是一种比经济贫困更深重、更难以摆脱的贫困，常规方法难以突

---

[1]　于影丽：《我国少数民族教育的跨文化研究》，载《石河子大学学报（哲学社会科学版）》，2006(S1)。

[2]　刘志友：《解读"以现代文化为引领"》，载《新疆经济报》，2011-08-05。

[3]　转引自刘光生：《好脱贫攻坚战须高度重视精神扶贫》，载《河南日报》，2016-01-29。

破。边远、民族地区教育要想摆脱落后状况，就要从文化上进行突破。

（二）全日制远程教学为远端学校送去现代文化

全日制远程教学的突出作用就是突破了"文化贫困"的束缚，通过"拟态环境"将城市学生学习、生活中的现代文化引入边远、民族地区，使城市名校文化与远端学校形成了一种"血脉相连、血气相通"的关系。现代文化包括现代知识、现代科学技术、现代思维方式、现代生活方式、现代思想等，核心是现代价值观，终极目标是塑造现代人。

1. 全日制远程教学促进了跨文化交流

文化的传播是全日制远程教学不可或缺的重要内容。全日制远程教学通过让远端学校以不同的方式加入前端名校文化活动和学生社团活动之中，受到文化影响。在全日制远程教学过程中，远端学生几乎每天与城市学生通过屏幕相见，特别是教学过程中的"课前 3 分钟分享感受""课间 10 分钟"，以及名校与远端学校共同举办的主题活动、"大班会"、文体活动等，让远端学生沐浴在现代文化中，促进了城乡间、民族间学生的跨文化交流，重塑了他们的价值观和情感世界，打牢了"中华民族共同思想基础"。调查结果显示，86.6％的学生高度认同这种活动。其中，49.0％的学生表示非常喜欢；37.6％的学生表示比较喜欢。只有 4.1％的学生表示不喜欢。（见图 6-13）

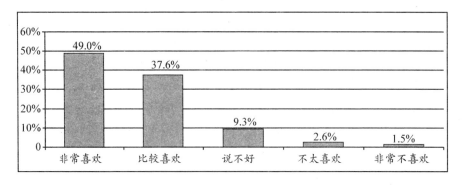

图 6-13 学生对"课前 3 分钟分享感受""课间 10 分钟"等活动的喜爱情况

至于参加这些活动的好处，78.5％的学生表示，这些活动可以让自己的学习更加丰富多彩；72.3％的学生认为，这些活动可以让自己了解到城市同学所关注的国家大事、社会热点，从而增长了知识、开阔了视野；52.3％的学生认为，这些活动可以让自己接触城市主流文化，增强了对国家的认同感；39.3％的学生认为，这些活动加深了不同民族同学之间的情感；2.3％的学生持其他观点。（见图 6-14）

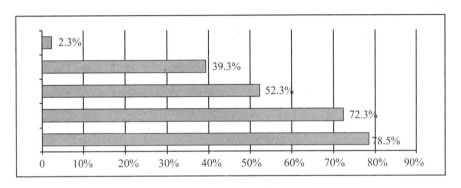

图 6-14　学生认为参加这些文化活动的益处

2. 同伴教育加强了跨文化交流

一种文化对另一种文化的影响是在亲身体验、合作、交流中产生和孕育的。全日制远程教学通过每年组织的远端学校优秀学生到前端名校进行为期一周的"留学"活动，让来自不同地区、不同学校的远端学生有机会与名校学生近距离接触，甚至"同吃、同住、同学习"，这对于远端学生了解名校学生的学习和生活、体验名校文化、开阔视野发挥了积极作用。

全日制远程教学开展的"留学"等活动，相当于同伴教育。同伴教育发源于澳大利亚，近年来发展迅速，已经成为一种广泛应用的有效教育方法。所谓同伴教育，是指利用青少年的趋众倾向，使一群年龄相仿、知识背景与兴趣爱好相近的同伴聚集在一起共同学习与参与活动，以达到相互影响的目的。同伴教育具有尊重、平等、形式活泼和参与性强等特点，对学生的成长具有重要意义。苏联心理学家维果茨基说过，学生的智力发展和社会化进程主要是在他们和比自己更成熟的社会成员一起活动、一起相互作用之下逐渐完成的。美国著名心理学家班杜拉认为，对于青少年而言，同伴间的传播影响效果更大。

　　全日制远程教学开展的"留学"活动，对远端学生产生了积极影响。以往一些贫困地区的学生常常认为，生活在条件优越的大城市的名校学生个个天资聪慧，是天之骄子。而通过"留学"，他们亲身感受到，成都七中学生的优秀来源于他们刻苦学习、努力拼搏的精神，来源于他们良好的学习习惯，来源于成都七中百年的文化积淀。"七中没有超人，有的是超人的毅力！""留学"活动增加了远端学生对成都七中文化价值的认同，拉近了城乡学生的心理距离，使他们逐渐达成共识："选择七中，就选择了一条艰苦奋斗的成才之路！"

　　调查结果显示，70.9％的学生渴望参加成都七中"留学"活动；15.4％的学生表示不想参加。（见图 6-15）基线调查中，许多远端教师和学生反映："应增加前端师生与远端师生互动交流的机会，放宽远端学生到前端学校'留学'的条件，使更多学生能到名校受感染、受熏陶。""增加远端同学到本部去'留学'的数量和批次，让远端同学感受名校的学习氛围，以激励他们冲刺名牌的斗志。"与此同时，名校学生和教师也提出，希望实行"双向留学"制度，让城市学生也可以到远端学校"留学"，以增加城市学生对远端学校文化的了解。

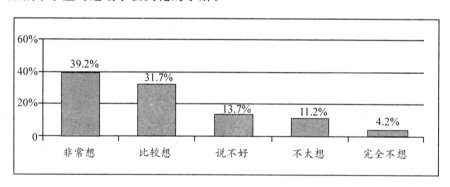

图 6-15　远端学生希望"留学"名校的情况

（三）全日制远程教学有效促进了城乡间、民族间学生的跨文化交流

　　全日制远程教学有效地促进了城乡间、民族间学生的跨文化交流，并取得了良好成效。调查结果显示，经过两年多的学习，69.0％的普通高中学生认为，自己比以前更强了解城市文明，从而增强了对国家和民族的认同感；表示说不好的学生占 19.6％；11.4％的学生认为没有增强

他们对国家和民族的认同感。（见图 6-16）

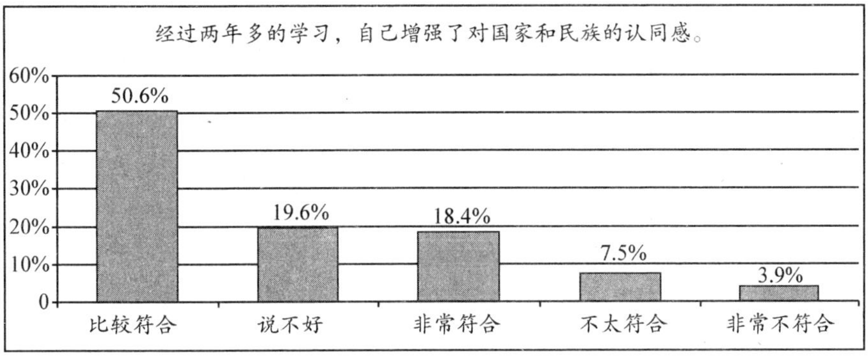

图 6-16　学生增强对国家和民族的认同感情况

　　全日制远程教学的跨文化交流价值也得到了远端教师和家长的高度认同。调查结果显示，84.5％的普通高中教师认为，学生增长了知识，开阔了视野；70.0％的教师认为，大家加深了对成都七中师生的了解和认识；52.1％的教师认为，接触城市主流文化，增加了远端学生对国家的认同感；32.9％的教师认为，全日制远程教学增进了民族学生与城市学生之间的情感。85.8％的普通高中学生家长认为，全日制远程教学开阔了学生视野，让他们了解了更多的城市文化和生活，从而增加了他们对国家和民族的认同感。在小学，87.9％的被调查者认为，远程植入式教学增长了知识，开阔了视野；63.2％的被调查者认为，远程植入式教学加深了大家对成都实验小学师生的了解和认识；57.9％的被调查者认为，接触城市主流文化，增加了远端学生对国家、民族的认同感；49.6％的被调查者认为，远程植入式教学增进了民族学生与城市学生之间的情感。（见图 6-17）

　　全日制远程教学跨文化交流还改变了边远、民族地区的学校文化。城市现代文化进入边远、民族地区学生的学习和生活中，并不会简单替代其文化，而是在平等基础上被边远、民族地区文化所吸纳和整合，并逐渐成为当地文化的一部分，这就是文化的本土化过程。成都实验小学是以"雅文化"特色闻名全国的名校，其典雅的建筑、儒雅的教师、文雅的学生、清雅的管理等给远端学校留下了深刻的印象，其"雅文化"的理念和实践成为远端学校模仿和学习的榜样。远端学校通过对名校学校先

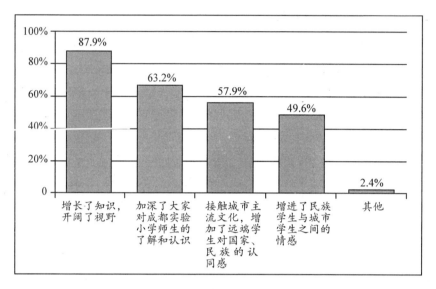

图 6-17　远程植入式教学对远端学生带来的文化影响

进的办学思想、办学理念和学校文化的理解、吸收、融合、创新，逐渐形成具有本民族特色的学校文化。例如，甘孜州 31 所远端小学，结合前端学校"小学校大雅堂"的雅文化和本地特点，打造出属于本校的校园文化。调查结果显示，78.2％的远端小学被调查者认为，他们学校已经引进了成都实验小学"雅教育"和"雅文化"的理念与做法，并在此基础上进行创新，形成自己的特色；没有引入的学校只有 15.0％。（见图 6-18）

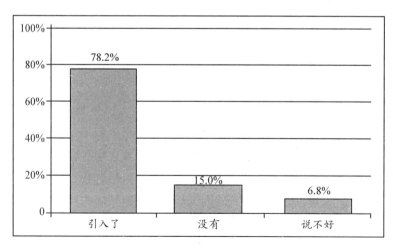

图 6-18　远端学校引入成都实验小学的学校文化情况

例如,白玉县第一完全小学提出了以高原特有物种"雪莲"为核心的校园文化,提炼出象征纯洁、坚韧、希望的"洁雅文化"作为学校育人的目标,而炉霍县第二完全小学形成了"精雅文化"。

这种跨文化交流整体提高了边远、民族地区学校的校园文化水平,增强了文化向心力和文化自觉。同时,这种跨文化交流还对城市名校的学生、教师产生了积极影响,使他们对我国文化的多样性以及多彩的民族文化有了更多的了解,增强了他们的民族自豪感。

三、 推动远端学校制度变迁

(一)学校制度变迁的途径

关于边远、民族地区学校面貌的改变,制度变革是根本。美国斯坦福大学胡佛政治学院的约翰·E. 丘伯教授和泰力·M. 默教授在他们合著的《政治、市场与学校》一书中指出:"国民教育的问题最终还是应归结到制度。"[①]国内外大量研究结果表明,制度变革是推动学校教育发展的重要力量。有的学者指出:"在不改变现行教育制度的前提下,所有的教育变革都只能是'挖潜'(挖掘现行学校教育制度的潜在利益),而不可能是'创新'(开发新的教育市场,开创新的教育局面)。只有恰当的教育制度,才能使教育改革开创出新的教育局面。"[②]城市中小学名校是在政府与社会的多方支持与扶持下,经过长期的文化积淀而逐渐形成的优质、稀缺的公共教育资源。全日制远程教学通过卫星、网络等信息技术将名校无形的品牌资源、教师智慧和先进的管理经验等输送到边远、民族地区学校,可以有效促进远端学校的制度变迁。

所谓制度变迁是指创新主体为实现一定的目标而进行的制度重新安排或制度结构的重新调整。它是制度的替代、转换、交易与创新的过

---

① ［美］约翰·E. 丘伯、泰力·M. 默:《政治、市场和学校》,前言,北京,教育科学出版社,2003。

② 康永久:《教育制度的生成与变革——新制度教育学论纲》,144～157 页,北京,教育科学出版社,2003。

程。① 制度变迁通常有两种模式：建构主义路线（先自主设计后实践）和演进主义路线（先实践再设计）。建构主义路线是指从教育的理想目标出发，凭借理性推导，设计出一套学校发展的理想蓝图，然后再实践，并在实践中不断修订和丰富。这种路线建构方式可能会放弃一些一般意义上的重要目标，或者将其置于次要地位；演进主义认为，社会进步不是某种理性设计的结果，而是人们在长期实践过程中通过反复试错逐步实现的。因此，演进主义路线是一种"事后反应"型的发展模式，需要根据现实中凸显的问题，决定下一步的调整方向，现实需要什么就添什么，多什么就减什么，必须"摸着石头过河"。

现实中，参加全日制远程教学项目的远端学校往往采取了第三条制度变迁路线，即移植、模仿和创新模式。在远端学校自己不具备设计能力的情况下，它们往往采取的策略是先从移植、模仿开始，然后再进行创新。这是远端学校实现跨越式发展的一条现实而有效的发展之路。现实中，远端学校首先从移植、模仿开始，按照全日制远程教学规程，看名校怎么要求，它们就怎样去做。从调查结果来看，大多数学校都做到了这一点。然后，在融合的基础上，远端学校再进行制度创新，逐渐形成自己的学校制度体系。

(二)全日制远程教学推动了远端学校制度变迁

长期以来，边远、民族地区学校教育形成了一个封闭系统，因此，仅靠学校校长、当地教育行政部门的努力，很难推动教育变革。美国著名管理大师彼得·圣吉（Peter Senge）曾在《变革之舞》一书中总结了企业在变革的不同阶段所面临的十大挑战。

第一，起步阶段。①没有足够的时间：变革者没有充裕的时间对变革产生的重大问题进行思考并进行反复实践；②无人帮助：变革没有得到上级与有关方面必要的支持与帮助，也缺乏必要的培训、辅导与协助；③脱离实际：组织成员看不到变革计划能对企业、部门及个人带来好处；④言行不一：变革者所倡导的新价值观、新工作行为、新领导风格与他

---

① ［美］道格拉斯·C. 诺思：《经济史中的结构与变迁》，225～226页，上海，上海三联书店，上海人民出版社，1994。

们的行动截然不同。

第二，持续变革阶段。⑤恐惧与忧虑：变革者担心他们提出的变革措施由于可能会触及方方面面的利益，从而最终会影响自己的地位、前途及与他人的关系；⑥评估与测量：企业没能采取恰当的方法与程序测量变革所取得的进步，甚至对变革的结果做出负面评价，导致组织成员得出"变革之路不通"的结论；⑦真正相信变革与不相信变革的人：组织的其他成员对变革者心存抵触情绪，甚至拒绝配合，使变革者陷入孤立无援的境地。

第三，重新设计与重新思考阶段。⑧治理：变革者要求更多的自主权，但是上级担心权力失控而不愿分权，结果造成变革者不愿承担责任；⑨传播：组织没能及时沟通变革的信息，导致变革的经验无法推广，组织还是依然故我；⑩战略与目标：组织向何处发展？有哪些新目标不明确？由于企业的未来有许多不确定性，组织成员充满焦虑与不安。

全日制远程教学在开展过程中，确实在不同程度上遭遇到上述十大挑战。针对这一话题，我们将在下一章中展开叙述，这里就不进行深入探讨了。

全日制远程教学的引入，在给边远、民族地区学校带来巨大冲击的同时，也为它们的变革提供了机遇。在基线调查中，有校长反映："如果没有全日制远程教学的冲击，校长想进行改革将十分困难。"针对这一观点，调查结果显示，73.1％的普通高中校长表示赞成；不赞成的只有9.7％。（见图6-19）在小学，66.0％的被调查者表示高度赞成；不赞成的占11.8％。

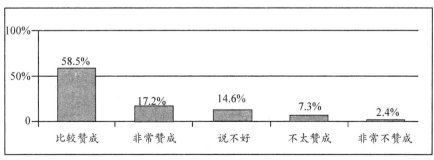

图6-19　远端校长认同全日制远程教学促进学校变革的情况

究其原因，主要是全日制远程教学的开展，触及学校进行更深层次的改革——"存量"改革。以往国家出台的扶持边远、民族地区教育发展的政策措施等，更加注重的是提供设备、名校优质教育资源和进行师资培训等"增量"改革，这种改革往往停留在解决局部的、一招一式的问题层面上，难以触及学校的深层次问题。结果是项目结束后，学校就恢复了原状。学校不是工厂，学生也不是产品，这使得远端学校在开展全日制远程教学工作时，不能照搬名校"生产流水线"，也不可能像快餐店那样原封不动地提供名校"食品"。学校要想顺利开展全日制远程教学，就必须要对学校进行"存量"改革。

远端学校在制度变迁过程中还会遇到"路径依赖"现象。制度经济学有一个"路径依赖"理论，意思是说在技术演进和制度变迁过程中，人类一旦选择和熟悉某一路径就可能依赖它，不愿意离开它，由此产生的巨大的惯性会维持着原有制度体系的运作，对制度变迁形成阻碍。美国历史学家斯塔夫里阿诺斯（Stavrianos）在《全球通史》一书中就指出了"路径依赖"的危害，他说："人类历史中的许多灾难都源于这样一个事实，即社会的变化总是远远落后于技术的变化。这是不难理解的，因为人们十分自然地欢迎和采纳那些能提高生产率和生活水平的新技术，却拒绝接受新技术所带来的社会变化——因为采纳新思想、新制度和新做法总是令人不快的。"①

（三）名校引领了远端学校制度重构

开展全日制远程教学，远端学校就等于踏上了在名校的引领、示范和推动下，逐渐步入制度性变革的轨道。远端学校的改革通常从局部改革开始，就是往往从一个班、一个年级开始，然后再逐渐扩大到所有年级和整所学校。远端学校以成都七中、成都七中育才学校和成都实验小学的教学与管理为学习目标，先从教学流程、管理流程再造开始，在教学上完全按照网校的教学进度、教学标准、教学要求组织备课、授课、试卷讲评、课后辅导等教学活动，逐步形成了规范、高效的教学与管理

---

① ［美］斯塔夫里阿诺斯：《全球通史》，中文版序言，上海，上海社会科学院出版社，1999。

模式，然后再逐渐扩大到学校办学理念、师生核心价值观、学校文化层面，最终实现城乡学校的有机融合、共同发展。有校长说，开展全日制远程教学，就相当于为远端学校校长配备了"执行校长"，即名校怎么要求，远端学校就怎么做。以前学校校长说的，教师可以不听，但名校校长说的，教师必须听、必须做。这样，全日制远程教学在一定程度上带动了远端学校管理制度的变革，并逐渐形成了以全日制远程教学为抓手，推动学校制度整体变革的发展路径，从而促进远端学校的内涵式发展。

第四节　远端学校内涵式发展取得明显成效

经过十五六年的发展，全日制远程教学取得的成绩，得到了边远、民族地区地方政府、学校广大师生和校长以及家长的高度认同，也得到了国家领导人和教育部领导的充分肯定。

一、全日制远程教学给远端学校带来较大变化

2002年，全日制远程教学正式开始在边远、民族地区学校运行以来，已经取得了较显著的成绩。调查结果显示，90.3％的普通高中校长认为，全日制远程教学给学校带来显著变化；认为不显著的只有2.4％。（见图6-20）

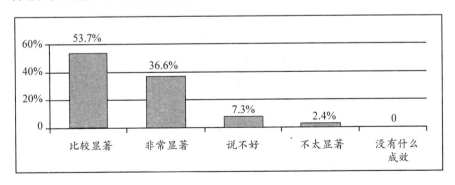

图6-20　远端校长认为全日制远程教学给学校带来变化的情况

针对同一个问题，调查结果显示，74.0％的普通高中教师认为，全

日制远程教学给学校带来显著变化；认为变化不太显著或没什么成效的
教师只有9.0%。（见图6-21）

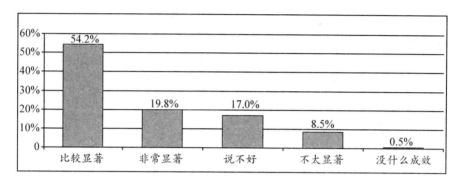

图 6-21　远端教师认为全日制远程教学给学校带来变化的情况

　　至于全日制远程教学给远端学校带来了哪些具体成效，普通高中校
长认为主要有四个方面。①关于学生：培养了学生良好的学习方法
（92.7%）；培养了学生良好的学习习惯（87.8%）；成都七中优秀学生为
远端学生树立了良好的学习榜样（85.4%）。②关于教师：大幅度提高了
教师专业能力（87.8%）。③关于优质教育资源：获得了成都七中优质教
育资源（97.6%）。④关于学校发展：引入成都七中先进的教育理念和管
理方法，带动了学校整体改革与发展（70.7%）。（见表6-11）

表 6-11　远端校长认为全日制远程教学给学校带来的成效

选项	百分比	频数
获得了成都七中优质教育资源	97.6%	40
培养了学生良好的学习方法	92.7%	38
培养了学生良好的学习习惯	87.8%	36
大幅度提高了教师专业能力	87.8%	36
成都七中优秀学生为远端学生树立了良好的学习榜样	85.4%	35
引入成都七中先进的教育理念和管理方法，带动了学校整体改革与发展	70.7%	29
增强了学生学习的自信心	61.0%	25
大幅度提高了学生的学习成绩	58.5%	24
促进了远端学校文化建设	51.2%	21
提高了学校知名度，吸引到当地更多的生源	51.2%	21

续表

选项	百分比	频数
接触到城市主流文化，增强了学生对国家的认同感	46.3%	19
学校吸引到更多的资金和设备	17.1%	7
稳定了当地干部和教师队伍	17.1%	7
没有带来什么成效	0	0
其他	0	0

对于同一问题，教师与校长的回答存在一定差异。教师认为主要取得了五个方面成效。①关于学生：成都七中优秀学生为远端学生树立了良好的学习榜样（68.9%）；培养了学生良好的学习习惯（57.1%）；大幅度提高了学生的学习成绩（47.2%）；增强了学生学习的自信心（39.6%）；增强了学生对国家、民族的认同感（29.7%）。②关于教师：大幅度提高了教师专业能力（48.6%）。③关于优质教育资源：获得了成都七中优质教育资源（83.5%）。④关于学校发展：引入成都七中先进的教育理念和管理方法，带动了学校整体改革与发展（42.0%）；提高了学校知名度，吸引到当地更多的生源（20.3%）；促进了远端学校文化建设（17.5%）；吸引了更多的资金和设备（9.4%）。

在小学，84.3%的调查对象表示，远程植入式教学给远端学校带来了显著变化；认为不太显著的只有6.1%。（见图6-22）

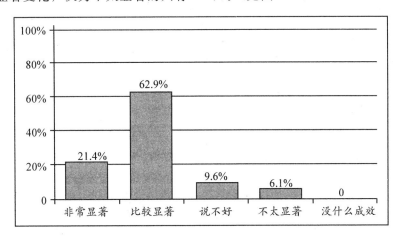

图 6-22　远程植入式教学给远端学校带来变化的情况

这些变化主要体现在多个方面：①获得了成都实验小学的优质教育资源（76.8%）；②大幅度提高了教师专业能力（69.6%）；③培养了学生良好的学习习惯（68.9%）；④课堂上学生学习气氛更加活跃，学生更愿意学习了（62.5%）；⑤成都实验小学优秀学生为远端学生树立了学习的榜样（60.4%）；⑥引入成都实验小学先进的教育理念和管理方法，带动了学校整体改革与发展（49.3%）；⑦提高了学生的学习成绩（42.5%）；⑧增强了学生学习的自信心（42.1%）；⑨促进了远端学校文化建设（36.4%）；⑩接触到城市主流文化，增强了学生对国家、民族的认同感（34.6%）。（见图6-23）

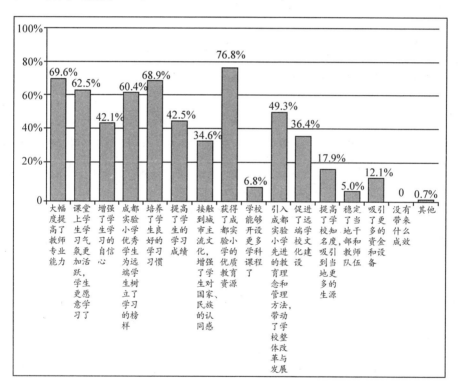

图 6-23　远程植入式教学给远端学校带来变化的情况

对于远程植入式教学给远端学校带来的变化，85.4%的小学受调查者认为，远程植入式教学"开启了贫困地区学生健康成长、实现梦想的幸福之门"；反对者只有3.6%。

二、全日制远程教学在一定程度上稳定了当地教师和干部队伍

教师问题是长期困扰着边远、民族地区教育发展的最为突出的问题和实现教育现代化的瓶颈。目前，我国边远、民族地区中小学教育在教师问题上面临三大挑战：一是教师来源问题——"下不去"；二是教师安心工作问题——"留不住"；三是教师业务水平提高问题——"教不好"。这些地区不仅难以吸引到教师，甚至一些学校因缺少教师连基本的日常教学工作都难以维系。在没有开展全日制远程教学之前，当地的惯常做法是，好学生家长待孩子初中毕业，就会将他们送到中东部发达地区去学习。有的校长说："当地学校留不住好学生，于是其他学生和家长就会对学校失去信心和希望，学校也就快办不下去了。"

而全日制远程教学的开展，在一定程度上稳定了边远、民族地区的教师和干部队伍。调查结果显示，58.5%的校长赞成这一观点；不赞成的只有 7.3%。（见图 6-24）52.0%的家长赞成这一观点；不赞成的占22.7%。有些家长说："不开设直播班，我们就把孩子送到城里、送到中东部发达地区上学。"调查结果显示，如果当地没有开设直播班，35.5%的家长表示，会把孩子送到中东部发达地区去学习。

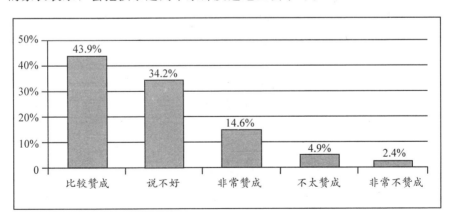

图 6-24　远端校长赞成全日制远程教学在一定程度上稳定了当地教师和干部队伍的情况

全日制远程教学的成功实践，稳定了当地学校的办学情况。调查结果显示，78.9%的网络教学班学生家长周围的人希望他们的孩子在本地

上网校。(见图 6-25)这表明,全日制远程教学对于改变边远、民族地区学校办学的社会生态发挥了重要作用。

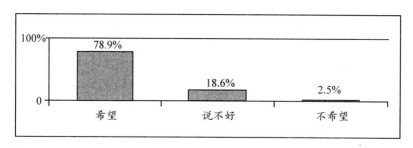

图 6-25 全日制远程教学学生家长周围的人希望他们的孩子上网校的情况

三、全日制远程教学探索出边远、 民族地区教育发展的新路

(一)形成城乡学生共享优质教育资源的机制和路径

调查结果显示,89.0%的普通高中远端学生表示赞成全日制远程教学是城乡学生共享优质教育资源的一条有效途径的观点;不赞成这一点的只有2.8%。(见图6-26)高达85.7%的普通高中远端教师也表示赞成;不赞成的只有5.8%。(见图6-27)95.2%的普通高中校长也表示高度赞成;不赞成的只有2.4%。

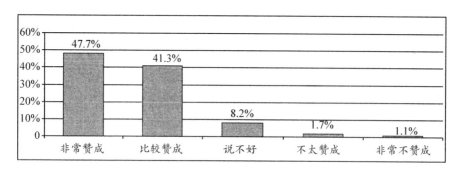

图 6-26 远端学生赞成全日制远程教学是城乡学生共享优质
教育资源的一条有效途径的情况

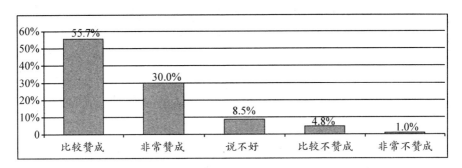

**图 6-27　远端教师赞成全日制远程教学是城乡学生共享优质
教育资源的一条有效途径的情况**

在远端小学，90.7％的被调查者认为，远程植入式教学是目前城乡学生共享优质教育资源的一条有效途径；只有 1.1％的人表示不赞同这一点。（见图 6-28）

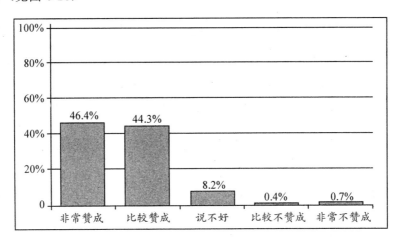

**图 6-28　远端小学赞成远程植入式教学是城乡学生共享优质教育
资源的有效途径的情况**

(二)找到远端教师专业发展的新途径

调查结果显示，83.9％的普通高中远端教师认为，全日制远程教学是目前边远、民族地区教师专业发展的一条比较现实、经济、有效的途径；不赞成的只有 5.2％。(见图 6-29)93.7％的普通高中远端校长高度赞成这一观点。在远端小学，高达 90％的被调查者高度赞成这一点。

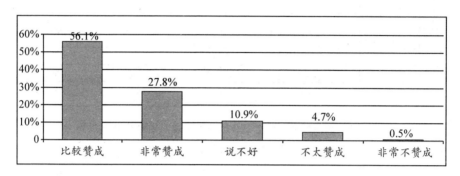

图 6-29　远端教师赞成全日制远程教学是远端教师专业
发展的一条比较现实、经济、有效的途径的情况

(三)探索出边远、民族地区教育实现跨越式发展的道路

全日制远程教学使边远、民族地区教育实现了跨越式发展。据成都七中东方闻道网校负责人介绍："原来四川省一些民族地区的中学只有文科学生，因为学校开不了理科课程，即便开了课，学生也学不会。而全日制远程教学的开展，彻底改变了这一切。现在这些地区不仅可以开设理科课程，而且当地学生还考上了清华大学，彻底改变了当地的文化面貌。"调查结果显示，76.5％的远端教师表示高度赞成全日制远程教学是边远、民族地区教育实现跨越式发展的一条有效途径的观点。其中，22.5％的教师表示非常赞成；54.0％的教师表示比较赞成。认为说不好的教师有 18.3％；不太赞成的教师只有 5.2％。(见图 6-30)同时，高达87.8％的校长、89.0％的学生和 84.4％的家长表示高度赞成。

全日制远程教学给边远、民族地区教育带来了实实在在的变化，得到了当地政府和百姓的认可，并得到迅速推广。

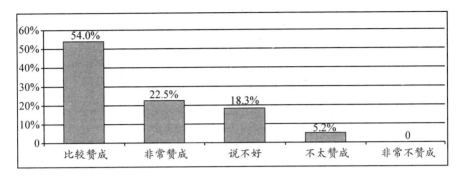

图 6-30　远端教师认同全日制远程教学是民族地区学校教育
实现跨越式发展的一条有效途径的情况

第七章

全日制远程教学面临的困难与挑战

第一节　全日制远程教学面临的三大难题

全日制远程教学是一项开拓性事业，在实践中面临诸多困难与挑战，如政策困难、经费困难、推广困难等，但学生、教师和校长在学习、工作与管理中遇到的困难与挑战是制约这项事业发展的主要因素。

一、远端学生综合素质较差，学得困难

（一）大部分学生反映学习困难较大

在针对普通高中学生的问卷调查中，63.4％的学生反映学习困难大。其中，51.0％的学生反映学习比较困难；12.4％的学生反映学习非常困难。反映学习不太困难的学生有15.3％；反映学习没什么困难的学生只有2.6％；18.7％的学生表示说不好。（见图7-1）这表明，60％以上的学生都面临较大的学习困难。

我们知道，学生在学习中遇到困难是教学中常见的问题。在学校里，总会有一部分学生的成绩比其他学生落后。国外有研究显示，学习困难的发生率为20％～25％。国内一些地区的结论为13％～17％[①]。全日制

---

① 丁艳华、冯玲英：《学习困难儿童智力水平与结构分析》，载《中国临床心理学杂志》，2002(3)。

远程教学中有这么多学习困难学生，的确是一个较大的问题。

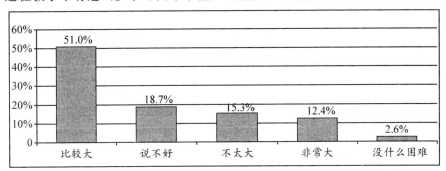

图 7-1　远端学生感到学习困难大小情况

(二)学生遇到困难的原因分析

学生学习困难到底是什么造成的？调查结果显示，普通高中学生在学习过程中遇到困难的主要原因依次为：①57.3％的学生认为自己自主学习能力较差；②54.1％的学生反映自己基础较差；③52.3％的学生认为自己学习方法不好；④45.3％的学生认为自己学习习惯不好；⑤41.6％的学生认为教学速度和难度超出自己的学习能力；⑥41.4％的学生认为自己意志力不强；⑦34.7％的学生表示课上成都七中教师与远端学生互动较少；⑧15.5％的学生反映不适应这种学习方式，感觉上课自己就像是电视观众；⑨13.8％的学生反映自己遇到困难时得不到帮助；⑩8.6％的学生反映，直播班屏幕上的字、符号或声音不清楚。另有4.5％的学生认为有其他原因。（见图 7-2）

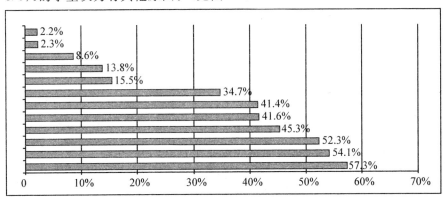

图 7-2　远端学生学习遇到困难的原因

在针对远端小学的教师、校长和技术人员的问卷调查中，远端学校认为学生学习困难较大的主要原因有四点：第一，自主学习能力较差，占 83.6%；第二，学习习惯不好，占 56.4%；第三，学习方法不好，占 45.0%；第四，与成都实验小学学生相比学习成绩差距越来越大，占 34.3%。（见图 7-3）

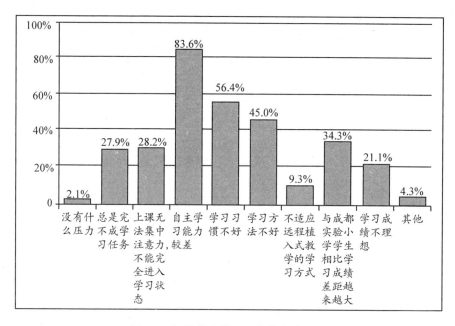

图 7-3　远端学生学习压力较大的原因

从普通高中学生和小学生遇到困难的原因中，我们不难看出，其原因主要来自两个方面：一是学生自身素质存在欠缺，比如自主学习能力、意志品质、学习习惯、学习方法、学习基础等的不足；二是全日制远程教学设计本身也可能对学生产生一定的负面影响，比如学习难度大、学习任务量较大、互动少等。

追赶城市名校学生的过程注定是一个比较艰辛的过程。远端学生与名校学生在学习基础与综合素质方面存在较大差距，这是客观存在的事实，所以将两者放在同一个平台上学习，使远端学生处于追赶名校学生的状态中，往往会超出大部分远端学生的承受能力。在这样的制度设计下，远端学生自身的不足会充分暴露，并产生较大影响。例如成都七中

"三高一大"的教学特点，即高起点、高难度、高速度、大容量特点，使远端学生更加感受到较大的学习压力与心理压力，这也注定了远端学生的学习将会是一个艰苦的困难重重的历程。

此外，学习方式的改变也会给远端学生带来一些不利影响。例如，有些远端学生在学习过程中不适应，感到像是在看电视，学习乏味；感到缺少互动，上课容易走神，并出现疲怠感。康定中学王蓉老师在《远程教学模式下新教师的班级管理》一文中写道："远程教学模式下的班级和传统意义下的班级有着一定的相似性，但也存在诸多差异。在远程教学班的授课过程中，教师的教与学生的学超越了时间及空间限制，但师生之间的课堂互动变得不太明显。特别是在录播教学的班级，因为学生与'学生'之间是在不同空间、不同时间进行学习的，当放课堂实录时，大家的感受就是在看别人学习，与我们无关，我们仅仅是'观众'。因此，为了让学生尽快了解录播教学，开课时，我给学生介绍了录播课堂学习的方法及我们的名校教学，即成都七中育才学校的教学，让学生对成都七中育才学校有初步了解，然后通过视频及课件让学生了解成都七中育才学校学生积极向上、刻苦学习的面貌，进而增强我班学生学习的热情。"[1]

二、教师教学面临诸多困难与挑战，教得费劲

(一)教师教学面临的种种困难与挑战

由于边远、民族地区学校教育基础薄弱，师资队伍观念落后、知识陈旧、教学方法单一，学生基础差等诸多问题，教师利用城市优秀教师课堂教学实录面临许多挑战。调查结果显示，普通高中教师在全日制远程教学工作中，通常会遇到十大困难与挑战：①由于与成都七中差距较大，完全同步困难较多(76.5%)；②教学中成都七中教师与远端学生缺少互动(70.0%)；③学生基础薄弱，压力大，焦虑程度较高(70.0%)；

---

① 王蓉：《远程教学模式下新教师的班级管理》，30 页，康定中学第 19 届教育教学年会交流资料，2013。

④教学中学生看电视时间过长，感到乏味（51.6%）；⑤学生学习习惯不好（46.9%）；⑥城乡师生间、学生间缺少沟通与交流（35.7%）；⑦学生学习方法不好（34.3%）；⑧教学的工作量大，使教师长期处于疲于奔命状态（32.9%）；⑨教师在教学中由"主角"变成"配角"，难以接受（18.8%）；⑩与成都七中教师之间的配合比较随意，缺少必要的规范。

而在小学远程植入式教学中，教师遇到的困难也不小。调查结果显示，远端教师在教学中主要遇到了六大困难：第一，学生基础薄弱，压力大，焦虑程度较高（73.9%）；第二，城乡师生间、学生间缺少沟通与交流（54.6%）；第三，教学中成都实验小学教师与远端学生缺少互动（52.5%）；第四，学生学习习惯不好（49.3%）；第五，教师教学的工作量大，长期处于疲于奔命状态（42.1%）；第六，学生学习方法不好（37.9%）。（见图7-4）

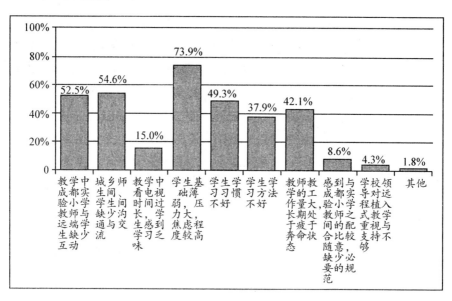

图7-4　小学远端教师在教学中遇到的挑战和困难情况

（二）教师遇到困难与挑战的原因分析及应对建议

教师遇到的困难与挑战主要体现在三个方面：一是远端学校与名校存在客观差距；二是远端学生综合素质与名校学生有较大差距；三是远

端教师自身的心态原因。毋庸置疑，远端教师在全日制远程教学过程中，会面临许多困难和挑战。例如，有些教师反映，尽管有一周一次的"同时备课"，名校教师也会提前给他们教案，但他们仍然感觉与名校教师沟通不够，在课堂上比较被动；教学的工作量大，使自己的工作压力陡然增大；总是感到学校领导对全日制远程教学重视与支持不够；感到全日制远程教学需要的计算机或网络技术难以掌握等。但远端教师面临的最大问题与挑战是心态失衡问题——他们感到自己在学生心目中的神圣地位被名校教师取代了。

康定中学何丽萍老师在谈到自己的失衡心理时写道："长期使用课堂实录讲课的教师和高中网课直播班的教师一样，可能会有一种'失衡'感，感觉自己在课堂上扮演了一个非常尴尬的角色。传统的教育观念认为，所谓师者，传道、授业、解惑者也。随着教育理念不断更新，教师在课堂上的地位由'主教'变为'主导'，远程网络教育更是把教师推到了'辅导'位置。对于在课堂上突然被'剥夺'话语权和主导权，远端教师很不适应。他们认为自己似乎不再是一个执教者，而是一个可有可无的旁观者。自己的教学水平没有办法在课堂上展现，和学生缺少了知识上的沟通，也会削弱他们在学生心中的'权威'。因此，上网络录播课的教师，如何平衡这样的心理落差，重新定位自己在课堂上的角色是非常重要的。"①

对于如何转变远端教师这种失衡的心态，何丽萍老师给出了自己的建议。

首先，在全日制远程教学新的环境下，远端教师要转变传统的"一位教师"的课堂观念，明白自己在录播教学中的重要性，正确定位自己的角色，做一名虚心的学习者。录播课最大的优势就是可以让远端学生享受到成都七中的优质教育资源。同时，在与成都七中教师协作教学中，远端教师也可以学习到成都七中优秀教师的先进的教学理念和教学方法，不断提升自己的教学水平。同时，在每周一次的备课中，远端教师应积极地参与讨论，将自己的观点充分融入合作教学的模式，让自己真正成为教学的设计与开发者。

---

① 何丽萍：《远程教学模式下课堂教学管理研讨》，33 页，康定中学第 19 届教育教学年会交流资料，2013。

其次，做学生学习过程中的引导员。远端教师应该明白自己在课堂上并不是一个可有可无的旁听者，而是学生学习生活的引领员，引领学生如何高效地学习。他们只是由传统型的教学型教师变成了一位服务型的教师。远端教师应该全心全意为学生的学习提供最好的服务，营造一个良好的学习环境，让他们拥有宽松和谐的心理，全心地投入学习。前端教师和远端学生缺少互动，很容易使学生成为被动的"看客"，所以远端教师要引导、组织好学生的提问讨论活动并做出及时反馈，营造与前端课堂一样"热闹"的气氛，提高学生的课堂参与度。

再次，做学生学习过程中的监督员。课堂管理是教学过程中一个相当重要的环节。在空间上，前端教师不可能直接掌握远端学生的学习动态，所以远端教师就肩负起了学生课堂管理的重任。学生在观看课堂实录的过程中，面对一个固定的屏幕，容易疲倦，很难集中精力听完一节课，这就要求远端教师在课堂上关注每个学生的学习状态，及时提醒那些容易走神、打瞌睡的学生，保证课堂教学顺利有效地进行。除此之外，远端教师还应监督学生做好作业，并及时对学生的作业情况进行评估与反馈。

最后，做学生生活中的朋友。前端教师与远端学生的联系只维持在课堂中，而学生在生活中接触的还是远端教师。远端教师要在生活中关心照顾好学生，在与学生接触中了解学生的思想生活，当他们在生活中遇到困难时给予及时帮助，在学习中遇到困惑时给予悉心指导，面临生活中的挑战时给予真诚鼓励，尽自己所能帮助他们成长。

三、校长管理涉及因素较多，管得艰难

开展全日制远程教学是一项复杂的事业，只单独引进技术、资源是远远不够的，需要对学校进行整体改革。美国著名记者、全球化专家托马斯·弗里德曼在《世界是平的》一书中写道："单独引进技术是远远不够的，只有当新技术与新的做事情的方法结合起来的时候，生产力方面巨大的收益才会来临。"①然而，对于边远、民族地区的学校来说，改革并不

---

① 转引自关中客：《电子书包：给家长的 10 个建议》，载《中国信息技术教育》，2012(10)。

是一件容易的事，会面临诸多困难与挑战。调查结果显示，校长认为，开展全日制远程教学遇到最大的困难与挑战是教育观念落后、学校与名校差距较大、师生压力较大和缺少互动，同时教师和学生不适应、缺乏管理经验等也在一定程度上会影响工作的开展。（见表7-1）

表 7-1　远端校长在全日制远程教学中遇到的困难与挑战

选项	百分比	频数
由于与成都七中差距较大，完全同步困难较多	82.9%	34
教师和学生压力较大	78.0%	32
教育观念落后，有些干部教师对全日制远程教学的重要性认识不足	73.2%	30
教学中成都七中教师与远端学生缺少互动	73.2%	30
学生学习习惯不好	61.0%	25
教学中看电视时间过长，学生感到学习乏味	56.1%	23
学生学习方法不好	53.7%	22
学校经费不足	41.5%	17
学校缺乏相关管理经验	39.0%	16
教师在教学中由"主角"变成"配角"，难以接受	31.7%	13
城乡师生间、学生间缺少沟通与交流	29.3%	12
其他	2.4%	1

第二节　全日制远程教学遭遇"缺少互动"难题

人们普遍认为，全日制远程教学"缺少互动"是远端学生学习困难的主要原因之一，但研究结果表明这是一个假命题。

一、"缺少互动"造成学生学习困难了吗

调查结果显示，远端普通高中高达 70.0% 的教师、73.2% 的校长和

34.7％的学生认为，全日制远程教学"缺少互动"是学生学习困难的主要原因之一。此外，15.5％的普通高中远端学生反映他们不太适应这种学习方式，由于缺少互动，感觉自己上课就像是电视观众。在基线调查过程中，远端学校的校长、教师和学生都不约而同地指出，为保证直播课程的连续性，远端教师很难在直播课中有效地开展师生交流，所以前端教师与远端学生之间的课堂互动较为缺乏是学生学习困难的主要原因之一。远端师生通常将远端学校开展全日制远程教学的三大挑战归纳为"缺少互动""与成都七中差距较大，完全同步有困难"和"学生基础差"。

在直播课堂上，由于时间限制，加上远端学生人数众多，前端教师在课堂提问环节不可能与远端学生互动，只能与本校学生进行课上交流，这几乎成为全日制远程教学的"软肋"。全日制远程教学"缺少互动"的观点，似乎得到了远端学校广大师生的普遍认可。事实果真如此吗？"缺少互动"真的是由全日制远程教学带来的问题吗？这需要我们进行深入调查与分析。

二、"缺少互动"是传统课堂教学的痼疾

全日制远程教学是在班级授课制基础上建立起来的，必然受到传统教学方式的限制。"缺少互动"是班级授课制的痼疾，并不完全是全日制远程教学带来的，只不过全日制远程教学使得这个老大难问题显得更加突出罢了。

课堂教学互动是师生互相交流、共同探讨、互相促进的一种教学组织形式。然而，在现实中，课堂教学互动难以发挥作用，主要存在几大问题。①互动形式比较单一。在课堂上，大多数互动形式是教师提问学生回答，形式比较单一、机械，而学生提问或生生互动非常少。国内外许多研究结果表明，课堂上生生间的互动是一种宝贵的、能促进有效教学的活动。但现实中，这种互动难以真正实施。②互动内容偏重于认知互动。人们通常将互动的内容分为认知互动、情意互动和行为互动三个方面，并认为情意互动和行为互动可以有效促进认知活动。但在传统课堂教学中，教师普遍注重认知互动，而忽视情意互动和行为互动。在课堂上，我们很难见到学生真挚情感的流露和内心世界的表白。③互动层次

上多为浅层次互动。有教师反映："在课堂教学互动中，我们常常听到教师连珠炮似的提问和学生机械反应似的回答。这一问一答看似热闹，实际上既缺乏教师对学生的深入启发，也缺乏学生对教师问题的深入思考。事实上，这些交流和沟通仅仅停留在形式上，并未触及学生的心灵，在很大程度上甚至是一种无效教学。"[1]④互动权利控制在教师手中。课堂上的互动多为"控制—服从"型，即教师掌握互动控制权，学生只是被动配合的对象，这种互动不过是课堂教学的一种"点缀"。

那么，该如何突破传统教学对课堂互动的束缚，使传统教学真正释放出互动的教育价值呢？国家第八次课程改革，强调突出课堂教学中学生的主体地位，倡导学生自主学习、探究学习、合作学习。因此，课堂教学互动被摆在了越来越重要的位置，不仅互动的时间在增加，而且互动的内容也在不断丰富。

要想真正改变课堂教学的互动状况，教师应从以下几点努力。

首先，教师需要转变学生的地位，使学生敢想、敢说、敢问、敢创新，真正成为知识意义的主动建构者。

其次，教师应实现自身角色的转变，由知识的传授者、灌输者，转变为教学组织者、指导者和意义建构的帮助者、促进者。

再次，教师应在教学中增加基于问题和项目的教学，让学生在合作学习中积极主动地探索知识、灵活运用所学知识，并敢于质疑，大胆发表自己的见解，注重培养学生的创新能力。

最后，教师应充分利用信息技术，为学生创设主动学习、协作探究的环境。

三、研究结果表明，"缺少互动"是一个假命题

在全日制远程教学过程中，影响互动的因素较多，也较为复杂。为了了解互动产生的影响，及其对哪部分学生产生的影响较大，我们在问卷调查和基线调查中着重对几个相关因素进行了深入研究。结果发现，全日制远程教学"缺少互动"的观点更多是建立在人们主观猜测基础上的，

---

[1]　岳芬：《高中语文课堂师生对话意识淡漠》，载《读写算·教育教学研究》，2011(59)。

对学生的真实想法和认识并不是太了解，或者说是人们将全日制远程教学带来的挑战归结到了"缺少互动"上。

(一)"缺少互动"仅对三分之一多的学生产生影响

在全日制远程教学中，对学生学习产生不利影响的因素较多。调查结果显示，在影响学生学习的十大困难因素中，"缺少互动"仅排名第七，只有34.7%的学生(大约占所有学生总数的三分之一)认为这是影响他们学习的主要困难。(见图7-2)而这部分学生中大多数的学习成绩排在靠后位置，属于学习较困难学生。这说明，"缺少互动"对学生整体的学习影响比较有限，至少不应是影响学生学习的主要因素。现实中，这一影响因素常被人为夸大。

(二)授课教师不在教学现场，只对三分之一多的学生带来影响

全日制远程教学与普通的课堂教学的区别之一是授课教师不在教学现场，这会对远端学生的学习产生影响吗？调查结果显示，43.2%的学生认为直播教学中授课教师在不在他们面前效果都一样；34.6%的学生认为不一样；22.2%的学生认为说不好。(见图7-5)可见，认为授课教师不在教学现场对自己学习有影响的学生只占所有学生总数的三分之一多。

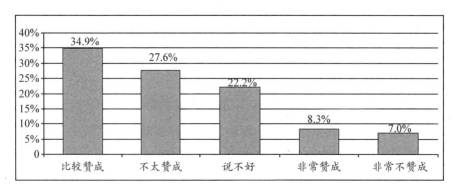

图7-5　远端学生赞成授课教师在不在教学现场效果都一样的情况

(三)不到三分之一的学生认为前端教师只与前端学生互动会对他们产生较大影响

全日制远程教学中，前端教师与学生之间的互动并不少，只不过这种互动是前端教师与前端学生之间的互动，这会不会对远端学生产生较大影响呢？调查结果显示，45.2％的学生认为影响比较小；8.7％的学生认为完全没有影响；23.2％的学生认为影响比较大；4.4％的学生认为影响非常大；18.5％的学生表示说不好。(见图 7-6)可见，认为有影响的学生为 27.6％，占学生总数不到三分之一。

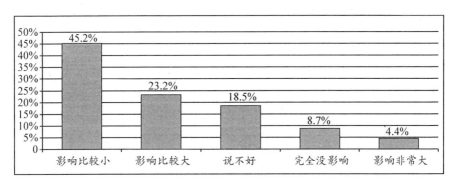

图 7-6　远端学生认为前端教师只与前端学生互动对他的影响情况

(四)多数学生认为，看前端教师与前端学生互动或与本班学生互动的效果一样

在课堂上，远端学生看前端教师与前端学生互动效果好，还是看前端教师与本班学生互动效果好？调查结果显示，31.8％的学生认为，看前端教师与本班学生互动效果好；31.4％的学生认为，看前端教师与前端学生互动效果好；25.6％的学生表示基本一样；9.8％的学生表示说不好；1.6％的学生持其他意见。这说明，前端教师与前端学生互动，只会对三分之一多的学生产生不良影响。

(五)多数学生认为，看远端教师或本班教师组织的教学活动的效果一样

对于课上看远端教师组织的教学活动或讨论收获更大，还是看本班教师组织的教学活动的收获更大，调查结果显示，37.0%的学生认为，看本班教师效果好；36.3%的学生认为，看远端教师的效果好；24.9%的学生认为效果大体相当。(见图 7-7)这说明不到40%的学生认为，看自己本班教师组织的教学活动效果好。在实际教学中，如果教学设计中有花费时间较多的教学活动或讨论机会，大多数远端教师在前端教师组织活动或讨论时，都会代替前端教师组织本校学生同步活动或讨论，不会影响师生间的互动。

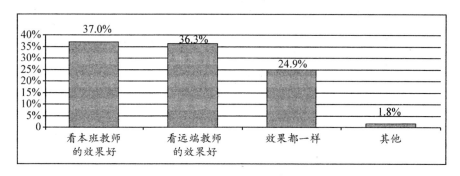

图 7-7　远端学生认为课上看远端教师或本班教师组织的教学活动的效果情况

通过对上述几个问题的深入分析，我们可以看出，大部分远端学生并不认为"互动"问题会对自己的学习产生了较大负面影响，而认为有较大负面影响的学生只占到三分之一左右，并且他们属于在班级中学业成绩排名靠后、学习比较吃力的学生。因此，"缺少互动"基本上只是对学习成绩排名后30%多的学生产生了较大影响，而对排名前60%多的学生而言，其产生的影响与普通教学没有什么明显区别。其实，学习成绩排名靠后的学生更需要来自教师的帮助，而不是所谓"互动"。在基线调查中我们还发现，远端学生中学习较好的学生更倾向于喜欢看前端教师与前端学生之间的互动，他们感到这样效果更好；而学习较差的远端学生感觉听本班学生回答问题效果更好。

第三节　全日制远程教学面临的困难与挑战的深层原因分析

一、全日制远程教学尚未摆脱传统教学的四大束缚

21世纪以来，我国教育信息化蓬勃发展，在基础建设方面取得重要突破，为教育改革发展奠定了基础。不过，我们必须看到，我国教育信息化基本上是在现有教育教学体制机制下展开的，尚未摆脱传统教学"时间＋汗水"的羁绊。全日制远程教学模式虽然在将优秀教师智慧向边远、民族地区辐射方面取得革命性突破，但其他方面仍停留在传统教育体系下，受到种种 1 制约。

目前，在世界范围内，教育信息化发展普遍遭遇到"顶棚效应"。所谓"顶棚效应"是指在现有学校教育教学体制机制下，教育信息化的发展空间有限，发展到一定阶段后，接近极限，不管如何努力，都难以发挥更大效益。例如，我国教育信息化应用普遍出现低效现象，如电子书包、平板电脑教学应用看似搞得红红火火，但实际上，更像是富裕地区教育行政部门的政绩工程和重点中小学校的面子项目。笔者几年前发表文章指出，《国家中长期教育改革和发展规划纲要（2010—2020年）》和《教育信息化十年发展规划（2011—2020年）》颁布以来，我国教育信息化进入高速发展时期，可以预计，用不了几年时间其面貌将发生巨大改变，整体上缩小我国与世界主要发达国家之间的差距。不过，这种改变很可能发生在学校教育"主阵地"——课堂教学之外，与我国社会其他领域因信息技术影响而正在"从量变走向质变"的发展趋势相背，值得高度警惕。一个时期以来，我国教育信息化设备闲置、低效应用或表演式应用现象突出，这与信息化发展道路受体制机制等诸多方面的束缚密切相关。① 可以说，在现有教育教学体制机制不变的情况下，全日制远程教学也同样面临教育信息化面对的四大束缚。

（一）理论束缚

21世纪以来，国家站在时代高点，敏锐提出"信息技术对教育具有革

---

① 张杰夫：《教育信息化为何停滞？》，载《光明日报》，2014-11-11。

命性影响，必须予以高度重视"和"以信息化带动教育现代化，破解制约
我国教育发展的难题，促进教育的创新与变革"的发展战略和方向。然
而，该战略和方向在实际贯彻执行层面出现脱节，将信息化战略意义降
格为局部的技术应用甚至是技术部门的事，离服务好国家教育改革与发
展大局还有相当的距离。究其原因，与我们奉行的教育信息化理论逻辑
有着直接关系。

2005 年，联合国教科文组织从理论逻辑角度给出了人类教育在信息
技术支持下进行诱致性制度变迁的路线图，即教育信息化"四阶段论"，
即"起步、应用、融合、创新"①。（见图 7-8）这一理论假设在国际上得到
了普遍认可。多年来，世界各国的教育信息化走的就是这样一条道路。
然而，实践逻辑已经证明，在教学制度不变的情况下，除了浅层次应用，
信息技术与课堂教学的融合是一条走不通的路。

图 7-8　教育信息化发展"四阶段论"

利用美国学者埃弗雷特·罗杰(Everett M. Rogers)斯在 20 世纪 60 年
代创立的"创新扩散理论"，来分析信息技术在教育领域扩散的状况我们
就会发现，信息技术传播、扩散在进入"第三阶段"，也就是相当于教育
的"融合"阶段（或"信息技术与课程整合"阶段）时出现一条鸿沟，即曲线
不是向上延伸，而是横向前行，我们称这种现象为教育信息化"扩散鸿
沟"。（见图 7-9）"扩散鸿沟"现象表明，信息技术在教育领域很难从实验、
浅层次应用中走向深层次的大规模应用。这条"扩散鸿沟"到底有多"宽"？
据粗略估算，目前，我国教育信息化已经出现了 5～7 年的停滞期，而信
息技术相对发达的国家美国、日本出现了 10～12 年的停滞期。

其实，"扩散鸿沟"现象在美国、日本等信息社会先行者身上早就初

---

① 杨宗凯：《教育信息化十年发展规划（2011—2020 年）框架设计思路》，http：//
www. moe. gov. cn/publicfiles/business/htmlfiles/moe/s6601/201207/139014. html，2013-08-20。

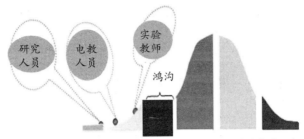

图 7-9　教育信息化"扩散鸿沟"

见端倪。例如在美国，21 世纪初期，中小学就已经全部联网，生机比达到 5：1；日本也差不多在同期达到这样一个水准。但信息技术在课堂教学方面的应用基本上是"原地踏步"。美国中小学信息技术主要用于课外，相当于用在研究课上。我国著名教育技术学专家何克抗教授指出："多年来美国（乃至整个西方）教育界关于信息技术与课程整合，一直是在课前及课后下功夫，而较少在课堂上（即课堂教学过程的几十分钟内）去进行认真的探索。"[①]而在日本，信息技术主要用于综合实践、家庭等副科，而数学、语文等主科应用较少。[②]（见图 7-10）

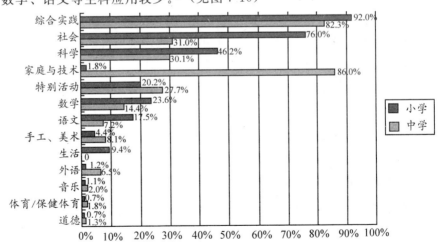

图 7-10　日本信息技术在教学中的应用情况

---

①　何克抗：《信息技术与课程深层次整合的理论与方法》，载《电化教育研究》，2005(1)。

②　日本教育工学振兴会：《第 5 回教育用コンピュータに関するアンケート调查报告书(拔粹版)》，http：//www.japet.or.jp/index.cfm/4，1385，98，75，html，2009-05-19。

"整合""融合"之路既限制了人们的创造性，又模糊了教育信息化的历史使命，最终走的是一条技术路线：人们只看到技术在变，而教与学方式没变，教育教学质量也没有显著提高。如果将信息化教育比作一座新城，我们现在所做的"顶层设计"不过是在"地面"上下做的"修路""建地下管道"和"送货"工作。在国内外教育信息化的大背景下，全日制远程教学也难免受到影响。因此，唯有对教育信息化理论逻辑进行调整，先"创新"后"融合"，即先打破现有的体制机制框架，然后再"融合"，全日制远程教学才可能迈上新的台阶。

(二)应试教育体制束缚

全日制远程教学本应成为破解教育发展难题、砸碎应试教育"流水生产线"的巨大推动力，然而，知易行难，在应试教育这台以考试为轴心的层层相连、环环相扣的考试机器面前，信息技术也只能"机枪当棒子用"。几年前，笔者在一所小学做英语教学实验，试图利用一个在国外几十个国家应用效果显著的教学系统，解决西部贫困地区、民族地区英语教学质量较差或因缺少英语教师开不了课的问题，寻找一条促进西部教育均衡发展的道路。该教学系统丰富多彩的内容、个性化的学习方式受到学生的热烈欢迎。校长说："我当了二十多年校长，没见过学生下课听不见铃声的。"实验教师也感到教学系统功能强大，但仍十分担心应试训练不足，会影响学生在学校、区里各种考试的排名。我们说，教学系统是一个培养能力的系统，学生基础打扎实了，能力提高了，成绩自然就会大幅度提高，但似乎各方都无法等到那一天。

(三)教学制度束缚

全日制远程教学的变革会受到成熟的班级授课制的排斥。班级授课制是300多年前教育为了适应工业社会需要，而创建的核心教学制度，其时空限于课堂，视野限于教材，每节课的每一分钟都被设计好、安排好。对班级授课制的再造绝不是教师个人、学校、一般教育行政部门可以完成的。

这种情况下，学生已有的平板电脑、智能手机等，由于学校担心它们的负面影响，在学校一般不能随便使用。有学者称，我国中小学课堂存在的主要痼疾是"教条化、模式化、静态化、单一化"①。这种课堂教学缺少变化，更缺少创新，与智慧教育没有多少关系。多年来，我们的社会工具在变，技术也在变，而课堂教与学的方式没有太大变化，教学的本质也没有太大变化，这种状况令人沮丧。

(四)管理体制束缚

多年来，我国教育信息化管理一般是由主管部门和相关技术单位负责的，其特点是重建设、轻应用，建用分离、技术思维占主导地位，从由上到下的教育信息化领导小组成员构成就可以看出这一点。负责实际应用的部门往往被放在不重要的位置上或直接被忽略掉，其结果是出现一轮又一轮的设备购买浪潮。轻应用还有一个重要表现，就是多年来，教育一直遵循"自我投入、自我建设、自我使用"的运行模式，排斥企业，害怕市场，结果造成教师被定位为软件开发者。在技术思维的主导下，我们最终实现的很可能是技术的现代化，而不是教育的现代化。

二、全日制远程教学的潜力远远没有发挥出来

(一)城乡师生的群体智慧远远没有发挥出来

在第四章中，我们介绍，远端学生在学习中遇到困难时，通常会采取三种方式解决：第一，找本校教师；第二，找本校同学；第三，自己看书。在这三种途径中，他们认为本校直播班教师对他们的学习帮助较大。他们唯独没有去找与他们学习密切相关的那些"学霸"与名师——前端学校的同学和教师。这反映出，全日制远程教学尚未充分发挥信息技术的潜力，没有释放出蕴藏在教师和学生之中的群体智慧。

"互联网＋"时代是群体智慧时代。互联网技术的迅猛发展，让我们彼此之间的距离变得不再遥远，让那些原来并不相关的学校、学生联系在一起，形成新的群体，并形成巨大的智慧能量。长久以来，班级是学

_____

① 郑金洲：《重构课堂》，载《华东师范大学学报(教育科学版)》，2001，19(3)。

校开展教学活动的最小单位，所以不同班级、不同学校间的学生几乎不发生学习往来，而全日制远程教学模式打破了这一状况。在"第二学习空间"中，一位优秀教师可以教授几十所、几百所甚至成千上万所学校的学生。通过网络，这些学生形成了一个密切相关的庞大的学习群体，他们可以在其中相互交流、相互帮助、共同提高。全日制远程教学聚集起来的这个群体具有强大的力量，如果能够将蕴藏在城乡师生间的群体智慧与价值充分挖掘、释放出来，将为我国教育实现均衡发展提供新的动力源。

群体的智慧到底会有多大？现实生活中，我们当中的大多数人可能会认为，知识、真理掌握在少数人手中，且少数专家做出的决策比大多数普通人更加聪明，而很少有人相信"乌合之众"也能有专家那样的出色智慧。不过，著名的美国《纽约客》杂志专栏作家詹姆斯·索罗维基（James Surowiecki）就相信。他在《群体的智慧：如何做出最聪明的决策》一书中提出了"群体的智慧"（the wisdom of crowds）概念。他认为，我们要么低估了群体的智慧，要么高估了精英或者专家们的作用。詹姆斯·索罗维基在书中列举了大量的证据和故事，环环相扣地阐明："多数人的群体智慧超过少数人的个体智慧。"他在书中列举了一次竞猜牛的质量的比赛：

1906年的一天，英国科学家伽尔顿去了一个乡村集市。在集市上漫步时，他偶然来到一处"猜质量赢大奖"的比赛场地。一头肥壮的公牛被牵到展台上。聚拢过来的人纷纷对这头牛的体重下赌注。一共有800人想碰碰运气，其中有些是屠户和农民。更多外行也想和他们一争高下。当竞猜结束、奖品分发完毕后，伽尔顿找了张纸，进行了一系列统计分析。他将所有竞猜者估计的质量都记下来，然后计算这组数据的平均值。结果会是多少呢？伽尔顿认为，这个平均值与标准值一定相去甚远。毕竟，外行人占大多数。但是，他完全错了。这个群体猜测的牛的净重为1197磅（1磅≈0.45千克），而事实上，牛的净重为1198磅。换句话说，群体的判断基本称得上完美。伽尔顿总结道："群体判断的准确性，要比预想的可信。"

伽尔顿的发现说明在适当的环境下，群体在智力上表现得非常突出，而且通常比群体中最有智慧的人还聪明。即使群体中的绝大多数人都不是特别见多识广或富有理性的人，他们也能做出充分体现集体智慧的决定。索罗维基《群体的智慧：如何做出最聪明的决策》一书揭示了群体智慧所蕴含的巨大潜力，也为"互联网＋"时代教育发展指明了方向。如何激发和释放出城乡师生的群体智慧，应该是全日制远程教学未来发展应该重点关注的一个方向。

对于如何激发和形成群体智慧，索罗维基给出了四个条件。

第一，多样化的观点（diversity of opinion）。每个人都有自己独立的见解，哪怕有些见解看似荒诞。多样化的见解可以相互抵消彼此判断中的谬误，增加群体智慧判断的正确性。

第二，独立性（independence）。人们对事物的判断不仅依赖于周围人的观点。众人的独立见解是群体智慧胜过个体智慧的重要因素，因为独立性能使一群人的错误不至于发生关联而影响到群体的判断，从而使独立的个体有更多的新信息。

第三，分散性（decentralization）。人们可以充分发挥个体的差异性，从而为群体智慧贡献更具个性化和本地化的智慧。

第四，聚合性（aggregation），一种能够集中个体判断，形成群体决策智慧的机制。对于群体而言，这种集中大家个体智慧的机制往往是共同的经验、习俗、文化、规则等。

（二）全日制远程教学缺乏对学生学习兴趣的激发

在基线调查中，我们了解到，在学习过程中，一些远端学生感到学习枯燥乏味，缺乏兴趣。传统教学缺乏对学生学习兴趣的激发，对此美国两位在线学习代表性人物深有感触。恩蒂多·埃图克（Ntiedo Etuk）说："审视今天的教育体制，它究竟出了什么问题？我发现最严重的问题就是，这个体制不知道如何激励孩子。"而可汗认为："每个人生来都有积极性。我认为，我们现在的教育模式的确无法调动孩子的积极性。"爱因斯坦有句名言："兴趣是最好的老师。"他还说，"如果把学生的热情激发出来，那么学校所规定的功课就会被当作一种礼物来领受"。德国教育学家第斯多惠更进一步指出，教学的艺术不在于传授本领，而在于激励、唤醒和鼓舞。没有激发、唤醒，便没有教育。

全日制远程教学应该是一种比传统教学更为先进的教学模式，其优势在于利用信息技术手段激发学习兴趣，营造丰富多彩、寓教于乐的学习环境。遗憾的是，全日制远程教学在一定程度上延续了传统的教学方式，并没有充分发挥信息技术的巨大教育潜力，没有将"激励、唤醒和鼓舞"作为其追求的重要目标。

(三)全日制远程教学尚未提供多层次教学服务

我们在本章第一节中谈到，在全日制远程教学中，51％的远端学生反映学习比较困难，12.4％的远端学生反映学习非常困难。在学习过程中，远端学生处于追赶状态，遇到学习困难比较正常。对此，前端学校、远端学校的教师采取了各种举措，也取得了明显效果。在实行了近两年的全日制远程教学中，还有如此多的学生出现较大的学习困难，反映出全日制远程教学模式有些尚未解决的结构性问题——供给不足。

目前，全日制远程教学模式主要的服务对象是学习比较优秀的学生和远端好学校，而对那些一般学校和薄弱学校并不适合。10 多年的实践表明，全日制远程教学模式更适合学习比较优秀的学生和远端好学校。一般而言，一个地区排名前 10％的学生比较适合这种学习方式，而排名靠后的学生则会遇到较大的困难。目前，学习困难学生较多的主要原因是，尽管成都七中东方闻道网校在接纳新的成员方面严格把关，但由于学生想参加全日制远程教学的愿望十分强烈，部分地区有些不具备条件的学生也加入了进来。要想解决这一问题，国家、社会需要共同努力，为边远、民族地区提供适合更多层次学校的远程教育服务。

(四)全日制远程教学难以满足部分学生学习的个性化需求

到目前为止，人类教育尚未找到大规模提供个性化教育服务的途径。从理论上来说，全日制远程教学没有边界，一位优秀教师可以带无数名学生，但除了满足学生的共性需求外，如何较好地满足学生的个性需求，让全日制远程教学真正惠及每一名学生，是一个巨大的挑战。面对这样一个挑战，尽管全日制远程教学采取了种种措施，但仅仅依靠名校和远端学校的力量是远远不够的，必须寻求其他途径。目前，从国内外教育信息化发展趋势来看，利用智能教学系统对学生进行个性化教学与辅导方兴未艾，这可能是全日制远程教学的未来发展方向之一，具体内容将在下一章展开讨论。

第八章

全日制远程教学的未来发展

　　全日制远程教学模式通过卫星、网络技术，将城市优秀教师智慧辐射到边远、民族地区学校，使城乡师生的学习、工作融为一体，从而引发了一场远程教育革命。但这场革命更大程度上是一种"边缘性的"引智革命，即引入城市优秀教师智慧的革命，而并非教学本身的变革。作为大规模教育的雏形，未来全日制远程教学模式将从网络化、数字化、个性化、终身化四个方向，引发教育教学的全面革命。

第一节　远端学校师生期盼变革全日制远程教学模式

一、普通高中师生期盼变革情况调查

　　在课题组多次召开的座谈会上，边远、民族地区学校的大多数校长、教师和学生都表达了迫切希望变革全日制远程教学模式的愿望。调查结果显示，14.6％的教师迫切希望对全日制远程教学模式进行改革；53.1％的教师认为比较需要改革；24.3％的教师认为说不好；只有8.0％的教师认为不需要改革。（见图8-1）另外，80.5％的校长认为迫切需要改革；认为不需要改革的校长仅有4.9％。

　　至于变革的方向，调查结果显示，教师最迫切希望全日制远程教学模式进行三项变革：第一是建立城乡教师和学生共同使用的网络学习空间，以便加强教师间、师生间和生生间的沟通与交流（63.8％）；第二是变革课堂教与学方式，加大自主学习、探究学习与合作学习的力度（57.3％）；第三是向远端学校提供不同层次的名校选择，以满足不同层

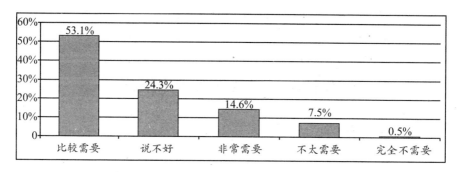

图 8-1　远端教师认为全日制远程教学是否需要改革的情况

次远端学校的需要。此外，他们还认为应从四个方面推进教学改革：第一是加强对远端教师和学生心理压力与焦虑情绪的疏导(39.9%)；第二是开发计算机教学系统，以满足学生的个别化学习需要(39.4%)；第三是实行"双向留学"制度，让城市学生也可以到远端学校"留学"(35.2%)；第四是应积极探索基于平板电脑的未来教学模式(27.7%)。而认为不需要改革的教师只有3.8%。（见表8-1）

表 8-1　远端教师希望全日制远程教学模式进行改革的情况

选项	百分比	频数
建立城乡教师和学生共同使用的网络学习空间，以便加强教师间、师生间和生生间的沟通与交流	63.8%	136
变革课堂教与学方式，加大自主学习、探究学习与合作学习的力度	57.3%	122
向远端学校提供不同层次的名校选择，以满足不同层次远端学校的需要	50.2%	107
加强对远端教师和学生心理压力与焦虑情绪的疏导	39.9%	85
开发计算机教学系统，以满足学生的个别化学习需要	39.4%	84
实行"双向留学"制度，让城市学生也可以到远端学校"留学"	35.2%	75
探索基于平板电脑的未来教学模式	27.7%	59
不需要改革	3.8%	8
其他	0	0

　　对于全日制远程教学的未来变革方向，校长与教师的回答比较相近。校长认为主要有六大方向：变革课堂教与学方式，加大自主学习、探究学习与合作学习的力度（78.0%）；加强城乡师生间的交流与满足学生的个性化学习需要（78.0%）；提供不同层次的直播教学（73.0%）；加强远端师生心理疏导（70.7%）；开展城市学生到远端学校"留学"活动（58.5%）；探索基于平板电脑的未来教学模式（51.2%）。

　　对于教师和校长比较关心的建立网络学习空间，打通城乡师生沟通与交流的渠道问题，学生也给予了高度关注。调查结果显示，高达89.9%的学生表示，希望通过建立网络学习空间，使城乡教师和学生之间、城乡同学之间进行沟通与交流，分享学习心得，缓解学习压力，向教师求教，共同克服学习困难。而不希望如此的学生只有2.8%。（见图8-2）

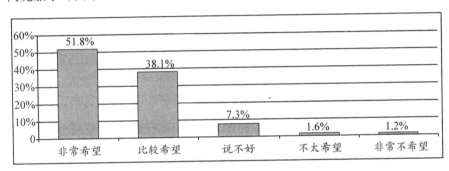

图8-2　远端学生希望建立网络学习空间，加强城乡师生间沟通与交流情况

二、小学师生期盼变革情况调查

　　与普通高中相比，小学的改革愿望似乎并不那么强烈。调查结果显示，在小学，41.4%的教师希望对远程植入式教学模式进行改革；高达27.1%的教师认为不需要改革。（见表8-2）

表8-2　远端教师认为未来远程植入式教学模式是否需要改革的情况

选项	比例	频数
非常需要	7.1%	20
比较需要	34.3%	96
说不好	31.5%	88

续表

选项	比例	频数
不太需要	26.4%	74
完全不需要	0.7%	2

至于哪些地方需要改革，调查结果显示，主要集中在六大方面：建立城乡教师和学生共同使用的网络学习空间，以便加强教师间、师生间和生生间的沟通与交流(71.8%)；加强前端学校与远端学校之间的交流(47.9%)；向远端学校提供不同层次的名校选择，以满足不同层次远端学校的需要(47.5%)；变革课堂教与学方式，加大自主学习、探究学习与合作学习的力度(38.2%)；加强对远端教师和学生心理压力与焦虑情绪的疏导(37.9%)；开发计算机教学系统，以满足学生的个别化学习需要(30.4%)。(见图 8-3)

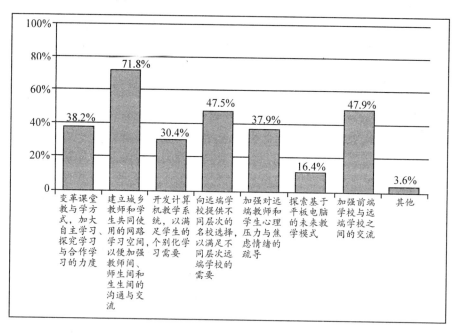

图 8-3　远端教师希望远程植入式教学模式进行改革的情况

目前，全日制远程教学模式改革工作已经起步，但改革没有从教师认为最迫切的地方开始，而是从教师认为需要改革的一项"探索基于平板电脑的未来教学模式"开始的。这是一项大胆的决定，其改革跨度大、难度高，但带来的效果也许最好，这展现了改革者的决心和远见。

第二节 全日制远程教学未来"四化"教育体系建设

学校教室就像是一个个家庭小作坊。信息技术这头"大象"走进其中，总是磕磕碰碰，无法施展才能。要想让"大象"施展才能，展现生命的魅力，须给予它更大的空间。作为大规模教育雏形的全日制远程教学模式，将从网络化、数字化、个性化、终身化四个方向，突破教育小作坊式的生产方式，构建一个更大的教育时空和生态，"为每个学生提供适合的教育"，从而引发教育教学的全面革命。

一、"四化"教育体系的提出

(一)"四化"教育体系的由来

2015 年可以说是我国教育信息化历史上具有里程碑意义的一年。这一年发生了三件大事：第一，教育部与联合国教科文组织联合召开了首届国际教育信息化大会；第二，国务院召开了第二次全国教育信息化工作会议；第三，教育部计划颁布《教育信息化"十三五"规划》。这三件大事包含了一个一以贯之的指导思想，那就是习近平提出的"四化"教育体系建设目标。这一目标对我国教育信息化建设产生了深远影响。

2015 年 5 月 23 日，教育部与联合国教科文组织联合主办的首届国际教育信息化大会在青岛召开。习近平发来贺信，提出："因应信息技术的发展，推动教育变革和创新，构建网络化、数字化、个性化、终身化的教育体系，建设'人人皆学、处处能学、时时可学'的学习型社会，培养大批创新人才，是人类共同面临的重大课题。"①"四化"教育体系的提出，为我国教育未来发展指明了方向。

2015 年 11 月 19 日，刘延东在国务院召开的第二次全国教育信息化工作会议上指出，要深入贯彻落实习近平的指示，并进一步阐释了"四化"教育体系目标建设的重要意义。她说："教育现代化不仅仅是教育技术手段和装备现代化，它涉及教育理念和体制、人才培养模式、教育教学方式和内容等多个方面。教育现代化要取得重要进展，就必须把教育信息化作为重要引擎。我们必须充分利用现代信息技术，加快完善网络化、数字化、个性化、终身化的教育体系……充分发挥信息化的革命性影响，提高人才培养质量，丰富科学研究和社会服务内涵，满足学习型社会的发展需求。"②

2016 年 6 月 7 日，教育部正式对外颁布了《教育信息化"十三五"规划》。规划描绘了"十三五"期间我国教育信息化未来发展蓝图，明确提出以"构建网络化、数字化、个性化、终身化的教育体系，建设'人人皆学、处处能学、时时可学'的学习型社会，培养大批创新人才"为发展方向，形成与教育现代化发展目标相适应的教育信息化体系，充分发挥信息技术对教育的革命性作用。这标志着我国将"四化"教育体系建设作为未来五年教育信息化发展的重大战略目标。

"四化"教育体系的提出，是我国为了应对"互联网＋"时代教育的新要求与新挑战而主动采取的重大战略举措。面对急速驶来的信息社会，早在 20 世纪末我国著名专家叶澜教授就警示，对于培养尚未存在的社会的"新人"的要求，教育应该持有超前意识。她说："走向 21 世纪的中国教育必须有超前的文化意识。所谓'超前'，是指学校不但要承担传递人类已有文化的使命，而且要承担构建为未来社会培养新人的新型文化的使命。当人类社会出现了'教育在历史上第一次为一个尚未存在的社会培养着新人'的现象，当中国社会进入了社会主义现代化建设的转型时期，'超前'的文化意识问题就不可避免地摆在中国学校，尤其是承担基础教

---

① 《习近平致国际教育信息化大会的贺信》，http：//www.xinhuanet.com/politics/2015-05/23/c_1115383959.htm，2016-09-02。

② 《教育部关于印发刘延东副总理在第二次全国教育信息化工作电视电话会议上讲话的通知》，http：//www.moe.gov.cn/srcsite/A16/s3342/201601/t20160120_228489.html，2016-05-28。

育的中小学面前。"①

(二)"四化"教育体系提出的理论基础——钱学森的"大成智慧学"

面对著名的"钱学森之问"，鲜有人知道他为之开出的"药方"，即钱学森关于未来教育的假设——大成智慧学理论。21世纪是"互联网＋"时代，针对这样一个新时代，如何尽快提高人们的智能，以适应21世纪发展的需要呢？我国著名科学家钱学森经过十多年的探索与思考，提出了大成智慧学。什么是"大成智慧学"？钱老认为："简要而通俗地说，就是引导人们如何尽快获得聪明才智与创新能力的学问。"②他还进一步指出："大成智慧教育方式的一个显著特点，就是充分利用信息网络，人—机结合优势互补的长处，使人不断能及时获得广泛而新鲜的知识、信息与智慧，从而迅速提高人的智能，培养创新的能力。"这是一种培养全面发展的新人的"新型的人—机结合的知识生产体系"③。对此，有人概括总结：未来教育＝人脑＋电脑＋网络。

大成智慧学深刻地揭示了未来教育的本质和发展方向。钱老认为："这是件大事，很重要，其意义甚至不亚于当年'两弹一星'的研制、发射。"④"四化"教育体系就是依据钱老的大成智慧学教育思想提出的，并将建立起"新型的人—机结合的知识生产体系"，尽快提高人们的智能，为我国培养大批创新人才。

(三)构建"四化"教育体系是一场新的教育革命

全日制远程教学要想充分发挥大规模教育的潜力，仅仅从学校层面改革难以取得成效，必须要从教育体制机制变革入手。美国教育部前部长邓肯在反思教育信息化并没有像人们预期的那样给教育带来革命性影响时，曾提出这样的疑问：为什么教育领域信息技术的投入力度很大，

---

① 叶澜:《世纪之交中国学校教育文化使命之思考》，载《教育改革》，1996(5)。
② 钱学敏:《试论钱学森的"大成智慧学"——谨以此文祝贺钱老九十寿辰》，载《首都师范大学学报(社会科学版)》，2001(3)。
③ 钱学敏:《钱学森大成智慧教育的设想》，载《光明日报》，2008-10-16。
④ 钱学敏:《试论钱学森的"大成智慧学"——谨以此文祝贺钱老九十寿辰》，载《首都师范大学学报(社会科学版)》，2001(3)。

却没有产生像生产和流通领域那样的效果呢？他认为，问题的关键就在于教育没有进行结构性变革。[①] 2010 年 11 月，美国对外发布了"国家教育技术计划"——《变革美国教育：技术推动的学习》。该计划认为，过去信息技术在教育系统中的应用基本上还停留在细枝末节式的修修补补阶段，并没有充分发挥自身的巨大潜力和作用。然而，其他行业的成功经验已充分证明：只有信息技术引发组织在结构、流程等层面的深层次、系统化、整体性变革时，才能取得最大的收益和成效。也就是说，教育系统需要进行一次革命，一次彻底的范式转变。美国教学设计专家认为："教育系统的范式转变则是由一个旧的教育范式转换到一个全新的教育范式。"如今，我们正在从工业时代进入信息时代，同样需要一次系统的范式转变。[②] 教育范式的转换将重构一个时代教育所共享的信仰、价值、模式、技术等，它决定了教育培养人的方向、传播内容的性质和传播方式，从而引发教育教学模式与形态的变革。

2010 年 7 月，我国政府站在时代发展的高点，在颁布的《国家中长期教育改革和发展规划纲要（2010—2020 年）》中敏锐地提出："信息技术对教育具有革命性影响，必须予以高度重视。"这一论断指出了信息技术在我国未来教育改革与发展中的地位与重大作用。教育专家李希贵曾经针对技术给教育带来的深远影响深有感触地说："以前，人们总说教育装备为教育教学服务，但在今天仅将它定位于服务是不准确的。教育装备需要一个新的高度，当我们以其推动教育教学改革，甚至引领教改的思路思考时，教育装备事业才能大有所为。"[③]

目前，我国教育正面临一场结构性变革。2015 年 7 月 1 日，国务院颁布的《国务院关于积极推进"互联网＋"行动的指导意见》明确提出，以互联网为基础设施和创新要素，"探索新型教育服务供给方式"。这种"新型教育服务供给方式"倡导"以学生为中心"的教育理念，促进学校课堂教学由知识传授向知识自我建构转变，破解教育"用 19 世纪的体制，教 20 世纪的知识，去培养 21 世纪的孩子"的窘境，"为每个学生提供适合的教

① 尹后庆：《教育的未来就是"回归"》，载《中国教育报》，2014-09-16。

② 段敏静、裴新宁、李馨：《教育系统的范式转变——对话国际教学设计专家 Charles M. Reigeluth 教授》，载《中国电化教育》，2009(5)。

③ 李希贵：《学校转型下的资源配置》，载《中国现代教育装备》，2013(10)。

育",培养大批创新人才。"四化"教育体系的提出标志着我国教育信息化将发生两个重大转变:一是从重点突破到结构性变革的转变;二是从项目实施到常态发展的转变。这是人类教育范式的又一次转型。有学者指出:"人们将彻底改革几个世纪以来已经习以为常的、传统的教育观念和教学与学习方式,创造出一种在真正意义上尊重人的主体性、激发人的创造性、相信并注意开发人的潜力、便于人与人交际合作的崭新的'教—学'新方式。"①

二、"四化"的内涵

全日制远程教学是一种大规模教育。未来全日制远程教学将突破现有教育教学体制机制的束缚,按照"四化"教育体系要求构建起新型的教育形态。这种新型教育形态的建设,是我国未来教育发展的战略性任务。

(一)网络化——突破学校"围墙",将世界变成一个大课堂

所谓网络化是指人与人之间的智慧相连。目前,互联网正经历从"机器与机器"连接、"人与机器"连接,向第三个阶段"人与人"连接,即"人的网络"时代演进。"人的网络"时代将为学生构筑自适应的"联通小世界",实现人与人的智慧的连接,也就是每名学生可以与来自世界各地的优秀教师、科学家、学者、其他学生或虚拟人等联通,通过智慧激荡,不断获得新的信息和知识,从而迅速增长自身的智慧。在"联通小世界"里,使任何人在任何时间任何地点都可以以最低成本获得优质教育资源,那时世界将变成一所大学校,真正实现人类有教无类、因材施教的教育理想。

网络化通常会沿着三个路径与层面展开。

1. 网络通——技术层面

网络化的第一个层面是指技术、设备上的连接,相当于"校校通"。

2. 资源通——环境层面

网络化的第二个层面是资源通,相当于"班班通"。所谓环境通常是

---

① 任友群:《日本教师的课程开发能力》,载《外国教育资料》,2000(5)。

相对于某一中心事物而言的，包括自然环境和社会环境。在第二层面网络环境下，学校围墙被打破，于是学生可以"走出"学校使用更广泛的资源，如来自国家资源库、公共资源服务平台、网站等的资源，从而为学生的学习与成长营造新的环境。

3. 智慧通——生态层面

网络化的第三个层面是智慧通，相当于"人人通"的高级形态——生态通。生态一词源于古希腊字，意思是指家（house）或者我们的环境。简单说，生态就是指一切生物的生存状态，以及它们之间和它与环境之间的相互关系。生态不同于环境。通常我们所称的环境是指人类的环境，关注的是物，而生态关注的是人的生存状态。我国学者叶澜教授倡导用生态的思维来研究教育，她认为："什么是生态模式？第一，构成生态的是活体，它是变化生长的。第二，相互作用。第三，生态系统与外部环境有密切沟通。生态模式是一种交互作用。"可以说，生态系统的形成是新机制的建立。例如，全日制远程教学，通过技术将城市名校教师课堂教学辐射到偏远贫困地区的学校课堂，从而创造出"第二学习空间"，将城乡师生的学习、工作融为一体，为学生成长和教师专业发展构建充满智慧的新生态。

网络化意义重大，不仅在于它是教育信息化建设不可或缺的重要组成部分，还在于它将创建旨在实现智慧联通的教育新生态。

（二）数字化——人脑的"数字化"，创建"超级大脑"

数字化的本质解决的是人脑与媒介（技术）的关系。在麦克卢汉看来，人类几乎所有的技术发明都是感官和四肢的延伸，目的在于解决人的体力和知觉问题，而对人类智力延伸的发明甚少。他认为在机械时代，人类已经完成了一切身体功能的延伸，而进入电子时代，人类的中枢神经系统才得以延伸。随着计算机、互联网等信息技术的发明及迅速普及，人类的智力得到前所未有的延伸。目前，认知不仅发生在人们的头脑之中，还发生在人与人、人与工具（电脑）之间的交互过程之中。未来人脑加电脑的协同认知将成为人类认知的基本方式。中国科学院戴汝为院士认为："在信息时代，人—机结合的思维将会取代我们个人为主的思维方式。"他说："人脑和计算机都是信息处理的工具，人脑通过经验积累与形象思维，擅长不精确的、定性的把握，而计算机则以极快的速度，擅长准确的、定量的计算，两者充分发挥各自的优势，又互相结合，既能达到集智慧之大成，又由于通过反馈的作用，来提高人的思维效率，从而增强人的智慧。"①教育数字化的核心是构建人机合一的思维体系，使电脑成为学生须臾不能分离的"外脑"，这种数字化过程将从四个维度推进。

1. 内容的数字化

我国教育信息化初期的大部分工作是将存储于书本、磁带等媒介中的教育教学内容进行数字化。目前，这项工作仍在进行之中，但已经接近完成，不再是教育信息化的主要工作。

2. 思维工具的数字化

所谓思维工具是指那些能把抽象思维过程具体化、可视化，以有效影响思维抽象活动、提高思维效能、延伸思维深度的一类方法技能。教育思维工具的数字化，主要包括将教与学工具、教学评价工具、教学管理工具等数字化。例如，电子交互白板、3D打印、虚拟实验等，能为学生学习提供数字化"拐棍"。

3. 学生学习行为的数字化

一直以来，教育工作者常自诩"智慧的教授者"或"智慧的接生婆"，但人类并没有真正弄清楚学生是如何学习的。2010年，笔者曾利用国外一个在20几个国家应用的教学系统在国内进行实验，并取得良好的教学效果。但对于该系统为什么能取得如此效果，似乎现有理论无法解释。在与国外同行交流中，笔者了解到，国外许多专家也对该系统的出色表现感到十分困惑，甚至感到神奇。大数据概念出来后，大家一下子明白了——该系统正是不自觉地应用了大数据思想和技术，才发挥出革命性作用。

大数据颠覆了人类探索和认知世界的方式，它对于教育的意义就像核磁共振技术对于医学的价值，是革命性的。教育有了大数据，就像医学有了核磁共振技术，使学生的思维在一定程度上成为可测的。核磁共

---

① 余胜全：《技术何以革新教育》，载《中国电化教育》，2011(7)。

振技术通过连续切片动画，再合成绘制成物体内部的结构图像；大数据则通过记录每名学生的"行为轨迹"（相当于切片），再聚合、分析全体学生的行为数据，描绘出学生思维状况图。单个学生的学习行为数据看似杂乱无章、毫无规律可循，但当学生数据累积到一定程度时，学生的群体行为就会呈现出规律。这意味着学生的思维运行方式是可计算的，思维的本质可以还原为机械的操作步骤，并由此可以让学生的思维"透明"。① 由此，教育可以科学也研究学生的成长规律，并在 21 世纪脱下"准科学"的外衣，从而全面迈入科学的殿堂。

4. 人脑与电脑的重新分工，创建"超级大脑"

目前，人类正处于电脑成为人的外脑、人脑与电脑重新分工的历史进程中，这是数字化的最高级阶段。计算机、互联网的发明是人脑（智力）的延伸，不过，这种延伸才刚刚开始。从 1946 年人类发明计算机以来，经过几十年的高速发展，电脑研究进入高级阶段——"创造脑"。有学者在总结电脑与人脑的关系时指出："电脑的研究从认识脑揭示脑的奥妙，到保护脑、开发脑、仿造脑、创造脑，完成了一个从辅助性工具到电脑作为高级认知工具、作为互动交往的伙伴、作为蕴含实践机会、搭建合作平台和支撑、激励人的创造的、真正的学习文化的体现的发展历程。"② 将技术工具当成人类自身不可分割的一部分，这对教育的意义重大。通过人脑与电脑任务的再分工，人类教育将从关注低级思维技能的学习，从繁重的记忆、计算等脑力劳动中解放出来，走向培养更高层次的思维能力的道路。

（三）个性化——构建"以学生为中心"的教育

1. 个性化教育是信息时代教育发展的内在要求

目前，人类教育正在由以班级授课制为核心的学校教育，走向"以学生为中心"的个性化教育。每一个学生都是一个不同于他人的生命个体，

---

① 张杰夫：《大数据 大视野 大教育》，载《中小学信息技术教育》，2013（10）。
② 高文：《基于学习创新的课程与教学研究——研究背景、改革理念与研究方法》，载《全球教育展望》，2004（5）。

有着各自不同的智力水平和兴趣爱好。著名教育家苏霍姆林斯基曾说过："每个学生都是一个独一无二的世界。"可以说，每一名学生都是一座有待开发的宝藏。在大工业化时代，教育强调效率和效益，所以学校采取的是以班级授课制为核心的集体教学。这一教学制度较好地适应了大机器生产条件下，人才标准化、批量化的培养要求，培养了大批社会急需的劳动者。但这种教育很难满足大多数学生的个性化需求，更很难挖掘和释放他们的潜力，帮助他们实现不同的人生目标。

早在 1972 年，联合国教科文组织就在《学会生存——教育世界的今天和明天》报告中提出，要把促进人的个性、全面、和谐发展作为当代教育的宗旨。进入 21 世纪，这一要求显得更加迫切。21 世纪初期，我国开始的第八次基础教育课程改革的总目标确立为全面贯彻党的教育方针，全面推进素质教育，并将"为了每一位学生的发展"作为核心理念与目标。2010 年 7 月，国务院颁布的《国家中长期教育改革和发展规划纲要（2010—2020 年）》进一步把教育的目标定位为培养全面而有个性的学生，要创造适合每一位学生发展的教育：关心每个学生，促进每个学生主动地、生动活泼地发展，尊重教育规律和学生身心发展规律，为每个学生提供适合的教育。这是教育观念和教育方式的一次大转变。目前，我国正在加快实现教育现代化的步伐，而教育现代化的首要目标是培养现代人。有学者指出："现代人的典型特征是具有主体性。现代人的主体性表现为积极性、自主性、创造性。积极性意味着积极向上、自强不息、开拓进取、奋发有为；自主性意味着能够独立思考，有主见，不盲从；创造性意味着不墨守成规，充满创新意识，具有创新能力，并通过创新性的行为改造世界。现代人的这些主体性有助于适应和促进现代社会发展。教育只有为促进人的自由、促进人的理性发展、促进人的主体性提升而存在和努力时，才能称得上'现代教育'，这种追求目标实现的过程才能称得上'教育现代化'。"[①]培养现代人，信息技术可以发挥重要作用。

2. 信息技术是实现个性化教育的必然选择

教育是启蒙、浸润和唤醒，这需要我们充分尊重和高度重视学生的

---

　　① 褚宏启：《教育现代化的本质与评价——我们需要什么样的教育现代化》，载《教育研究》，2013(11)。

个性差异，"为每个学生提供适合的教育"。要想做到这一点，我们必须要有信息技术的支撑。

首先，利用信息技术激发学生的学习兴趣。教育部在进行第八次课程改革前，曾经对中小学生进行了一次摸底调查，结果大大出乎预料——大多数学生表示不愿意学习，认为学习太苦了。有一名小学生甚至在调查问卷上写道："请教育部爷爷奶奶救救我们！"调查结果还显示，学生最喜欢的学科是信息技术、体育和音乐。与此同时，1998 年中国青少年研究中心与北京师范大学教育系也在全国做了一项有关中小学生学习与发展的大型调查①，调查研究结果如下：因"喜欢学习"而上学的小学生只占 8.4%，初中生占 10.7%，高中生占 4.3%；学生最喜欢的学习方式依次为"实验、用电脑、读课外书"。两项调查结果都显示，中小学生普遍存在厌学现象，他们不喜欢学校的教与学方式，而渴望数字化学习方式。这表明，传统教学方式已经不适应时代发展的要求，难以满足"数字原住民"的需要。教育常识或心理学原理都告诉我们，学生长时间内做自己不喜欢的事，不仅会失去学习兴趣和学习动力，而且会使他们反感和压抑自己，直接影响到教学的效率和效果。反之，如果学生做自己喜欢的事，则会大大提高教学效率。有什么样的学生，就应有什么样的教学方式。近年来，随着国家加大教育信息化推进力度，充分发挥信息技术的教育潜力，为学生提供喜闻乐见、寓教于乐的教学内容与教学方式，已经成为当前教育面临的一个重大时代课题。

其次，变革教与学方式。在班级授课制条件下，一位教师面对几十个学生，并且所有的学生学一样的内容，用同样的学习方式，保持相同的学习进度，这难以培养出具有主体性的现代人。刘延东指出："信息技术的深度应用，迫切要求教与学的'双重革命'，加快从以教为中心向以学为中心转变，从知识传授为主向能力培养为主转变，从课堂学习为主向多种学习方式转变。我们必须主动适应这一转变，加快推动信息技术的全面应用，满足学习者的多样化与个性化需要，使教育更加体现以人

---

① 郑新蓉、易进、韦小满等：《我国中小学生学习与发展调查报告》，载《青年研究》，2000(1)。

为本。"①目前，随着教育信息化的深入推进，我国中小学教与学方式正在发生明显的变化。

再次，构建顺应学生天性的个性化教育。叶圣陶先生曾经说过，教育是农业，不是工业。教育的对象是有生命力、存在差异的个体。那么，教育该如何对待学生的个体差异？学生应该在一种什么样的生态下学习？社会上流传着我国著名教育家陶行知先生喂鸡的故事。有一次，陶行知先生来到武汉大学演讲。他走向讲台，不慌不忙地从箱子里拿出一只大公鸡。台下的听众全愣住了，不知陶先生要干什么。陶先生又从容不迫地掏出一把米放在桌上，然后按住公鸡的头，强迫它吃米。可是大公鸡只叫不吃。怎么才能让公鸡吃米呢？他掰开公鸡的嘴，把米硬往鸡的嘴里塞，发现大公鸡拼命挣扎，还是不肯吃。陶先生轻轻地松开手，把鸡放在桌子上，自己后退了几步，发现大公鸡自己就开始吃起米来。这时陶先生开始演讲："我认为，教育就像喂鸡一样。先生强迫学生去学习，把知识硬灌给学生，学生是不情愿学的，即使学也是食而不化。过不了多久，他还是会把知识还给先生的。但是如果让他自由地学习，充分发挥他的主观能动性，那效果一定好得多!"台下一时间掌声雷动，为陶先生形象的演讲开场白叫好。陶先生的演讲给我们带来很多启示：教育必须敬畏和尊重学生的天性。有的校长更加直白地说："远离学生天性，你就是和教育规律对着干!"然而，在班级授课制的传统技术条件的制约下，我们很难为学生提供这样一种教育。

我国中小学计算机教育已经走过 30 多年历程，经历了几个重要发展阶段。第一个阶段是 20 世纪 80 年代初开始的学生学习计算机知识与技能阶段。第二个阶段是从 20 世纪 90 年代中期开始特别是随着互联网在社会的普及而进入的信息技术辅助教学、促进教学改革阶段。像课件、视频、电子白板、电子书包的教学应用，以及慕课、翻转课堂等教与学方式的变革探索等都属这一阶段。不过，这些看似轰轰烈烈的信息技术应用，并没有改变教学的本质。课上的及时反馈系统、大数据应用、电子作业等都只是对教学局部的改变，而非变革，没有改变传统教学的"三中心"

① 刘延东：《把握机遇 加快推进 开创教育信息化工作新局面》，http://www.moe.edu.cn/publicfiles/business/htmlfiles/moe/s3342/201211/144240.html，2017-09-08。

状况。第三个阶段是从 2010 年以来进入的构建"以学生为中心"的个性化教育探索阶段。这一时期的教育探索，试图通过信息技术与教育的深度融合，为学生创造自主学习环境，让每个学生根据自己的兴趣爱好，选择学习内容和适合自己的学习方式，去发现自己、唤醒自己，以促进其个性得到充分发展。

最后，构建"时时处处人人"可学的学习型社会。

(四)终身化——构建"时时处处人人"可学的学习型社会

构建"以学生为中心"的"时时处处人人"可学的学习型社会已经成为国际教育发展潮流。2015 年 5 月 23 日，教育部与联合国教科文组织联合召开了首届国际教育信息化大会，鲜明地提出未来教育变革的发展方向——"重塑教育未来"。重塑教育未来主题，包含了两层意思：一是构建未来教育，形成"时时处处人人"可学的学习型社会，已经成为人类目前迫切需要研究的重大课题；二是信息技术为构建这种学习型社会提供了重要支撑。

终身教育思想产生于 20 世纪 60 年代。当时现代科学技术迅速发展，为了适应这一状况，人们从学校毕业后，仍要不断学习职业技能，以适应生产方式的不断变革而产生的变化。今天，终身教育已经不再仅仅是人们的谋生需要，而逐渐成为现代社会人们的基本生活方式。目前，人类教育面临重新思考和规划学校内外教育以及构建学习型社会的重任。美国著名教育家杜威在 1916 年曾批评教育说："从学习者的观点出发，学校里最大的浪费是他不能够运用他在校外所学的东西……另一方面，他也不能把学校所学的东西运用到实际的生活中。这就是学校的孤立，孤立于生活之外。"今天这一矛盾愈加突出。美国学者柯林斯甚至认为，教育领域需要发生一次革命来解决这一问题。他认为，第二次教育革命使教育从学校拓展到家庭、工作场所、社会教育机构、学习和技术中心等，使"全世界的人们都在新技术的帮助下学习"，也使人类的终身学习成为可能。人生无须区分为"教育阶段"和"工作阶段"，教育也无须分为正规教育、非正规教育，而是强调"学会学习"是人类的基本能力。将学习变成一种生活方式，是一个人需要终身做的事，而学校不过是学习的一个场所。

教育的终身化具有全时空性。学校教育已经不再局限于学校，也没有年龄的限制，而是全民学习和时时处处学习。技术可以根据个人需要，提供多渠道、多时空、多媒体的学习机会和方式，把学校教育与家庭教育、社会教育、自我教育有机地结合起来。由此，优秀教师的智慧将得到放大，使来自世界各地成千上万甚至上百万个学生可以向同一名优秀教师学习，从而有利于结束人类教育基本上都是小规模教育，即数名、数十个学生跟随一名教师学习的传播状况。这昭示着人类教育正经历着自印刷术发明之后的又一次教育革命。

第三节　全日制远程教学未来课堂探索——以成都七中为例

近年来，为了探索全日制远程教学模式的未来发展，成都七中、成都七中育才学校都开展了未来课堂教学试验工作。2016 年 3 月 30 日，《四川日报》以《未来课堂、翻转课堂也"上网"啦》为标题，对成都七中的未来课堂进行了报道。

3 月 25 日上午，在成都七中林荫校区高二(6)班的英语课上，老师刚刚给出 3 幅图片，就听到课堂上一阵点击平板电脑进行抢答的声音。一位戴眼镜的男同学抢到了答题权，并用英语回答。

这一刻，别看教室里只有 50 多个学生，但这个男同学其实是从近两万个通过在线同步课堂学习的同学中脱颖而出的。

这堂课是成都七中东方闻道网校打造的"未来课堂"教学模式的生动展现。在"未来课堂"，不仅课堂现场的学生可以通过平板电脑将答案发送给老师，处在教育落后地区合作学校的学生也可以通过卫星导播实现与老师的实时互动。

成都七中、成都七中育才学校未来课堂试验工作取得了丰硕的阶段性成果。本节将主要对成都七中的试验情况做简要介绍。本节部分内容采用了成都市教育科学研究院于 2015 年 5 月承担的课题"基于云技术条件下直播教学的模式研究"的研究成果。

一、成都七中对全日制远程教学"未来课堂"的探索

2012 年，成都七中东方闻道网校开始了基于云计算、大数据技术的远程直播教学未来模式"未来课堂"的探索。该模式共分为"未来课堂＋直播模式"和"未来课堂＋翻转课堂模式"两种方式。

(一)"未来课堂"及其特点

国务院特殊津贴专家，四川省物理特级教师，成都七中东方闻道网校教务长龚廉光老师认为，所谓"未来课堂"是指在信息技术环境下，以师生间、生生间互动为核心教学环节，以培养创新型人才为目标的课堂。他认为这种课堂主要有四大特征。

第一，交互性强。在传统课堂教学中，教师大量使用的是师生交互、生生交互的方式，该方式比较原始，像教师提问学生回答、课堂小组讨论等。而"未来课堂"包括课中交互、课前交互、课后交互，不但实现了人与人之间的交互，还能够实现人与设备、人与资源、人与环境的交互。特别是通过电子作业，教师可以随时查看学生的作业情况，发现学生的问题，便于师生互相了解、及时了解。电子作业起到了诊断作用，比如，教师想了解学生到底在哪些方面可能有问题，就可以布置一两份电子作业给他，这两份作业可以很简单。反馈之后教师马上查看，统计一下，就可以看出问题出在哪个地方。作业诊断功能发挥得好，就可以减少学生的做题量，减少学生的课业负担。电子作业发挥了交互作用和学情诊断功能。

第二，及时反馈。及时反馈是对学生行为的即时评价，以让学生随时进行调整，达到最优效果。现在很多教师在课堂上使用反馈功能，但是反馈功能存在一些问题：反馈的结果用没用？反馈的结果用于课堂生成了吗？对课堂反馈开展进一步发掘了吗？如果学生出现错误，那么原因是什么呢？能不能调出一两份学生作业展示给大家看一看？让大家讨论讨论，这样就可以达到对问题的拓展、生成。好的课、有生命的课一定是有生成的课，没有生成的课，谈不上是一节好课。

第三，具有数据的搜集、整理和分析功能。学情分析是很有必要的，能帮助教师深入了解学生出现问题的原因，这对学生改进很有帮助。此外，如果多数学生在做电子作业时出问题了，教师就可以把电子作业调出来看一看到底错在什么地方以及原因是什么。是知识讲解的问题，还是课堂结构的问题？如果训练不够，是思维能力没有达到还是方法有问题？教师要分析数学，就要改进教学，就要把这些数据用到教学中。特别是每次大型考试结束后，教师就可以对每个学生前期的学情进行分析和总结，分析和总结学生的长科在哪些地方，弱科在哪些地方，再依据分析结果，认真对学生进行个别指导。这样的就更有针对性，效果会更好。

第四，支持对多种教学手段的应用。除了微课，教师还可以使用数学几何画板，化学、物理的虚拟实验室等。"未来课堂"供大家研究和创造的东西很多，所以教师要敢于想象，敢于使用，敢于去闯，敢于创新，关键是思想认识要提高。

(二)"未来课堂＋直播模式"

成都七中在高一和高二年级的直播班中开展了"未来课堂＋直播模式"的试验研究工作。该模式通过卫星直播方式，在将成都七中课堂教学原汁原味地呈现给远端学校的同时，还利用云计算、大数据和未来课堂技术，将所形成的课前、课中、课后的数字资源以及教与学的结果、过程、行为数据等提供给远端学校，初步实现了教学资源和教学数据的共享。远端教师可以根据远端学生的学习情况，采取同时跟随或同步跟随的方式，按需应用成都七中提供的教学资源和数据，从而使全日制远程教学进入全息教学新时代。

截至 2017 年 9 月，成都七中高一、高二、高三三个年级各有一个"未来课堂＋直播教学"前端班。远端有 75 所学校、235 个班级跟随成都七中开展了未来课堂信息化教学。

(三)"未来课堂＋翻转课堂模式"

成都七中按照翻转课堂教学理念与模式，对传统教学流程进行了重构，经过两年多的探索实践，初步形成了"未来课堂＋翻转课堂模式"的"三课前二课中三课后"教学模式。①课前：教师制作微课，设置习题；②课前：学生学习微课，完成习题；③课前：教师根据反馈，设计课堂教学；④课中：教师组织问题，互动教学；⑤课中：学生交流、质疑、讨论、实验、练习；⑥课后：教师分层布置电子作业；⑦课后：学生自主选择时间在电脑上完成作业；⑧课后：教师查看学生作业反馈情况，初步确定下一节课的教学内容。（见图8-4）

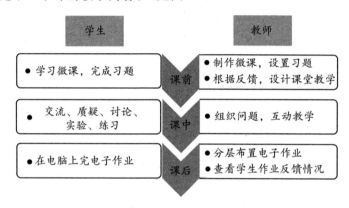

图8-4 成都七中"未来课堂＋翻转课堂模式"

2014年9月，成都七中翻转课堂班开始翻转课堂实践，经过两年多的试验，早已实现了常态化运行。截至2016年9月，全国共有22所学校的117个班级6000余个学生跟随成都七中开展翻转课堂教学，共录制了2632节微课，存储了2787节课堂实录，发布了6060份课堂练习，上传了2044个授课包。这些资源不仅实现了校内共享，而且还通过跟随翻转课堂的模式向更多区域学校辐射，如马尔康中学、贵阳二中、彭州一中、冕宁中学、小金中学等学校。

二、基于云计算、大数据技术的"未来课堂"探索

"未来课堂"是一种旨在培养未来的学生，最终实现每个学生的个性都得到充分发展的全新教学模式。这种教学模式是建立在云计算、大数据等IT产业颠覆性技术基础上的。有了云计算技术，人们就有可能随时随地按需使用优质教育资源了。大数据技术将开辟教育新时代。最早洞

见大数据时代发展趋势的数据科学家之一维克托·迈尔-舍恩伯格（Viktor Mayer-Schönberger）教授认为："大数据是一种价值观、方法论……是一场思维的大变革。"①"大数据开启了一次重大的时代转型。就像望远镜让我们能够感受宇宙，显微镜让我们能够观测微生物一样，大数据正在改变我们的生活以及理解世界的方式。"②这种思维的重大转变主要体现在三个方面：一是分析与某个现象相关的所有数据，而不再依赖于随机采样的少量数据样本；二是接受纷繁复杂的数据，而不再仅仅追求数据的精确性；三是不再探求难以捉摸的因果关系，转而关注事物的相关关系。分析大数据主要是为了预测未来"是什么"，而不是"为什么"。

人类有了望远镜、显微镜，从此进入太空世界和微观世界。而有了大数据，教育就像医学有了核磁共振技术，可以观察学生的思维，促使教育由"模糊"进入"精确"时代。大数据通过记录每个学生的"行为轨迹"，分析全体学生的行为数据，形成全体学生的面貌和状态。这意味着学生的思维运行方式是可计算的。以往我们观察世界、认识世界靠什么？靠抽样数据、局部数据、片面数据，甚至经验、想象、信仰、理念、假设；而在大数据时代，人类有可能使用全面的、完整的和系统的数据，依靠基于全体的实证分析、数据分析，了解事物间的相关关系，挖掘新知识、新智慧，创造新价值。

目前，成都七中"未来课堂"的探索处于起步阶段，其教育教学效果正在显现。

三、 "未来课堂"探索给全日制远程教学带来的改变

"未来课堂"应用将会使教学由"模糊"进入"精确"时代。"未来课堂"广泛运用了大数据技术。大数据的精确、全面、及时和"让数据说话"，将建立一个全新的教育坐标系，为教育的发展提供新的视野和动力。几年来，成都七中东方闻道网校利用"未来课堂"构建的新型课堂教学模式，已经进入常态化运行阶段，有效地改变了全日制远程教学模式的面貌。

---

① 《"大数据"方兴未艾 中国正在与世界同步前进》，载《人民日报》，2013-02-01。
② ［英］维克托·迈尔-舍恩伯格、肯尼思·库克耶：《大数据时代——生活、工作与思维的大变革》，1页，杭州，浙江人民出版社，2013。

(一)"未来课堂"让学生思维"透明"

一直以来,教育工作者常自诩"智慧的接生婆",这表明人类的理性具有有限性,即"接生婆"并不十分清楚教育究竟是如何影响学生成长的。不过,随着大数据时代的到来,这一状况正在得到改变。大数据时代颠覆了人类探索和认知世界的方法,为教育打开了一扇大门。在大数据时代,每个学生都成为数据的源头,他们在互联网上和教学系统中的"行为轨迹"都将留下"数据脚印",成为大数据记录、分析的原始材料。例如,学生在解题过程中的答题时间、答对了多少、答错了多少、多少道题不会做等情况都将成为大数据的重要数据来源。大数据技术可以数据化教师和学生的行为表现,并对其进行分析、挖掘,从中发现他们思维过程的特点和规律,让学生思维"透明",从而帮助我们找到影响教育的真正因素。

在成都七中"未来课堂"环境下,学生人手一台平板电脑。教学过程中和课后,学生的课堂练习、课堂笔记、课后作业、错题集等电子足迹(学习行为)都会被自动记录下来存入"云端",形成学习大数据。利用大数据挖掘技术、智能分析技术,系统可以将学生的思维过程具象呈现,使学习过程和结果数量化,像随堂测试结果、学生学习的知识"短板"、师生和生生互动结果、课后作业情况统计等都实现了随时随地呈现。课前,授课教师利用"未来课堂"的数据分析技术来了解学生的课前学习反馈情况,像学生的作答率、正确率等(见图8-5),以掌握学情,并根据学情进行教学设计、精准定位教学目标和实施有针对性的教学。教学中,教师更多地引导和组织学生去讨论、运用知识协作解决问题等。教师利用大数据技术的支持,实现了更科学、更有针对性地教学。

(二)"未来课堂"变革了教与学方式

学生白天听课,晚上回家做作业,这是一直以来学校广泛采用的教学方式。如今这一方式正在发生改变,即学生在家里看授课教师教学视频,第二天再到课堂上探讨、消化、巩固所学知识。翻转课堂颠覆了学校教与学关系,将知识传授的过程放在课外,使学生可以选择最适合自

各学科学生平均观看率、作答率、正确率

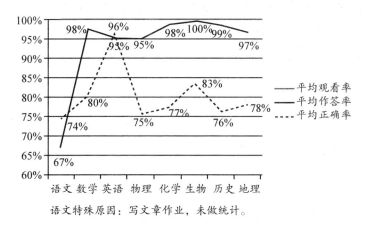

语文特殊原因：写文章作业，未做统计。

图 8-5　学生课后各学科学习情况

已的时间、地点和方式接受新知识，而学校、教室则成为知识内化、合作探究、小组讨论交流、答疑的场所。

　　传统教学缺乏对学生个体的关注与支持，而全日制远程教学因教学规模较大，使这一问题显得尤为突出。"未来课堂＋翻转课堂模式"实现了教学过程的全信息化，初步形成了"先学后教，以学定教"的教学模式。学生课后可以通过网络学习教师以微课方式提供的优质教育资源，而不仅仅单纯地依赖授课教师的课堂教学。教师则可以根据学生学习情况，分层布置学生作业，进行有针对性的个性化指导和过程性评价。大数据让教学有了更加科学的依据和方法。

　　大数据技术的应用，让教师能够更全面、更及时了解学生的学习状况和学习中存在的问题。例如，学生对某一学科各章节知识的掌握情况，可以用一棵知识树的方式呈现出来。知识树上的每片叶子表示一节内容。系统根据学生掌握水平的差异，让叶子呈现不同的颜色，从而使教师教学从凭经验判断转到了依据数据进行科学决策，从关注学生整体转到了关注学生个体的成长，并通过不断改进、优化教学，提高教学效率效益。"未来课堂＋翻转课堂模式"有效地改变了全日制远程教学存在的弊病，使学校教学从以教师"教"为中心转向以学生"学"为中心的教学模式。

(三)"未来课堂"的教学评价由终结性评价变为过程性评价

大数据改变了人类教学评价的方式和标准。传统教学中,学生练习环节一般交给学生自主完成,完成好坏需要教师批改后才能知道结果。这种延迟反馈影响了学生的学习效果。在这种情况下,教师往往使用题海战术,让学生一遍遍地做练习题。这一现象存在的主要原因是,传统教学中,教师往往关注学生的"入门"知识是否足够和考试结果如何,而对学生学习过程的关注则相对较弱,基本上采用终结性评价。在大数据时代,教学系统可以实时跟踪学生的学习过程,及时发现学生的认知偏差,并进行过程性评价与校正,指导学生去弥补不足。

教师可以利用"未来课堂"的即时反馈功能,及时了解情况,并对学生的学习进行过程评价。一位英语教师在讲解情态动词时,利用系统向学生的平板电脑推送一道选择题,然后让学生即时解答,随后在教师的主机上就可以看到多少学生回答正确以及多少学生回答错误。这样,教师通过追问,马上了解到学生的困惑点在何处,并及时释疑,解决学生出现的问题。

(四)"未来课堂"让学校管理由"模糊"走向"精确"

维克托·迈尔-舍恩伯格说:"在不久的将来,世界许多现在单纯依靠人类判断力的领域都会被计算机系统所改变甚至取代。"[①]大数据将使教育决策和管理依据教学规律,而非经验。例如,成都七中"未来课堂"可以记录教师教学的全过程,这为学校更加准确地掌握教师教学情况,建立更加科学、有效的师资队伍管理办法奠定了基础。图 8-6 展示的是教师登录和使用"未来课堂"平台的情况。同时,"未来课堂"平台还可以记录、呈现教师的教学成果,像教师所教班级学生的学习成绩等信息。学生成绩可以与本校教师、其他省市学校教师所教班级的成绩进行比较。这为学校校长、教育局局长、教育厅厅长等了解哪所学校师资队伍状况更好

---

① [英]维克托·迈尔-舍恩伯格、肯尼思·库克耶:《大数据时代——生活、工作与思维的大变革》,16 页,杭州,浙江人民出版社,2013。

等情况提供了科学依据。各级教育行政部门可以依据这些情况，调整管理策略，推动教育科学发展。

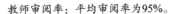

教师审阅率：平均审阅率为95%。

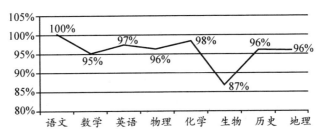

教师平台使用率：教师的平均登录次数为420次；教师平均每月的登录次数为105次；教师平均每课时要登录8次。

图 8-6　教师登录和使用"未来课堂"平台的情况

　　成都七中"未来课堂"的探索工作虽然处于初步探索阶段，但已经取得了一定的成效。例如，试验班学生在自主学习能力等综合素养和学业成绩方面都有较大提高，他们在数学、物理、化学等学科的日常考试中，不断创造出好成绩。全日制远程教学模式未来还有较大发展空间。关于全日制远程教学模式未来该如何发展、该朝哪些方向发展，我们将在第四节中做进一步探讨。

第四节　构建"以学生为中心"的个性化教学实践研究
——以 IDIIL 智能教学系统为例

　　全日制远程教学的未来发展方向是采取"全日制远程教学＋个性化教学"的混合教学模式，也就是在利用全日制远程教学进行大规模教育的前提下，再使用智能教学系统实施个性化教学。大规模教育的主要目的是传授知识，满足学生学习的共性需求，而个性化教学则解决学生的个性化需求问题。构建"以学生为中心"的个性化教学是人类教育范式的一次转型。2010 年以来，笔者主持过三个课题：2010—2012 年全国教育科学"十一五"规划教育部规划课题"以信息化促进课堂教与学方式变革实验研究"（课题编号：FFB108199）；2015 年度中国教育科学研究院基本科研业务专项基金个人课题"智能教学系统对小学生学习影响的实验研究"（课题批准号：GY2015XDY92）；2016 年度中国教育科学研究院基本科研业务专项资金个人课题"基于 IDIIL 智能教学系统的学生核心素养培养研究"（课题批准号：GYI2016022）。课题利用国外智能教学系统，分别在成都、北京、广州等城市进行了个性化教学实验课题研究，目的是探索我国中小学实施个性化教学的模式与途径。经过多方努力，实验取得了较为显著的成效，下面着重介绍一下 IDIIL 智能教学系统的实验研究情况。

一、为什么会选择 IDIIL 智能教学系统

在北京某个小区 IDILL 学习中心的一间教室中，笔者看到十二三名学生正在学习。他们来自不同的学校、不同的年级，小的上小学一年级，大的上初二。其中，一位上小学四年级的男孩正在做初二几何题，而且是奥林匹克数学竞赛几何题。他看上去是一名很有数学天赋的学生。不过，据中心教师介绍，两年前他还非常厌烦学习数学，数学成绩也非常差。万般无奈下，他的妈妈最终选择让他到这里来学习。出乎他妈妈预料的是，他在这里找到了学习数学的乐趣，喜欢上了数学。一路学习下来，他不仅很快跟上了班级学习进度，而且成为班级数学尖子，这更加激发了他的自信心和学习动力。他一路向前，学习到了初二几何。IDIIL 智能教学系统上不封顶、下要保底，为学生提供了"海阔凭鱼跃，天高任鸟飞"的学习环境。这里还有一个来自另外一所小学的五年级女生，她原来对学习英语很反感，不过，她在这里找到了学习英语的乐趣。她学习进步神速，现在已经成为班里的英语"学霸"。

在 IDILL 学习中心，笔者有时还能看到一名个子更高一些的北京体育大学学生，后来知道她是 2008 年北京奥运会体操冠军。笔者在交谈中了解到，由于她 20 岁退役前一直专注于体操训练，她的英语基础很差，大学英语课上几乎听不懂老师在说什么，十分焦急，一度对自己的学习失去信心。经朋友推荐，她来到这个学习中心，并很快喜欢上了这种个性化学习方式。她从小学英语补起，没有了大课堂听不懂的压力，能按照自己的节奏来学习，学得很开心，也找回了自信。明年就要硕士毕业

的她，想从事教育事业，帮助更多的学生。

　　IDIIL 智能教学系统重新释放了这些学生的潜能，使他们由厌学、惧学、弃学转变为自信、快乐地学习。20 多年来，IDIIL 智能教学系统帮助两万多名学生找回了学习的乐趣和自信，帮助他们走上了成功的道路。我们认为，IDIIL 智能教学系统是一个具有前瞻性、引领性的教学体系，代表了未来教育的发展趋势。

二、以培养学生六大学习素养为目标的 IDIIL 智能教学系统

(一)IDIIL 智能教学系统简介

　　从 2014 年开始，笔者开始考察、研究美国 IDIIL 智能教学系统。IDIIL 是缩写，具体是第一个 I 代表个别化学习(individualized learning)，D 代表发现式学习(discovery-based learning)，第二个 I 代表交互式指导(interactive guidance)，第三个 I 代表渐进式成长(incremental development)，L 代表"以学生为中心"的教学(learner-centered instruction)。这 5 个英文字母分别代表了实现 IDIIL 宗旨的 5 条途径和 5 种理念。20 世纪 90 年代中期，哈佛大学、麻省理工学院、普林斯顿大学的有关专家，以及我国数学、语言学、心理学等方面的专家共同参与研发了该教学系统。经过 20 多年的探索与不断完善，目前，该教学系统已经形成了完整的数学和英语学科教学体系，在美国和我国有着一定的应用。

　　IDIIL 智能教学系统以"关爱　启迪　快乐"为宗旨，追求让每名学生在内心得到关爱，在智慧上受到启迪，在学习上享受发现的快乐。IDIIL 智能教学系统是一种"以学生为中心"的新型教育模式，试图通过 IDIIL 智能教学系统的 5 条路径和 5 种理念，培养学生六大学习素养。该系统以认知科学理论为基础，综合运用教育学、人工智能、教育技术学、教育心理学等学科的研究成果，将学习知识、培养技能与培养核心素养融为一体，很好地解决了它们之间的矛盾，为我国培养学生核心素养、构建未来教育模式提供了有益的借鉴和实现途径。

（二）IDIIL 智能教学系统与学生核心素养培养

1. 利用信息技术培养学生核心素养

随着全球化、信息化与知识时代的来临，联合国教科文组织、经合组织、欧盟三个国际组织，以及美国、法国、英国、日本等国家，都对于 21 世纪应该培养怎样的人以及培养学生哪些核心素养进行了深入研究。21 世纪初期，经合组织率先提出了"核心素养"结构模型。它要解决的问题是 21 世纪培养的学生应该具备哪些最核心的知识、能力与情感态度，才能成功地融入未来社会，才能在满足个人自我实现需要的同时推动社会发展。美国对核心素养的关注发源于注重知识创新的高新企业团队。这些企业将用人所遇到的问题反馈到教育中，指出基础教育要注重培养学生在 21 世纪必需的生存技能。2016 年 9 月 13 日，我国教育部课题组正式发布了《中国学生发展核心素养》，指出发展学生核心素养，目的是培养学生适应终身发展和社会发展需要的必备品格和关键能力。研制学生发展核心素养是国家人才发展战略的重要内容，是立德树人的重要举措，关系到创新人才的培养、中华民族的未来。

所谓核心素养，是 21 世纪人人都需要具备的"共同素养"，包括创新能力、批判性思维、合作与交流能力、社会责任、信息技术使用能力等方面。"素养"一词的含义比"知识"和"技能"更广，也是知识、技能和态度等的综合表现。它是知识、能力、态度或价值观等方面的融合，既包括问题解决能力、探究能力、批判性思维等"认知性素养"，也包括自我管理、人际交往等"非认知性素养"。因此，核心素养具有两个显著特征：一是跨学科的，高于学科知识；二是综合性的，是对知识、能力、态度的综合与超越。

国家提出核心素养，就要完善课程标准。原来的课程标准，更多是一种理念引领，但如何落实下来，并没有指标。例如在三维目标中，知识与技能从原有的知识体系中可以找出，但过程与方法、情感态度与价值观如何落实呢？很多理念大家都知道，却没有办法落实。因此，课堂的实质没有真正发生改变，改变的往往是形式，在一定程度上催生了形形色色的虚假自主、虚假合作、虚假探究。

近年来，随着互联网、大数据、云计算技术的迅猛发展，教育正迈向智能教学时代，为培养核心素养提供了广阔空间。所谓智能教学系统，"是一种借助人工智能技术，让计算机扮演教师的角色实施个别化教学，向不同需求、不同特征的学习者传授知识、提供指导的适应性教学系统"①。目前，国内外中小学校已经基本具备了开展智能教学的条件。像目前正在兴起的"自带设备"教学模式，即学生将自己的笔记本电脑、平板电脑、智能手机等移动设备带到学校，参与教学活动，为开展智能教学开辟了广阔前景。

谷歌前副总裁马克斯·文蒂拉（Max Ventilla）于 2013 年创立 AltSchool，提倡构建"以学生为中心"的教育模式。第一，学生按照个人进度学习。AltSchool 给每名学生的教学计划、课程表和作业都不同。课程的安排适应学生的个人水平而非年龄。第二，学生自己决定想要学什么。依靠软件的帮助，教师会根据学生现状来制定全年的学习目标。在这种新型学校中，学习不再是唯一重要的事情，而学生性格的养成、情感需求的满足，以及学生核心素养的养成，成为教育者关心的事情。近年来，我国教育信息化发展迅猛，目前中小学平板电脑应用正逐渐成为继投影仪、电子白板之后的又一个"标配"。据教育部发布的《2016 年全国教育信息化工作专项督导报告》，截至 2016 年 6 月，全国中小学互联网接入比例为 87.5%，全国普通教室全部配备多媒体教学设备的中小学比例为 56.6%，这为我国开展个性化教学奠定了坚实基础。

2. 核心素养的培养途径

《中国学生发展核心素养》指出，学生核心素养包括 3 个方面、6 种核心素养和 18 个基本要点。（见图 8-7）然而，我们应该如何培养学生的核心素养呢？

针对每名具体的学生来说，我们应该着重培养学生的哪些素养？经过多年研究，北京师范大学发展心理研究所陈会昌教授说："我的研究发现，每个孩子身上有两颗种子，其中第一颗种子就是自我控制力，另外

---

① 智勇：《分布式学习环境中的智能授导系统研究》，博士学位论文，南京，南京师范大学，2004。

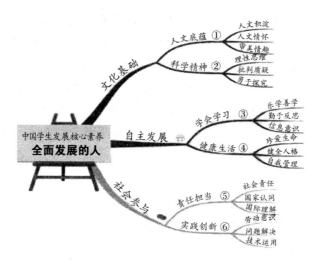

图 8-7　中国学生发展核心素养

一颗就是个人主动性。教育的核心就在于培育这两颗种子。"①美国麻省理工学院徐启天教授利用 IDIIL 智能教学系统对培养学生素养进行了 20 多年的研究，他认为，学生身上有 6 颗种子——专注力、积极性、自信心、思考力、独立性、自识力，"只要培养好这六大素养，学生就可以健康成长，成为我们社会所急需的创新人才"。（见图 8-8）在教育部核心素养指标 18 个基本要点中，9 个与 IDIIL 学生六大学习素养直接相关。

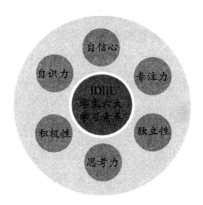

图 8-8　IDIIL 学生六大学习素养

---

① 陈会昌：《儿童身上的两颗种子》，载《中华家教》，2009(3)。

　　利用 IDILL 智能教学系统进行教育是一种"以学生为中心"的教育。这种教育从本质上看是要发展每名学生与生俱来的素养，如学生的学习本能、创造欲望等，而不是将外在的东西强加给他。就像联合国教科文组织《学会生存——教育世界的今天和明天》一书所指出的那样："教育的目的在于使人成为他自己，'变成他自己'。"①今天的学生不愿意学习，缺乏创造力，其关键就是我们强加给学生的东西太多，而没有顺应学生的天性，释放他们的潜能，让他们在学习中感受人生的乐趣。徐启天教授认为："IDIIL 不只是为了教授知识技能和应对考试，而是希望教育尊重每一个孩子，相信每一个孩子，注意激发他们的学习内驱力。目前，学校出现一些'学困生'的主要原因不是学生智力问题，而是他们的学习兴趣和自信心出了问题。"因为每名学生都是独特的，所以要想发展他们的潜能，实现其个性的充分发展，教育就不能批量生产，必须为每名学生的每堂课量身定制个别化的学习方案，进行个性化的教育。

三、IDIIL 智能教学系统对中小学生学习影响的实验研究

（一）实验基本情况

　　1. 研究目的

　　本研究旨在借鉴国外先进经验，探索为每名学生提供适合的教学模式，破解我国培养学生核心素养难以落地的难题，为国家教育决策提供支持。

　　2. 实验校选取

　　本研究第一批选取了 4 所实验校，第二批选取了 3 所实验校。

　　3. IDIIL 智能教学系统应用模式

　　IDIIL 智能教学系统在学校教学中的应用，主要有以下三种模式。

　　模式一：IDIIL 智能教学系统支持下的完全个别化学习方式。

---

　　① 联合国教科文组织国际教育发展委员会：《学会生存——教育世界的今天和明天》，14 页，北京，教育科学出版社，1996。

模式二：IDIIL 智能教学系统支持下的混合学习模式，即传统教学＋智能教学系统支持下的个性化学习。课时分配比例可以根据学校情况设定，一般为数学课采取 3 节传统课＋1 节个性化学习课的模式，而英语课采取 2＋1 模式。

模式三：课后基于智能教学系统的学习模式。实验对象为"学困生"。学校选取 15 名左右"学困生"作为研究对象，课后利用 IDIIL 智能教学系统进行有针对性的个别化教学。时间为每周两次，每次一小时。有学校将全校二年级、三年级和四年级数学成绩排名最后的"学困生"，共计 12 名学生组成实验班。

4. 研究内容

第一，IDIIL 智能教学系统的内涵，包括：什么是智能教学系统？智能教学系统的基本特征和功能是什么？

第二，IDIIL 智能教学系统在中小学中的应用模式研究。

第三，IDIIL 智能教学系统对学生形成六大学习素养的影响研究。笔者从以往的应用中了解到，IDIIL 智能教学系统对学生的六大核心素养产生了积极影响。因此，本课题将从两个方面进行研究：一是智力因素，包括注意力、观察力、想象力、记忆力、思维力和创造力等；二是非智力因素，包括情感、意志、兴趣、性格、需要、动机、目标、抱负、信念、世界观、情绪等。

第四，IDIIL 智能教学系统对学生学业成绩的影响研究。

第五，利用大数据记录、分析学生学习"电子足迹"的研究。IDIIL 智能教学系统具有的知识管理功能、学习成效智能分析功能等，可以大量采集个别化学习信息等形成数据库，为分析学生学习状况、进行教学设计和制定教学策略提供宝贵的资料。同时，我们还将采取人工加系统自动记录的方式，对学生六大学习素养进行观察、记录和分析。

(二)实验方法

从 2015 年 9 月开始，本课题主要采用实验方法进行研究。所谓实验方法是指根据一定的理论假设，针对某一问题控制某些环境因素的变化，通过对可重复的实验现象进行观察，从中发现规律、得出科学结论的方法。课题利用了三种工具。①IDIIL 智能教学系统：利用 IDIIL 智能教学系统内含的数据采集及量化分析子系统收集和分析数据，提高实验数据的真实性和客观性。②六大学习素养量表：利用 IDIIL 智能教学系统自主开发的六大学习素养量表，对学生的自信心、意志品质等素养进行日常测量。③学业成绩试卷。

实验采用实验班和对照班比较的方法。同一名教师分别教授一个实验班和一个对照班。其中，实验班在数学课或英语课上利用智能教学系统进行教学，而对照班按照常规方式进行教学。实验中，课题组利用 IDIIL 智能教学系统平台对实验班和对照班学生的六大学习素养进行实验前测、中测和后测，记录学生日常六大学习素养的变化情况，记录学生学习的"电子足迹"，形成学生学习数据库。

四、基本做法

(一)IDIIL 智能教学系统与传统教学方式的区别

IDIIL 智能教学系统中的教学内容、教学过程、学习方式、学习评价、教师队伍建设和教学管理等各个环节渗透了 5 个实现途径与 5 种理念，并形成了一套可操作的学前测试、制订个别化学习计划、实施教与学、学习情况反馈和即时评价的方法与机制，这与其他教学体系有着明显的区别。(见表 8-3)

表 8-3　IDIIL 智能教学系统与其他教学体系比较表

	IDIIL	传统教学	其他网校
分班	无分班，根据学生学习能力，实施个别化教学	按年级和能力分班	传统教学或无序
教师活动	规划、分析、辅导、激励	单向传道授业	无或只负责传授
学生活动	主体性学习、思考、做决定	接受知识	自由练习
素养培养	培养自信心、自主学习能力、主动思考能力等素养	传授学科知识、技能	技能强化
教材	完整细致、开放渐进、一贯性、互动、多元智能开发、着重探索发现	完整但不注重探索发现、一贯性差	偏重练习

续表

	IDIIL	传统教学	其他网校
教学流程	完整、全程三向互动、高效率	完整但单向	无或松散
学习评估	全程跟踪、分析	大小考试	局部测验
学习理论	以建构主义理论为指导,融汇了教育学、心理学理论,符合课程改革目标要求	传统理论,有些不符合课程改革的目标要求	无特殊理论
学习压力	激发长期学习动力,个别化学习压力适当	常带来反效果的高压力	无压力、无序

IDIIL 智能教学系统不同于传统教学的特点也决定了它拥有与众不同的教学流程。

(二)教学流程

IDIIL 智能教学系统以建构主义理论为指导,结合各学科的知识结构和认知规律,为学生提供了一种通过发现式学习方式进行高效学习的途径,目的是通过培养学生的学习兴趣、建立学生克服困难的自信心,让学生熟练掌握学科知识与技能,以培养学生的独立思考、分析、判断和应用能力。IDIIL 智能教学系统对于新生将采取"入学评测"等七步教学流程,而日常教学主要是第四至第五步的循环。(见图 8-9)

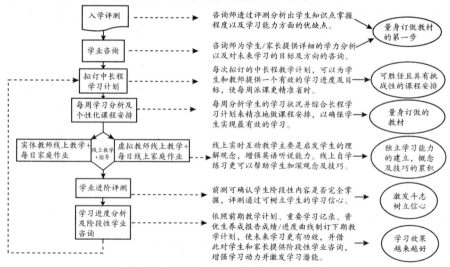

图 8-9 IDIIL 智能教学系统的教学流程

(三)监测学生六大学习素养的变化情况

IDIIL 智能教学系统的大数据记录与分析系统可以帮助我们掌握学生的学习状况。就像核磁共振技术可以清楚地扫描人脑，让我们知晓大脑的状况一样，教师利用IDIIL智能教学系统自动记录数据和自己填写的IDIIL 学生学习素养观测量表，就可以分析、了解学生六大学习素养的变化情况，从而为每名学生制订下一周的个性化学习计划。表 8-4 是学生自信心二级指标量表。

表 8-4　学生自信心二级指标量表

能力	指标	总分
自信心	做题迅速果决	20
	坚信自己的判断	20
	勇于挑战	15
	勇于表达	15
	勇于解释	15
	勇于探索冒险	15
	小计	100

五、这里的课堂教学革命静悄悄

IDIIL 智能教学系统在学校教学中的应用对学校教育教学产生了深刻影响。顾明远教授在考察 IDIIL 智能教学系统后指出："通过先进的技术手段促进学生自主学习和个性化学习，实现学生在学习中的主体地位，改变传统课堂的授课方式，是信息技术促进教学变革的突破口。"[①]目前，从 4 所实验校取得的初步成果来看，IDIIL 智能教学系统已经给学校教育教学带来了一些革命性影响。

针对信息技术引发的教育革命，2005 年，联合国教科文组织人力资

---

① 卫彦瑾：《不一样的课堂：爱迪乐用技术实现学习者为中心》，http://news.jyb.cn/china/gnxw/201505/t20150506_621359.html，2016-06-06。

源部主任给出了教育革命的三大标准。他认为，真正的教育革命需要我们重新构思教育、彻底改造学校、改造我们自身，而在教育中把技术教给学生、把技术整合到现有的课程中、使用技术促进教学就不是创新。那么，IDIIL 智能教学系统的教育教学应用是否在这三个方面取得了突破性进展呢？

（一）重新构思教育

在 1∶1 电脑环境下，IDIIL 智能教学系统通过对课程的重新编制，为学生成长创造出新的环境，让学生自由探索知识王国的奥秘，从而将学生从"鸭架"上解放下来，使他们真正成为学习的主人、知识的生产者和创造者。IDIIL 智能教学系统从五个方面重新构思教育：①从教育思想、教育观念上来看，IDIIL 智能教学系统是建立在人本主义和建构主义思想基础上的；②从课程体系建设角度来看，由原来按照学科知识体系即学科知识逻辑体系构建，转变为按照学科知识体系、学生认知规律、学生认知能力和学生发现学习规律来构建；③从教学方式上来看，采取个性化学习方式，实现了按需供给、以学定教、个性化学习；④从评价体系上来看，通过对每名学生的全方位评价，了解学生的学习状况和存在的问题，然后每周为每名学生制订个性化学习计划，使他们能有效地学习，由此可见，评价是为了促进成长，而不是为了分数；⑤从管理与文化上来看，处处体现"以学生为中心"的理念和要求，一切为了学生的成长。

利用冰山理论可能会更好地解释 IDIIL 智能教学系统与传统教育的不同。1895 年，国际著名心理学家弗洛伊德与布罗伊尔合作发表的《歇斯底里研究》，提出了著名的"冰山理论"：人的心理就像海面上的冰山一样，露出来的仅仅是一小部分，绝大部分是处于无意识状态的。而正是那看不见的冰山下面的那个巨大的底部，在某种程度上决定着人类的行为，决定着人的成长和发展等。1973 年，哈佛大学心理学系麦克里兰教授提出了一个著名的素质冰山模型：一个员工的素质就好比一座冰山，他的技能和知识只是露在水面上的一小部分，他的自我认知、动机、个人品质以及价值观这些东西隐藏在下面，但是这些看不到的方面对他能否在工作中取得成功有着举足轻重的影响。可以说，IDIIL 智能教学系统更加关注的是育人，是隐藏在冰山下的"隐性的非智力因素"，而不是冰山上的"显性的知识和技能"。（见图 8-10）在制订个性化学习计划时，教师应更加关注学生个体间存在的四种差异：①学力差异；②兴趣差异；③适应性差异；④生活经验差异。

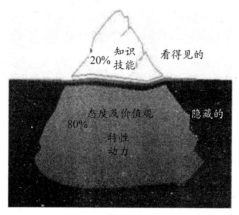

图 8-10　冰山理论示意图

（二）彻底改造学校

　　IDIIL 智能教学系统支持下的学校更像是一个学习中心。学生不分年级和班级，在一个学习共同体中学习与成长，体现了"人人皆学、时时能学、处处可学"的学习型社会精神和追求。这种"以学生为中心"的教育，改变了传统教学的"三中心"，即由德国教育家赫尔巴特提出的"教师中心、教材中心、课堂中心"。赫尔巴特的"三中心"注重的是学科的知识体系和教师的主导地位。

（三）改变我们自身

　　1. 改变了学生

　　（1）改变了学生对学习的态度

　　有针对性地选择实验班学生是实验的重要组成部分。本次实验选择了三类学生：一是普通学生；二是特长生，如数学爱好者；三是"学困生"。实验结果表明，这三类学生都喜欢 IDIIL 智能教学系统，尤其是对已经失去学习兴趣的"学困生"而言。

有一个实验班来自一所全区垫底的薄弱学校。前些年，学校进行分层教学走班改革，最后产生了一个由 15 名学生组成的学习成绩最差的班级。这个班的特点如下。①学习基础差。在初一入学时，学校曾对全年级的学生进行了一项简单的测试，要求学生在 5 分钟之内，把英语 26 个字母的大小写按照正确的顺序默写出来，结果有 1/4 的学生无法完成。②学习成绩差。他们平时的考试成绩基本上是 20 分左右，排在全校学生的后 10％。③特殊学生聚集。在这些学生中，两人是随班就读生(有诊断证明他们智力低下，有轻度智力问题)，两人有严重的行为问题，5 人厌学，5 人缺乏自信、害怕学习。④家庭教育缺失。⑤常态课堂学习效果较差。

一个实验班就是由这样一批比较特殊的学生组成的。IDIIL 智能教学系统能改变他们对学习的兴趣、提高学业成绩吗？这是实验前大家比较担心的一点。出乎大家预料的是，这批学生很快就喜欢上了这种学习方式。一位被贴上"智力低下"标签的随班跟读学生，在上完第一次英语课后就对教师说："我感觉英语也没有那么难！我也能学会。"一次，IDIIL 数学课下课后，学生不愿意离开教室。没办法，数学老师只好找语文老师借课。校长说："我做了多年校长，从来没有遇到过这种情况。"

另外一所实验校也发生了令人吃惊的事。这个实验班是由 3 个年级数学成绩最差的"学困生"组成的。他们都害怕、厌恶数学，但他们喜欢上了 IDIIL 数学学习方式。第一次课后，一名学生就对他妈妈说："妈妈，我可能会喜欢上数学。"另一位腼腆的女学生说："我喜欢上学了。"这些情况是实验班家长在微信群中提供的。这种情况在其他几所实验校也存在，而且学生的学习兴趣在实验期间一直很浓厚。

多年的实践表明，IDIIL 智能教学系统可以让学生寻找到适合自己的学习路径，并成为自己学习的主人。通常情况下，90％以上厌学、惧学、弃学的学生会转化为自信、快乐、乐于学习的学习者。

(2)大力培养了学生六大学习素养

IDIIL 智能教学系统注重培养学生的六大学习素养。课题组通过观察、统计与分析，可以发现"学困生"实验班学生身上发生了 3 个明显的变化。

第一，一个星期后，100％的学生都特别期待 IDIIL 的课程，知道自已在 IDIIL 课堂上的责任，没有了惧学、厌学情绪，专注力和积极性都有了较为明显的增强。

第二，3 个星期后，超过 90％的学生的自信心有了明显增强，并且多数已经反映在学习态度上面。

第三，一个月后，100％的学生在做 IDIIL 家庭作业时表现出了积极、主动的态度。许多家长反映，他们从来没见过自己孩子有这样的表现。

在六大学习素养中，通常专注力的进步最先发生，积极性与自信心次之，然后它们会带动其他素养的进步。图 8-11 是某小学实验校"学困生"班学生一学期六大学习素养的变化情况。

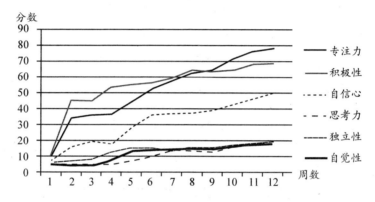

图 8-11 某小学实验校"学困生"班学生一学期六大学习素养的变化情况

（3）提高了学生的学习成绩

总体来看，各所学校实验班学生的学习成绩都会有不同程度的提高，一般会在原来年级排位上提高 20％～30％。"学困生"则表现更突出，例如，一所小学一名原来比较厌烦学数学的学生，从班级后几名一跃成为第二名。另外一所学校实验班 87％的学生有了明显进步，排名提升了 4～46 位。如果上升 10 位以上算显著，那么，53％的学生取得了显著进步。那位被贴上"智力低下"标签的随班就读学生上升了 19 位，成为班级里进步最快的学生之一。

2. 改变了教师

（1）改变了教师的态度

实验结果表明，IDIIL 智能教学系统有效地改变了教师的态度。通常，实验班教师开始是带着怀疑、质疑的态度参加实验的。随着实验效果的逐步显现，教师的态度会有明显的转变。一位薄弱校校长说："参加这个实验，我们学校改变最大的是教师。原来教师对什么都不感兴趣，现在他们看到学生的变化，似乎看到了自己的希望，重新焕发出活力。"IDIIL智能教学系统构建了一种"数字新生代"喜欢的个性化教学模式。访谈中，一位英语高级教师流着眼泪动情地说："我是那个分层分出的最弱班级的班主任，看到这些孩子不愿意学习、荒废青春，我无能为力、束手无策，时常感到一种挫折感，也常常陷入自责之中。"现在有了这个教学系统，她看到学生不断取得进步，这让她重新燃起了希望。她说："多年来，我一直在寻找一种比较理想的教育方式，今天终于找到了！"实验结果表明，IDIIL智能教学系统能够较好地满足学生和教师的需求，将教师从繁重的工作中解脱出来，使其有更充裕的时间帮助每名学生取得更好的学习效果。

(2)重塑了教师的角色

IDIIL智能教学系统不仅从理论、制度、文化等方面解放了教师，而且还重塑了教师在课堂上的角色。①教师成为教室管控者，包括布置课堂环境、管理课堂，维持一个安静且积极的高质量学习环境。②教师成为互动引导者，通过适时的互动引导学生。IDIIL教师应当尽最大可能不去教授学生，而是向学生提出适当的问题来引导学生找到理解概念和解决问题的关键点。事实上，在向学生提出问题前，教师应当鼓励学生去描述他们的问题和困惑。通常，学生能够清楚地描述问题和困惑时，就能找到问题的解决方法了。③教师成为观察者，能够了解每名学生学习方面的强项、弱项以及个性，包括六大学习素养的情况。④教师成为促进者，找到机会帮助学生提高六大学习素养。⑤教师成为测试者，检查学生改正的错误，检查书面总结和口头总结从而确保学生理解他们所学的知识。⑥教师成为学习成效分析者，在对学生进行高质量的观察、互动、测试和总结后，对学生当天的学习进行简单分析，并将分析结果简洁明了地批注在作业纸上。分析以及批注的质量将是影响下次派课质量的关键因素。另外，批注也有助于学生完整有效地学习。

第九章

大力开展全日制远程教学的政策建议

边远、民族地区教育要想大发展，就必须突破"梯度理论"的局限，充分发挥我国社会主义制度的优势，大力推广全日制远程教学模式，将我国城市中小学名校丰富的优质教育资源引向边远、民族地区学校，促进其实现跨越式发展。

第一节　转变观念，追求高层次教育公平

一、突破"梯度理论"束缚

边远、民族地区教育要想大发展，就必须突破"梯度理论"的局限，运用先进技术手段，跳过传统教育的特定发展阶段，实现跨越式发展。"梯度理论"认为，国家或区域经济发展条件和发展水平存在一定的差异，往往呈现出梯度，因此主张发达地区应首先加快发展，然后通过产业和要素向较发达和欠发达地区转移，进而带动整个经济的发展。这一理论还隐含着经济发展步骤不可超越的思想。"梯度理论"对我国改革开放以来制定的政治、经济政策产生过重大影响，也对边远、民族地区的教育发展带来一定的影响。

改革开放40年来，我国教育特别是东部地区教育发生了翻天覆地的变化，同时边远、民族地区教育也有了较大进步。但由于受"梯度理论"影响，以往我国扶持边远、民族地区教育发展的政策措施，往往循规蹈矩、按部就班，长期停留在物资和人员援助上，以致出现三种倾向：一是重视政策、物质条件等因素的影响，忽视学生自信心、自我效能等内

在品质的重要作用；二是重视"起点公平"，忽视"过程公平"和"结果公平"；三是只重视教育的直接影响因素，忽视学生社会经济背景等间接影响因素。结果，这些措施虽然大幅度改善了边远、民族地区学校的办学条件，但没有改变教育落后地区学生的命运。

进入 21 世纪，我国加大了边远、民族地区教育信息化建设力度，试图通过信息技术向边远、民族地区输送优质教育资源，加快当地教育发展步伐。然而，经过多年的实践探索，这一举措在实践中遇到较大困难，难以取得良好效果。

人们开始反思教育信息化的理论逻辑及其价值。2005 年，联合国教科文组织从理论逻辑的角度提出信息技术教育应用的"四阶段论"，即"起步、应用、融合、创新"。然而，实践逻辑证明信息技术与课程整合（融合）是一条走不通的路。因此，试图利用信息技术简单输入城市的优质教育资源以促进边远、民族地区教育发展的模式在实践中难以得到成效。针对教育信息化的低效问题，2010 年 11 月，美国对外发布的"国家教育技术计划"《变革美国教育：技术推动的学习》明确提出，要想通过信息技术显著提高教育的生产力，"需要进行由技术支持的重大结构性变革，需要重新设计各级教育系统的工作流程和体系结构，而不是进化式的修修补补"[1]。这是国际上首次有国家将教育信息化成效与学校教育的强制性或断裂式制度进化联系在一起，期望通过教育变革提高教育信息化的效益。与此同时，我国政府于 2010 年 7 月颁布的《国家中长期教育改革和发展规划纲要（2010—2020 年）》提出："信息技术对教育具有革命性影响，必须予以高度重视。"新制度主义认为，制度变迁有两条路径：诱致性（渐进式的）制度变迁和强制性（断裂式的）制度变迁。也就是说，要想有效促进边远、民族地区教育发展，需要进行强制性教育变革。全日制远程教学在某种程度上说，就是对远端学校进行了结构性变革。

---

[1] Office of Educational Technology U. S. Department of Education："Transforming American Education Learning Powered by Technology—National Educational Technology Plan 2010"，http：//www. ed. gov/technology/netp-2010，2010-07-06.

二、打破教育公平三步走的思维定势

边远、民族地区文明与东部知识经济文明之间存在巨大差距，因此，教育面貌的改变、文明的重塑，绝不是简单地为学校装备一些设备，送一些优质教育资源，短期集中培训一下教师就能够解决的，必须进行教育变革。教育部副部长杜占元在上海考察工作时指出："推进教育信息化一定意义上又是推动改革，没有改革，教育信息化很难，初期可以，中后期可能困难很大。"①

要想促进教育变革，第一，要敢于追求高层次教育公平。四川省甘孜州教育局原局长嘎绒拥忠对教育信息化的作用有着独特的认识。他认为，信息化的世界里没有边远地区。他曾大胆提出："越是落后、边远的地方，教育越是要信息化。我们要用高端的方式解决低端的问题。""用高端的方式解决低端的问题"就是敢于突破"梯度理论"的局限，追求高层次教育公平。长期以来，我国在促进教育公平过程中遵循着由"起点公平""过程公平"到"结果公平"三步走的思维定势和工作方法，致使边远、民族地区教育与中东部发达地区教育的差距越来越大。甘孜州教育打破了教育公平三步走思维定势，运用先进的技术手段，将城市优质教育这股源头活水引入边远、民族地区，使处于经济和技术最低梯度的西部地区教育，跳过传统的特定发展阶段，直接进入优质教育发展阶段。

第二，要突破人性弱点，大胆创新。美国著名教育家、LOGO 语言发明人西摩·佩珀特（Seymour Papert）教授曾以学校引入铅笔技术作隐喻，讽刺人们在教育信息化过程中胆小慎微、不思进取的心态。他说，当铅笔技术发明已经风靡社会，有人决定将其引入教育。慎重起见，人们决定在每个教室只放一支铅笔，因为给予所有学生一项新技术，风险太高。如果这样能产生好的结果，那么接下来就在每个教室放两支铅笔。这看起来有些可笑，不过，我们的教育信息化不正在进行这样的尝试吗？西蒙·佩珀特教授批评说："在教室里放入一台计算机或六台计算机当作朝正确方向前进的步骤，是没有任何好处的。这就好比说爬树是向空间

---

① 《教育传播与技术》编辑部：《教育部群众路线教育实践活动——"上海基础教育信息化应用调研会"会议纪要》，载《教育传播与技术》，2013(3)。

旅行的正确方向上迈进的一步。实际上，它不仅步伐小，而且方向还是错误的。"①

第二节　开展"农远工程"二期工程——全日制远程教学

一、深入开展全日制远程教学的必要性

"城市反哺农村""东部支援西部"是我国的基本战略。这些战略的实施过程已经经历了三个发展阶段。第一是输送人和物资或将民族地区学生接入城市阶段。这种方法十分有效，从新中国成立初期一直沿用到现在，但影响范围十分有限。第二是输送城市优质教育资源阶段。21世纪初期，国家启动了"农远工程"项目，旨在利用信息技术促进偏远、民族地区教育实现跨越式发展。项目有力地推动了农村教育信息化工作，但并没有有效改变当地教育教学的落后面貌。第三是输送大城市优秀教师智慧阶段。目前，这一阶段处于起步阶段。第一、第二阶段相当于为边远、民族地区教育"输血"，第三阶段相当于提高其"造血功能"。目前，我国教育正朝着"造血"方向转变。2012年9月5日，在全国教育信息化工作电视电话会议上，国家正式推介了成都七中全日制远程教学经验，引起高度关注。在随后召开的"全覆盖"项目启动会上，杜占元副部长又特别强调项目要坚持"应用驱动"和"机制创新"。这些都为国家战略实现由"送资源"到"送智慧"的转变提供了政策支持。目前，国内一批名校像成都七中育才中学、成都实验小学、郑州一中、人大附中等都在开展这方面的探索。

开展全日制远程教学工作，是一项复杂的系统工程，需要集全社会的智慧和力量。"农远工程"是21世纪初期党中央、国务院站在全局和政治高度，为了国家长治久安、实现教育公平发展、改善农村教育落后面

---

① 经济合作与发展组织：《学会变革：学校中的信息与通讯技术》，125页，北京，教育科学出版社，2008。

貌而采取的重大战略举措。工程按照城市教育帮助农村教育发展的战略构想，形成了一套完整的政策、组织和运行机制，为促进我国农村教育发展提供了宝贵的经验。因此，国家应吸收"农远工程"的成功经验，充分发挥我国社会主义制度优势，由国家牵头，制订边远、民族地区远程教育发展规划，开展"农远工程"二期工程——全日制远程教学。"农远工程"一期和二期的主要区别在于：一期主要是送设备、送优质教育资源；二期主要是送智慧，将我国城市中小学名校丰富的优秀教师智慧资源引向民族地区，促进当地教育发生根本性变革。

二、系统设计、多层级推进全日制远程教学建设

(一)为远端学校提供多层级服务

1. 拥有多层级服务是远端学校的迫切期望

在全日制远程教学中，远端师生教学和学习困难较大，这是一种较为突出且普遍存在的现象。这一问题产生的主要原因是远端学校与成都七中等名校差距较大。问卷调查中，有远端教师反映："我们学生的基础参差不齐，远远赶不上成都七中直播班，但也不知道怎么解决。"许多远端教师呼吁：应该根据远端学生的学习状况，适当调整速度；教学进度太快，内容太难，望能降低难度；能多考虑远端学生的基础，加强基础知识的学习巩固；教学进度有必要适当放慢；在主要满足前端教学要求的同时，尽量照顾远端学生的基础和接受能力相对较差的问题；考试不宜总是过多追求难度，以免挫伤学生学习的积极性。

远端学校与成都七中等名校之间存在一定的差距是合理的，这也是全日制远程教学得以存在的价值基础，关键是这个差距要控制在什么范围内。现有全日制远程教学模式主要针对边远、民族地区较好的学校、学习基础较好的学生，而对于那些普通学校和学习基础较差的学生并不适合。现在的问题主要是差距的边界没有控制好。由于学生参加全日制远程教学的热情很高，部分学校在选取学生时放宽了要求，结果造成了一部分学生在全日制远程教学学习中跟不上进度的状况。

出现这个问题的深层原因是全日制远程教学模式服务的对象比较单

一，只针对好学生，而没有满足各个层次学校及各类学生的要求。基线调查中，一些教师和校长希望：应该开发多层次直播教学，满足不同学校的需要，特别是应该从国家层面开发适合基础较差学生的全日制远程教学课堂模式，以大幅度提高全日制远程教学的效益。也有教师反映：希望成都七中可以开办三个不同层次的直播班，让边远、民族地区更多的班级都能上远程直播课。

2. 国家应该提供不同层级的全日制远程教学

为了实现"上好学"目标，国家应加大教育供给侧改革力度，从高、中、基础三个层级提供全日制远程教学种子学校服务。第一层级为高级，针对边远、民族地区少数重点学校，目标是追赶名校。种子学校为全国名校或区域名校。第二层级为中级，针对边远、民族地区的一般学校，目标是大幅度提高教育教学质量。种子学校为省市名校。第三层级为基础级，针对那些因缺少教师难以正常开展教学工作的薄弱学校，目标是开好国家规定课程，提高教育质量，更好满足适龄儿童就近接受良好教育的需要。种子学校为市区名校。（见表9-1）

表9-1　全日制远程教学层级目标

学校类别	学校状况、所占比例	达到目标
第一层级	针对当地5%左右的少数重点学校，实施追赶名校策略。	基本达到市区名校水平
第二层级	针对70%左右的大部分学校，较大幅度提升其教学水平。	基本达到区级名校水平
第三层级	针对那些因缺少教师难以正常开展教学工作的25%左右的薄弱学校，较大幅度提升其教学水平。	基本达到城市普通学校水平

(二)开展个性化学习

目前，互联网正在开启互联网发展史上的第三次重大变革——"人的网络"时代，即互联网经历了从"机器与机器""人与机器"向"人与人"时代的演进。"人的网络"时代将为学生构筑自适应的"联通小世界"，实现人与人的智慧的连接。学生可以与全球的优秀教师、科学家、学者、学生或虚拟人等随时随地连接，不断获得广泛而新鲜的知识、信息与智慧，从而迅速提高自身能力。那时，世界将真正成为一所大学校，人类的教育公平、有教无类理想也将真正得以实现。

不过，到目前为止，全日制远程教学尚没有充分利用网络打通前端师生与远端师生交流的通道。前端教师与远端教师除了集体备课、集体教研外，互动几乎为零；前端学生与远端学生的互动，也仅限于一些活动。这与信息社会互联网的合作、共赢、共建、共享的精神相背。其实，多数学校都具备开展前端师生与远端师生互动的条件。调查结果显示，远端绝大部分学校都有计算机教室，接近82.0％的学校的电脑可以联网，但是88.6％的学生反映学校计算机教室不能随便使用。另外，66.6％的远端学生反映，他们都有可以上网的手机。这是可以充分利用和开发的巨大资源。

远端学生希望能够利用智能教学系统满足他们个性化学习的需要。调查结果显示，81.6％的学生希望在课后使用计算机教学系统，以此来满足个性化学习需要；表示不需要的学生只有5.8％。（见图9-1）

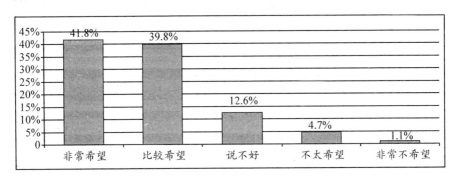

图9-1　学生希望课后利用计算机教学系统进行个性化学习情况

在座谈会上，许多教师也反映：应增加前端教师与远端教师之间的互动，比如，建立QQ群或微信群，让前端教师多听听远端师生的声音；希望能增进前端师生与远端师生的交流。显然，现在的全日制远程教学离这一要求还有较大距离。

(三)利用全日制远程教学对远端教师进行全员培训

边远、民族地区教育发展的根本出路还要落实在教师身上。教师是教育之本。有好教师，才会有好教育。建设一支数量足够、素质优良、适应现代教育需要的教师队伍是边远、民族地区教育实现跨越式发展的基础和保障。一位多年从事教育扶贫的专家说："通过9年的教育扶贫我们发现，计算机及其他电化设施并不能改变教育落后的面貌。那些欠发达地区的农村所欠缺的不是计算机，也不是电化教学设备，最欠缺的是具备基本素质的教师，是学校、教师对教育本质的理解。"①

要想彻底解决边远、民族地区教育发展问题，就必须找到经济可行的可以从根本上促进教师专业发展的途径。全日制远程教学就找到了这样一条发展之路，那就是让边远、民族地区教师以名校优秀教师为榜样，在全日制远程教学中向优秀教师学习。有关部门通过制订计划，争取在5年内实现边远、民族地区优秀教师比例基本达到全国平均水平。

第三节 国家应给予全日制远程教学各项政策支持

国家和地方政府的政策对于全日制远程教学的健康发展具有至关重要的作用。良好的政策环境是全日制远程教学可持续发展的根本保障。调查结果显示，69.2%的远端学校管理者认为，全日制远程教学面临的最大困难就是缺乏政策支持和引导。全日制远程教学面临的困难和发展障碍主要有4个：①身份地位问题；②政策支持问题；③经费支持问题；④课程教材和高考限制问题。各级教育行政部门到目前为止尚没有为全日制远程教学模式提供明确的政策指导与规范。尽管一些地方政府已经给予全日制远程教学不同形式的支持，但支持力度依然有限，难以使学校放开手脚，导致一些网校运作始终处于艰难的状态。这不仅制约了全

---

① 杜子德：《信息技术不能从根本上改变中国教育》，载《中国青年报》，2010-05-07。

日制远程教学的发展，还直接影响了各级地方政府将全日制远程教学与本地区教育信息化、课堂教学改革、教育文化交流与协作等工作进行深度融合。

在实践中我们看到，全日制远程教学的效果和价值已经得到了远端学校以及其所在地区教育行政部门的充分肯定与认可。许多地方将全日制远程教学作为当地基础教育均衡发展的一项重要举措，并表示愿意长期支持这项工作。国家各级教育行政部门应大力支持并推广这一相对比较成熟的模式与经验，充分发挥国家体制机制优势，扮演领导者、推动者，制定推广的目标、基本路线、准则和时间表等。

一、　教材选用政策支持

由于全日制远程教学的合作学校覆盖云南、贵州、四川、西藏、甘肃等省区的学校，各地在课程安排和教材选择上有很大的不同。2001 年教育部出台的《基础教育课程改革纲要（试行）》，揭开了第八次课程改革的序幕。课程改革提出要深化教材出版发行体制改革，打破垄断，引入竞争机制，改革中小学教材指定出版方式和单一渠道发行体制，允许各地区学校有教材的自主选择权。但自主选择教材的权利通常只下放到县市一级教育行政部门，学校无权选择，这给全日制远程教学带来了一定的影响。不统一教材就无法统一教学进度和教学内容。目前，从实施的情况看，前端学校与远端学校的教材存在不一致或部分学科教材不一致现象，这需要国家教育行政部门出台相关政策，打破常规，允许开展全日制远程教学的学校自主选用教材。

二、　解决高考改革的冲击问题

与教材问题相比，全日制远程教学面临一个更大的问题——各省份高考自主命题。随着高考改革的深化，越来越多的省份开始自主命题，对全日制远程教学形成较大挑战。从现实情况看，教材的问题还不是很大，因为可以统一使用人教版的教材。但是面对高考改革似乎就没有更好的解决办法，因为各个省份的高考大纲不同，考试目标和命题标准也有一定的差异。国家能否在西部贫困地区实行特殊政策？例如西部五省区统一高考命题，以破解这一难题。

三、 资金支持

国家和地方政府应该是全日制远程教学项目运作经费的主要支持者。目前，网校正常运行所需经费中最重要的支持来自"四川省民族地区教育发展十年行动计划"项目。四川省教育厅每年的专项拨款主要用于支付昂贵的卫星通道租用费。对于非政府资助学校，网校采用低收费方式。国家应建立边远、民族地区教育的投入保障机制，保障全日制远程教学的投入，并充分发挥社会力量，吸引社会资金促进教育均衡发展。

四、 卫星、网络资源支持

开展全日制远程教学，还需要国家在卫星、网络资源等方面的支持。我们建议国家或地方政府统一规划，免除全日制远程教学的卫星及网络费用。

第四节 建立"政府引导、 名校参与、 企业建设"的工作机制

一、 全日制远程教学面临的体制机制上的困难

全日制远程教学是一项涉及人员、设备等诸多因素的复杂工作，体制机制上的实施难度较大。调查结果显示，远端学校面临的困难主要有四个方面：①教师教学面临诸多挑战，教得费劲；②学生综合素质较差，学得困难；③学校改革乏力；④国家、地方政府政策支持力度不够。要想解决这些问题，仅有名校引领是远远不够的，还需要政府提供额外的支持，需要一支随时随地可以提供个性化、专业化服务的团队。

然而，长期以来，学校逐渐成为制度化、机构化、官僚化的机构，对教育市场形成垄断，阻碍了信息技术的革命性力量——企业、技术、社会的资本等生产力要素的进入。社会上每年有大量资本进入社会教育，

但进入不了学校，使学校成为信息技术低层次应用的"信息孤岛"。在这样的环境下，全日制远程教学模式难以发展壮大。

二、政府应成为主要推动力量

政府在教育结构性变革中的作用至关重要，应成为全日制远程教学模式建设的主要推动力量。美国有学者认为："在政府下定决心改革旧的教育系统之前，教育范式的彻底转变是不会发生的。"[①]国家各级教育行政部门应充分发挥国家体制机制优势，扮演创新的领导者、推动者，制定教育变革的目标、基本路线、准则和时间表等，积极推动全日制远程教学健康发展。

三、突出企业在体系建设中的创新主体地位

企业是社会创新的主体，也是全日制远程教学研发、投入、服务和产品供应的主体。政府应鼓励企业和社会力量参与全日制远程教学的建设与服务，为全日制远程教学健康、持续发展提供重要保障。在探索实践中，东方闻道网校逐渐形成了一套完整的教学质量服务保障体系。①提供岗前教师、岗中教师、技术人员等相关人员培训。②提供同堂服务，指对"四个同时"进行督导和服务，相当于为教师提供了一个教学"拐棍"。该体系的主要内容包括提供教务信息、课程信息、教学资料，并提供线上监控、成绩反馈、成绩分析、教学研讨等基础性服务。③提供巡视服务，由于远端学校的情况各不相同，因此设立专职教学服务人员，专门负责定期到远端学校听课，了解教情、学情、管理等情况，有针对性地对学校提供个体专项服务。④提供学生服务，即针对远端学校不同的学生群体，在学生的适应性、励志成才、心理干预、学法指导等方面提供专项服务。⑤提供技术服务，即提供设备安装与调试、培训、教学首周服务、巡回服务和专题服务等技术支持。

---

① 段敏静、裴新宁、李馨：《教育系统的范式转变——对话国际教学设计专家 Charles M. Reigeluth 教授》，载《中国电化教育》，2009(5)。

四、形成"政府引导、 名校参与、 企业建设"的工作机制

　　全日制远程教学建设既是一项复杂的系统工程，也是一场教育革命，需要集全社会的智慧和力量，共同打造这个领先世界的中国教育模式。建设中，政府应成为领导和主要推力，同时政府也是建设的投资主体，承担着为边远、民族地区学校购买优质教育资源和信息化服务的任务。名校是全日制远程教学建设的中坚力量，承担着创新教学模式、提供优质教育资源的重任。企业是全日制远程教学的创新主体。未来我国应真正建立起"政府评估准入、企业竞争提供、学校自主选择"的机制，推动政企之间、校企之间、企业之间广泛合作与技术创新，最终形成多方参与的远程教育市场，为学校教育提供专业化的高质量服务。

五、建立城乡学校教育联盟， 形成共同发展机制

　　建立东部城市名校与边远、民族地区薄弱学校教育联盟，形成城乡教育一体发展机制，一直是我国政府积极推动的促进教育均衡发展的重要战略举措。刘延东强调："要形成城乡和地区义务教育共同发展机制。各地要把城市学校与农村学校共同发展、优质学校与薄弱学校共同提高作为重要政策取向，建立教育资源向困难地区、农村地区和薄弱学校倾斜的动态机制。要通过整合、重组、结对帮扶等多种途径，打破校际和城乡之间的分割，促进区域内优质学校与薄弱学校之间形成稳定的共建机制。"[①]这为解决边远、民族地区教育问题指明了方向。建立全日制远程教学联盟，应采取东部大城市包片方式，将西部边远、民族地区学校分片承包，就像汶川地震灾后恢复重建时国家采取的支持政策措施一样，进行教育智慧大支援。

---

① 刘延东：《优化资源 促进公平 加快义务教育均衡发展》，载《中国教育报》，2009-12-01。

附　录

全日制远程教学大事记

1.2000 年 4 月，成都东方闻道科技发展有限公司成立，这是一家专业从事教育信息化和软件开发的高新技术企业。

2.2000 年 12 月，四川省委省政府正式颁布了《四川省民族地区教育发展十年行动计划》，并在后续工作中将全日制远程教学纳入该计划。该计划将"初步建立民族地区远程教育体系"作为行动计划的五项重点工作之一。东方闻道公司通过卫星实现课堂教学直播的思路和方案得到了省委省政府的认可，并将该方案迅速纳入计划。

3.2001 年，东方闻道公司提出全日制远程教学模式"异地同堂"的战略构想，并完成了"异地同堂"的技术和经济的可行性论证。

4.2002 年，东方闻道公司与成都七中合作，成立了成都七中东方闻道网校。

5.2002 年，四川省委民族工作委员会将实施民族地区现代远程教育试点工程列入本年度"办实事"的九项重点工作之一。

6.2002 年 6 月，四川省教育厅批准了全国第一家具有中学学历教育的远程教育学校——成都七中东方闻道网校。

7.2002 年 9 月 1 日，成都七中东方闻道网校全日制远程直播教学正式开播。

8.2002 年 9 月 19 日，课题专家评审会召开。

四川省科技顾问团在成都七中举办《四川民族地区现代远程教育研究报告》专家评审会，来自北京、成都两地的院士和专家组成的评审组对课题进行评审。评审组给出的结论是："该课题选题重大、影响深远，具有战略性和前瞻性，是实施民族地区教育跨越式发展的有效途径，具有开创性和可操作性。"专家一致认为，将民族地区现代远程教育作为基础性工程来建设，有重大意义；该课题是全省乃至全国民族教育发展研究方面难得的成果。

9.2002年10月，国务院副总理李岚清在四川考察期间，专门听取了民族地区现代远程教育的专题介绍，并给予了充分肯定。

10.2003年4月，《光明日报》发表了《挑战传统教育模式 创造巨量教学效益》一文。

11.2004年5月，成都七中东方闻道网校自主研发的"交互式多媒体远程直播教学系统"获国家级火炬计划项目证书。

12.2005年9月，成都七中东方闻道网校与成都七中育才学校合作，开通了全日制远程录播教学。

13.2006年4月17日，全日制远程直播教学得到中国教育学会高中专业委员会与会专家的认同。

2006年4月17日，由中国教育学会高中专业委员会主办的中国西部中学全日制远程直播教学研讨会在成都七中召开。与会专家一致认为全日制远程直播教学的实践已经走在了理论的前面，在"教"的同时，加入了"育"的有效成分，为合作学校提供了教师在职培训的平台，已经发展成为一种新型的教育形态和教学协作模式，非常适合教育均衡，是我国基础教育领域远程教育的一种创新。

14.2006年4月，全日制远程教学模式得到国外专家认可，他们称全日制远程教学是"中国教育奇迹"。

2006年4月，"第二届国际名中学校长论坛"在英国伦敦伊顿公学召开。王志坚校长作为中国唯一出席的校长代表，做了"成都七中及其远程教育"的学术报告。与会的校长和专家感到非常震惊："一所中学，一个位于世界上人口最多的发展中国家的中学，居然在网络教学上走在了世界的前列。"有专家称这是"中国教育奇迹"。

15.2007年，成都七中东方闻道网校被中国技术协会中学远程教育技术专业委员会评为全国中小学十大网络教育机构。

16.2007年，"高中全日制远程直播教学模式"课题研究启动，并作为全国教育科学"十一五"教育部规划课题"信息技术环境下学与教方式变革与学习绩效研究"的子课题。

17.2008年4月，《中国青年报》对全日制远程教学进行报道：《均衡教育理念的生动实践》。

18.2009 年，中国教育科学研究院专家承担北京市哲学社会科学"十一五"规划课题"关于构建优秀教师隐性知识交流与共享网络联盟的研究"，经过三年研究，取得重要成果。

19.2009 年 4 月，中央电视台《新闻 60 分》对康定中学与成都七中实现优质教育资源共享进行了专题采访与报道。

20.2010 年 11 月，中共中央直属机关政策研究室经济局一行领导来到成都七中东方闻道网校，就"教学信息化与城乡教育一体化均衡发展"进行了专题调研。

调研后，有关领导表示："网校这种直播教学模式相当成功，也正好与我国'十二五'规划接轨，解决了师资力量薄弱地区的师资问题，在培训教师方面具有普及意义，对培养人才起到了推动作用，对提高西部地区、民族地区、边疆地区的教育发展具有重大的现实意义。"

21.2010 年 4 月，华东师范大学霍益萍教授调研全日制远程教学。

调研后，霍益萍教授说："网校的直播教学实践，是一种很好的解决教育均衡问题的方式，应该引起国家的高度重视。"

22.2010 年 12 月，成都七中育才学校申报的全日制远程教学"教师网上跟岗研修，网班助推教育均衡"项目获得了教育部首届基础教育课程改革教学研究成果一等奖。

23.2011 年 3 月 30 日，在合肥举办的中国教育学会中小学信息技术教育专业委员会"十一五"课题结题成果交流会上，成都七中东方闻道网校承担的"高中全日制远程直播教学模式研究"子课题顺利结题，并获得了优秀子课题奖及 24 项优秀成果奖。

24.2012 年，全日制远程教学列入四川省委省政府《四川省民族地区教育发展十年行动计划(2011—2020 年)》，并将学校范围扩展到小学。

四川省委省政府于 2010 年 11 月 19 日制定下发了《四川省民族地区教育发展十年行动计划(2011—2020 年)》。鉴于全日制远程教学的效果显著，2012 年四川省教育厅开始实施全日制远程教学二期工程，并将学校范围扩展到小学，实现了小学、初中、高中基础教育各阶段远程直播、录播及植入式教学的全覆盖，形成了完整的全日制远程教学体系。

25.2012 年 9 月 5 日，在国务院召开的全国教育信息化工作电视电话会议上，刘延东听取了四川省教育厅就"四个统一，合作多赢"的全日制远程教学经验交流的发言，对四川省探索城乡学校利用网络"同时备课、同时上课、同时作业、同时考试"的做法给予了高度评价。

26. 2012 年，全日制远程教学（初中录播教学）模式被选为教育部教育信息化试点项目。

27. 2012 年 9 月，成都七中东方闻道网校与成都实验小学协作开通了全日制远程植入式教学，实现了小学、初中、高中全日制远程教学全覆盖。

28. 2012 年 9 月，在深圳举办的首届"全国中小学信息技术教学应用展演"活动中，东方闻道公司向国内外专家学者展示了自己的专题宣传片，获得了好评。

29. 2012 年 12 月，成都七中东方闻道网校第九届远程直播教学研讨会召开，共有 136 所远端学校的 900 名教师代表参会，创历届研讨会参会人数之最。

30. 2013 年 1 月 7 日，中共中央政治局常委俞正声来到四川省甘孜州康定中学视察，对全日制远程教学为康定中学带来的可喜变化给予了高度肯定。

31. 2013 年 11 月，将全日制远程教学模式作为向民族地区和欠发达地区输送优质教育资源的成功案例，教育部副部长杜占元在亚太地区教育信息化高层专家会议上介绍了全日制远程教学模式。

32. 2013 年，教育部民族教育发展中心委托中国教育科学研究院专家展开课题研究"远程直播教学促进民族地区教育跨越式发展调查研究"，经过三年研究，取得了一批重要研究成果，为国家教育决策提供了重要依据。

33. 2014 年 3 月 25 日，美国前总统奥巴马的夫人走进成都七中高一未来课堂直播班，对全日制远程教学模式给予了高度评价。

奥巴马的夫人一走进正在上英语课的直播班，就对学生说："我很高兴能见到你们。""我认为让全世界的每个孩子都有机会享受优质教育十分重要。远程教学模式十分优秀，可以让远离成都七中的偏远地区的孩子也能享受到高质量的教育。这样我们就能开发所有孩子的创造力，而不会荒废他们的天赋。"

34.2014 年 9 月 23 日，《光明日报》发表文章《向最需要教育的地方输送优秀教师的智慧》。

35.2015 年 2 月 9 日，《光明日报》内参《情况反映——知识界动态清样》第 30 期发表文章《推广全日制远程教学助理贫困地区教学点"开齐课""上好课"》。

36.2015 年 5 月 23 日，我国教育部与联合国教科文组织联合主办的国际教育信息化大会召开。教育部副部长杜占元在大会上做主题报告，向来自 90 多个国家的代表介绍了作为中国教育信息化成功案例之一的全日制远程教学模式。

会议期间，成都七中东方闻道网校参加了全国中小学信息化应用展览，展出了全日制远程教学模式、全信息态教学、翻转课堂实践等成果。

37.2015 年 5 月 30 日，国家信息惠民专家组专项调研了成都七中东方闻道网校的信息化教育，给予了充分肯定。

38.2015 年 8 月 3 日至 6 日，第十二届世界校长大会召开，会议介绍了全日制远程教学模式。

第十二届世界校长大会在芬兰首都赫尔辛基召开。来自世界各地的 1500 多名精英校长齐聚芬兰，围绕"顶级教育设计"，探讨当今教育发展热点问题，共商教育政策与未来学校的发展方向与趋势。四川省成都青羊教育代表团李蓓校长用流利的英语和充沛的情感与世界各国教育同人分享了题为"one school，one dream"的小学网校建设情况，得到多个国家校长的认同与关注。

39.2015 年 11 月 8 日，世界著名学者，大数据之父维克托·迈尔-舍恩伯格教授在全面详细地了解了全日制远程教学和未来课堂后对成都七中和网校赞扬不止，并激动地说："世界的教育在东方，在西部，在这里！"

40.2015 年 11 月 10 日至 11 日，四川省教育的信息化推进工作现场会在甘孜州举行。时任教育部科技司副司长雷朝滋借助网校直播教学平台与前端教师进行视频直播交流，并对网校所做的工作给予高度评价。

41.2016 年 3 月 25 日，微软公司总部全球教育行业总监来到成都七中，宣布成都七中东方闻道网校为"微软全球示范学校"。

42.2016 年 9 月 27 日，为加快边远、民族地区教育发展，教育部在四川省甘孜州召开教育信息化推进工作现场会，宣传推广甘孜州教育信息化典型经验。甘孜州教育取得成功的主要经验是开展全日制远程教学。

会议介绍与展示了网校的全日制远程高中直播教学、初中录播教学、小学植入式教学、幼儿园观摩式教学和未来课堂教学系统，得到了来自全国各地教育领导的高度赞扬。教育部副部长杜占元、四川省副省长杨兴平对成都七中东方闻道网校取得的成就给予了高度肯定，并鼓励各地借鉴甘孜州的成功经验，扎实地走完教育信息化的最后一千米。

43. 2016 年第 17 期，《人民教育》发表文章《"第二学习空间"破解教育扶贫低效难题》。

44. 2017 年 2 月，历经三年的国家"十三五"规划课题"基于云技术条件下直播教学的模式研究"顺利结题。

45. 2016 年 11 月 25 日，《中国教育报》发表文章《全日制远程教学：点亮边远民族地区学生的梦想》。

46. 2016 年 12 期，《中国电化教育》杂志发表论文《全日制远程教学有效促进边远、民族地区教育发展的成因与启示》。

47. 2017 年 10 月，全日制远程教学（初中录播教学）模式被评为教育部教育信息化优秀试点项目，并入选教育部教育信息化典型案例集。

2017 年 7 月 13 日，教育部科技司组织专家，按照《教育部关于组织开展第一批教育信息化试点验收现场抽查工作的通知》（教技司〔2017〕178 号）要求，对成都七中育才学校开展的信息化试点工作进行了现场抽查。专家组通过听取汇报、查阅相关资料、质询答辩等环节，形成如下点评意见：

"成都七中育才学校利用卫星、网络等现代信息技术，通过'四个同时、四位一体'的全日制远程教学模式，将优秀教师的智慧输送到边远、民族地区学校，实现了城乡学生'同在蓝天下，共享优质教育资源'的教育理想，有效地促进了该地区教育均衡发展。该模式得到国家领导的称赞，并受到边远、民族地区广大师生和学生家长的欢迎，成为我国教育信息化建设中的一个成功案例。"

主要参考文献

1. 张杰夫．优秀教师隐性知识交流与共享研究//北京市哲学社会科学规划项目优秀成果选编(第三辑)．北京：首都师范大学出版社，2014.

2. 梁超．丝路文化新方位(新疆现代文化研究篇)．北京：社会科学文献出版社，2012.

3.［加］马歇尔·麦克卢汉．理解媒介——论人的延伸．南京：译林出版社，2011.

4. 杨海萍．新疆大学生国家认同教育的现状调查与路径选择．新疆师范大学学报(哲学社会科学版)，2010(12)：52～59.

5. 陈家刚．认知学徒制研究．上海：华东师范大学，2009.

6. 李爽，王磊，白滨．基于卫星的远程直播教学模式评价研究——以成都七中网校为例．开放教育研究，2009(4)：86～91.

7. 熊才平，方奇敏．信息化环境下的教师资源配置城乡一体化：理论与构想．电化教育研究，2007(4)：11～13，49.

8. 中国现代化战略研究课题组，中国科学院中科院中国现代化研究中心．中国现代化报告概要(2001－2007)．北京：北京大学出版社，2007.

9. 李春玲．构建教师群体的知识共享机制．教师教育研究，2006，18(2)：33～37.

10. 马晓强．"科尔曼报告"述评——兼论对我国"上学难、上学贵"问题的启示．教育研究，2006(6)：29～33.

11. 庞丽娟，韩小雨．我国农村义务教育教师队伍建设：问题及其破解．教育研究，2006(9)：47～53.

12. 金美福．教师自主发展论——教学研同期互动的职业生涯研究．北京：教育科学出版社，2005.

13. 彼得·德鲁克．知识管理．北京：中国人民大学出版社，2004.

14. 黄荣怀，郑兰琴．隐性知识及其相关研究．开放教育研究，2004（6）：49～52.

15. 罗志勇．知识共享机制研究．北京：北京图书馆出版社，2003.

16. 高湘萍．隐性知识的获得及其显性化的心理途径．全球教育展望，2003（8）：27～29.

17. 张民选．隐性知识与隐性知识的显现可能．全球教育展望，2003（8）：15～21.

18. 郭秀艳．内隐学习和缄默知识．教育研究，2003（12）：31～36.

19. 高文．教学模式论．上海：上海教育出版社，2002.

20. 陈向明．实践性知识：教师专业发展的知识基础．北京大学教育评论，2003，1（1）：104～112.

21. 欧泽高．四川民族地区现代远程教育研究．成都：四川人民出版社，2002.

22.［加］马克斯·范梅南．教学机智——教育智慧的意蕴．北京：教育科学出版社，2001.

23. 石中英．缄默知识与教学改革．北京师范大学学报（人文社会科学版），2001（3）：101～108.

24. 石中英．知识转型与教育改革．北京：教育科学出版社，2001.

25. 高申春．人性辉煌之路——班杜拉的社会学习理论．武汉：湖北教育出版社，2000.

26. 胡鞍钢，熊义志．西部开发应优先实施知识发展战略．领导决策信息，2000（34）：1～6.

27.［美］哈里特·朱克曼．科学界的精英——美国的诺贝尔奖金获得者．北京：商务印书馆，1979.

28. Polanyi, M., Personal Knowledge: Toward a Post-Critical Philosophy. London: Routledge & Kegan Paul, 1958.

后　记

　　从研究全日制远程教学这一课题开始，到最后完成专著，我前后经历了 10 多年时间，先后承担了四项课题研究：北京市哲学社会科学"十一五"规划课题(2009 年)、全国教育科学"十一五"教育部规划课题(2010 年)、教育部民族教育发展中心委托课题(2013 年)和中国教育科学研究院中央级公益金后期资助项目(2016 年)。我原本以为完成 2009 年承担的北京市哲学社会规划办公室课题后，再花上一些时间就可以写出一本专著，但没有料到的是，课题研究结束后，我感到还有许多重要问题没有搞清楚，只好继续研究，最后，做了四个课题，才感到可以完成专著了。至此，研究终于告一段落。

　　在研究过程中，我遇到了许多意想不到的困难。首先，研究缺少有价值的参考文献。21 世纪以来，虽然国内外远程教学、网络教育、在线学习、基于信息技术的同步教学、直播教学等此起彼伏，在社会上形成热潮，但针对这些应用的研究大多数是介绍性的，缺乏具有持续性的深入研究。其次，我难以找到同行进行深入交流。最后，我还面临坐冷板凳的窘境。在研究过程中，我在前六七年几乎写不出论文，没有学术成果。面对每年单位的科研考核，我不仅要承受缺少学术成果的压力，还要面对别人的不理解。走过这一时期，我也在思考：什么因素让我坚守这么长时间，专心研究一个问题？我想主要有以下三点。

　　第一是使命。全日制远程教学模式是我国独创的具有世界意义的中国教育模式与经验，研究意义重大。100 多年来，人类在传播技术上有了许多重大发明，如广播、电影、电视、计算机、互联网等。每个发明诞生后，都有人预言，这项传播技术将改变人类教育。遗憾的是，这些预言都没有实现。全日制远程教学模式却取得了较大成功，该模式的成功预示着一个知识和智慧共享的大规模教育时代正在到来。大规模教育对我国教育的现实意义重大，将有效解决上至国家领导人下至百姓都十分关注的教育公平问题。

然而，我们必须看到，社会底层创造的全日制远程教学模式与经验，面临如何进一步发展的窘境。我国改革开放取得巨大成功的一个重要经验是将人民群众在实践中创造的方法与经验上升到国家意志。例如小岗村的包产到户做法，如果不能得到高层认可成为国家的政策和制度，那么，这种来自社会底层的创造不仅不可能成为制度变革的伟大力量，而且还可能在历史长河中灰飞烟灭。我国著名经济学家周其仁教授在《改革开放三十年"中国做对了什么"》一文中说，我国改革开放取得了巨大成就，其成功经验就是"改革就是给实践中产生的办法以法律地位"。"解决中国问题的很多措施，在实践中是有的。中国之大，这里想不出，那里可能就有办法，关键是实践中产生的办法，政治上承认不承认，给不给法律地位……"如果全日制远程教学不能上升为国家政策，随着时间的推移，这种我国独创的具有世界意义的教学模式也可能会消失。

第二是感动。全日制远程教学模式之所以能够取得较大成功，主要是因为网校教师和工作人员对边远、民族地区学生的爱。他们对教育理想和信念的追求深深打动了我。在与成都七中教师和网校人员的接触中，我发现他们谈论最多的就是那些来自社会底层的孩子们。当远端学生穿上成都七中校服不脱，脸上洋溢着自信与自豪时；当这些生活在社会底层的孩子考上全国名校，脸上露出幸福的微笑时；当美国前总统奥巴马的夫人来到直播教室激动地说"成都七中网校非常了不起，我是来向你们学习的"的时候，他们都被感动了。

经历或听到这样一件件事情，与全日制远程教学相关的人员会逐渐感悟到自己工作的价值，并形成一份难以言表的感动和自豪。在我国传统文化中，给予人帮助有三种不同的境界：第一是施人钱财，替人解难；第二是教人做人做事的方法和道理；第三是给人以自信和希望。全日制远程教学给人的就是自信和希望。网校教师和工作人员正是一群有大爱的志同道合者。东方闻道公司负责人说："一批向他们学习的公司，做了几年后消失了。为了经济利益来做这件事的公司不会长久；没有大爱的公司，也不会长久。"在商品经济大潮下，网校人员默默无闻、孜孜不倦，在低工资的情况下，长期坚守岗位。也正是他们的坚守和追求，感动了远端学校师生，感动了来参观考察的教师、专家和领导，也感动了美国前总统奥巴马的夫人。

当网校领导和工作人员每次滔滔不绝说起远端学校师生的故事时，我都听得热泪盈眶。我感到自己要为他们做些什么。这是一伙深深热爱这份事业、努力拼搏的人，他们在默默为那些处在社会底层的孩子们服务和奉献。温家宝当年在谈到职业教育工作时，曾提倡要带着感情做职业教育。他说，我们做职业教育工作，一定要想清楚到底是为了什么，为了谁。职业教育涉及千家万户底层百姓的孩子，做好职业教育，就是在为这些百姓服务。想清楚这一点，你就会带着感情去做职业教育。有了感情，你就会克服一切困难，百折不回。我想我也正是带着这份感情和责任去做研究的。

第三是支持。首先，书稿的完成得到了教育部相关部门和社会机构的支持。该研究先后申报了4个课题，先后得到教育部民族教育发展中心、北京市哲学社会科学基金、中国教育科学研究院公益金课题和后期资助课题的大力支持，这为课题的开展提供了基本保障。其次，书稿的完成得到了前端学校、远端学校的领导和教师的大力支持。在课题研究过程中，课题组多次到前端学校成都七中、成都七中育才学校和成都实验小学进行调研、听课、开座谈会。这几所学校的领导和教师都给予了大力支持。与此同时，许多远端学校也给予了研究重要支持。有一次，我们到最早开展远程直播教学、成绩比较突出的甘孜州康定中学调研。我一下车就与陈军校长兴奋地交谈起来了。说起全日制远程教学，陈校长一往情深、滔滔不绝，我们一下子谈了几个小时，我不断地在本子上记录着要点。快到下午1点了，在别人几次催促下，我们简单吃了盒饭。然后陈军校长又将学校领导班子成员叫来继续交流。几天的听课、交流与座谈，让我对全日制远程教学有了更深的理解和认识。特别是陈校长的一些认识和观点，让我耳目一新、深受启发。

与此同时，成都七中东方闻道网校也给予了我大力支持。第一次见到网校负责人时，他就明确地说："我们非常支持您的研究，我们的信息和资料对您将完全开放、毫无保留。"10多年来，网校是这样说的，也是这么做的。他们为我深入学校调查研究等工作提供了许多帮助和支持。正是有了他们的无私奉献和帮助，研究才得以顺利进行。

我国著名教育信息化专家王吉庆教授十分关心我的研究。10 多年里，我们多次见面。每次他都鼓励我，并给予我许多宝贵建议。为了写好序言，他还主动要求到边远、民族地区的学校看一看，亲身感受一下全日制远程教学。考察中，75 岁高龄的他，不辞辛苦，从成都到西昌市的德昌县，一路奔波。每到一所学校，他都走进课堂听课，与学生、教师和校长交谈，并召开四个座谈会，分别与成都实验小学、成都七中、德昌县教育局局长及有关部门负责人，以及网校负责人座谈，为全日制远程教学发展出谋划策。北京师范大学出版社编辑从专业视角，为进一步提升本书主题提出了很好的建议，并为本书的出版付出了辛勤劳动。我在此对为本书完成和出版提供支持和帮助的人表示衷心的感谢！

张杰夫

2018 年 8 月 18 日

图书在版编目(CIP)数据

全日制远程教学研究："互联网＋"时代中国边远、民族地区教育创新模式 /张杰夫著 . —北京：北京师范大学出版社，2018.10
　ISBN 978-7-303-24234-4

Ⅰ.①全…　Ⅱ.①张…　Ⅲ.①远程教学－研究－中国
Ⅳ.①G43

中国版本图书馆 CIP 数据核字(2018)第 240943 号

营 销 中 心 电 话　010-58805072　58807651
北师大出版社学术著作与大众读物分社　http://xueda. bnup. com

QUANRIZHI YUANCHENG JIAOXUE YANJIU
出版发行：北京师范大学出版社 www. bnup. com
　　　　　北京市海淀区新街口外大街 19 号
　　　　　邮政编码：100875
印　　刷：三河市兴达印务有限公司
经　　销：全国新华书店
开　　本：730 mm×980 mm　1/16
印　　张：19.25
字　　数：304 千字
版　　次：2018 年 10 月第 1 版
印　　次：2018 年 10 月第 1 次印刷
定　　价：72.00 元

策划编辑：周益群　　　　　责任编辑：康　悦
美术编辑：王齐云　　　　　装帧设计：王齐云
责任校对：李云虎　　　　　责任印制：马　洁